国家社科基金一般项目

“TPP对服务贸易规则的重构及中国对策研究”（16BFX198）

结项成果

TPP对服务贸易规则的重构及中国对策研究

Research on TPP's Reconstruction of Rules of Trade in Services and China's Countermeasures

贺小勇 黄琳琳 著

北京大学出版社
PEKING UNIVERSITY PRESS

图书在版编目(CIP)数据

TPP对服务贸易规则的重构及中国对策研究/贺小勇,黄琳琳著. —北京:北京大学出版社,2021.1

ISBN 978-7-301-31920-8

Ⅰ.①T… Ⅱ.①贺… ②黄… Ⅲ.①自由贸易—国际贸易—贸易协定—影响—国际贸易—服务贸易—对策—研究—中国 Ⅳ.①F752.68

中国版本图书馆CIP数据核字(2020)第265917号

书　　名	TPP对服务贸易规则的重构及中国对策研究 TPP DUI FUWU MAOYI GUIZE DE CHONGGOU JI ZHONGGUO DUICE YANJIU
著作责任者	贺小勇　黄琳琳　著
责任编辑	朱　彦
标准书号	ISBN 978-7-301-31920-8
出版发行	北京大学出版社
地　　址	北京市海淀区成府路205号　100871
网　　址	http://www.pup.cn　新浪微博:@北京大学出版社
电子信箱	sdyy_2005@126.com
电　　话	邮购部 010-62752015　发行部 010-62750672　编辑部 021-62071998
印 刷 者	河北滦县鑫华书刊印刷厂
经 销 者	新华书店
	730毫米×980毫米　16开本　13印张　199千字
	2021年1月第1版　2021年1月第1次印刷
定　　价	48.00元

目录

导　言

一、问题的提出

随着全球分工从最终产品转向以价值链为基础的生产要素分工，各国在经济全球化中的政策关注开始更多地从获取资源转向要素整合，从货物贸易转向服务贸易和投资。自乌拉圭回合谈判达成世界上第一套规制国际服务贸易的《服务贸易总协定》[1](General Agreement on Trade in Services,GATS)以来，已历二十余年。其间，由互联网技术带动的产业发展更多倾向于服务业，国际投资也在更多向服务业转移。由于世界贸易组织(World Trade Organization,WTO)多哈回合谈判未取得实质性进展，GATS规则显然已经不适合当前全球价值链竞争下的经济发展需要。

2015年10月，《跨太平洋伙伴关系协定》(Trans-Pacific Partnership Agreement,TPP)谈判结束，并于2016年2月正式签署。人们普遍认为，TPP符合经济全球化深入发展的需要。相较于GATS，在服务贸易规则方面，TPP

---

〔1〕 本书所用的GATS中译文本为对外贸易经济合作部国际经贸关系司翻译的《世界贸易组织乌拉圭回合多边贸易谈判结果法律文本》(中英文对照)，由法律出版社于2000年10月出版，个别明显错漏处除外。

从框架到内容都进行了很大的调整，由此引发了几个值得思考的问题：第一，从规范法学的角度研究，与GATS相比，TPP在服务贸易规则方面到底有哪些不同？第二，这些不同是否构成对GATS规则的重构？第三，如果构成重构，这种规则重构是否更有利于服务贸易自由化？第四，中国的服务贸易规则能否与TPP衔接？若能衔接，其国内法依据是什么？解答这些问题就是我们申请国家社科基金项目的初衷。

本项目申请获得立项后不久，美国就宣布退出TPP。项目名称是“TPP对服务贸易规则的重构及中国对策研究”，若TPP本身不生效，其研究价值势必受到影响。转机出现在2017年11月，以日本为主导的11个原TPP成员国发表联合声明，宣布“已就新协议达成了基础性共识”，并决定将TPP更名为“Comprehensive and Progressive Agreement for Trans-Pacific Partnership”(CPTPP)，即《全面与进步跨太平洋伙伴关系协定》。与TPP相比，CPTPP在服务贸易规则方面的内容基本没有变化。CPTPP的生效及其在服务贸易规则方面对TPP的继承，使本项目的研究得以顺利进行。鉴于CPTPP在服务贸易规则方面与TPP基本没有差别，为研究和行文方便，本书在论述CPTPP的服务贸易规则时，继续使用TPP以指代CPTPP。

二、研究价值及意义

在WTO谈判因美国阻止WTO争端解决机构(Dispute Settlement Body, DSB)之上诉机构成员的任命而陷入僵局，中美贸易争端日趋激烈的情形下，有学者建议中国选择适宜时机加入TPP，而加入的前提是要深入研究TPP的相关制度。本书对TPP服务贸易规则的研究，就是为中国国内服务贸易规则与TPP规则相衔接所做的基础性工作。因此，系统、全面、完整地研究TPP服务贸易规则具有较为重要的实践价值。

从理论价值看，本书对分析21世纪服务贸易规则走势具有重要的指导价值。TPP成员国既有发达国家，也有发展中国家，非常具有代表性。因此，研究TPP服务贸易规则有利于对GATS的重构，并能够从规则的变化角度预测国际社会、国际经济对相关规则的需求及其发展趋势。

从实践应用价值看，《国务院关于加快实施自由贸易区战略的若干意见》明确提出：“扩大服务业对外开放。通过自由贸易区等途径实施开放带动战略，充分发挥服务业和服务贸易对我国调整经济结构、转变经济发展方式和带动就业的促进作用。推进金融、教育、文化、医疗等服务业领域有序开放,放开育幼养老、建筑设计、会计审计、商贸物流、电子商务等服务业领域外资准入限制。”中共十九大报告明确提出,“推动形成全面开放新格局”,其中推动服务贸易的开放是重要举措之一。因此,研究中国应对TPP服务贸易规则的对策,对于推动相关领域的开放具有重要借鉴价值。一方面,完善的国内服务贸易规则可以与TPP服务贸易规则相衔接;另一方面,中国在所参与的自由贸易协定(Free Trade Agreement,FTA)中,可以借鉴TPP服务贸易规则的架构,提出相应的方案和模式。

三、文献综述

国内外学者对TPP规则的深入研究始于2015年年底TPP文本公布之时,虽然美国于2017年年初退出TPP,TPP在日本的推动下演变成CPTPP,但是CPTPP绝大部分内容依然延续TPP文本。国内外学者基于官方公布的TPP文本,从服务贸易规则重构的基础、形式、内容(包括投资、跨境服务贸易、金融服务、电信服务等)以及中国的应对策略等方面进行了研究和分析。

(一)对TPP服务贸易规则重构的基础研究

国内外学者对TPP服务贸易规则重构的基础研究主要可以分为两个方面:一是信息技术和产业变革使得服务业成为推动生产国际化的重要载体,服务贸易在全球经济中需要重新定位;二是随着全球服务贸易规则的兴起,GATS模式下的国际规则不再适用于当下服务贸易的发展趋势。

1. 服务贸易在全球经济中的重新定位

赵瑾认为,一方面,这是由于在国际贸易投资规则的发展变化中,服务的地位愈发突显,服务业成为推动生产国际化的重要载体;另一方面,国际社会对服务业在促进产业结构优化升级、全要素生产率增长与可持续发展中发挥的重要作用亦有共识。[1] 石静霞认为,服务逐渐成为制造业创新能力提升和效率提

---

〔1〕 参见赵瑾:《以高水平开放促进服务贸易发展》,载《经济日报》2018年11月22日第15版。

高的重要源泉。制造业服务化近年来在各国的经济政策中备受关注。发展服务贸易的意义已突破服务业本身,而成为整体贸易增长和经济转型的新引擎。[1] 王晓红、柯建飞认为,技术创新和产业变革是推动全球服务贸易发展的主要因素,高科技和新兴服务贸易快速发展,服务贸易的信息化和数字化水平快速提高,服务贸易对世界贸易贡献率逐年上升。[2] 李俊认为,现代意义上的对外贸易不仅包括货物贸易,还包括服务贸易。货物贸易和服务贸易是贸易强国的两大支柱。货物贸易虽是贸易强国建设的基础和重点,但服务贸易是贸易强国建设的关键和核心。服务贸易越来越成为贸易强国的本质特征与核心衡量指标。[3] 放眼全球,世界主要贸易强国无一例外都是服务贸易强国。张悦、崔日明认为,服务贸易规则的演变动因是以互联网为基础的全球价值链体系变化,以及新兴经济体崛起客观上需要提升其在全球价值链中的地位。[4] 费娇艳认为,当下的服务贸易正迅速由传统的以自然资源为基础或劳动密集型的服务贸易向新兴的以知识或资金为基础的服务贸易转移。[5]

塞巴斯蒂安·米鲁多特(Sébastien Miroudot)认为,当前全球化浪潮的一个显著特征是贸易和投资越来越多地交织在一起。20世纪下半叶,技术的进步和贸易自由化的增加降低了贸易成本,并使生产过程"分离化"。企业可以在垂直整合的链条上完成国际特定任务和进行国际生产分割,而不是在一个国家进行生产。全球生产网络使企业能够利用各国技术和要素价格的差异降低成本,从而提高生产率,为所有参与全球供应链的国家带来更高的收入。[6]

---

〔1〕 参见石静霞:《国际服务贸易规则的重构与我国服务贸易的发展》,载《中国法律评论》2018年第5期。

〔2〕 参见王晓红、柯建飞:《全球服务贸易形势分析及展望》,载《国际贸易》2018年第1期。

〔3〕 参见李俊:《建设服务贸易强国的战略思考》,载《国际贸易》2018年第6期。

〔4〕 参见张悦、崔日明:《服务贸易规则演变与中国服务贸易的发展》,载《现代经济探讨》2017年第5期。

〔5〕 参见费娇艳:《中国服务贸易发展形势与展望》,载《国际贸易》2018年第2期。

〔6〕 See Sébastien Miroudot, Services in Global Value Chains: From Inputs to Value-Creating Activities, OECD Trade Policy Papers, No. 197, Mar. 15, 2017, https://pdfs.semanticscholar.org/53fc/eec4eaa50e60409cbdeead8dd4e042f9e1c5.pdf? _ga=2.119605768.128779579.1597044214-1834900559.1597044214, visited on June 1st, 2019.

2. 全球服务贸易规则的兴起及治理缺陷

赵瑾认为，影响未来国际贸易投资规则的重要谈判显示，与服务贸易相关的金融服务、信息服务、电子商务、监管一致性、自然人流动、数字贸易等均已成为谈判的重点。[1] 张悦、崔日明认为，现代数字通信技术的发展使得电子商务日益成为推动国际服务贸易发展的核心要素，但是GATS规范传统服务贸易模式的相关规则无法涵盖服务贸易的新发展，其内涵与外延的滞后性制约了服务贸易自由化水平的提高。[2] 石静霞认为，晚近区域贸易协定中有关服务自由化的内容在很多方面超越了GATS的规定，这些新的形式和内容突出了对GATS传统服务规则的深化与整合，并通过纳入越来越多的横向议题新规则，对21世纪贸易模式所涉及的新问题进行规范，以回应全球价值链发展对服务贸易规则的深度要求。[3] 蒙英华、汪建新认为，对所有服务部门而言，服务贸易规则的缺失和滞后可能导致对贸易体制的长期损害。[4] 张悦、崔日明认为，多哈回合谈判的主要议题还局限在传统贸易问题上，基于传统贸易形态的贸易规则已无法协调基于互联网的商品贸易与服务贸易的联动发展，因此迫切需要以新的贸易规则规范与协调全球贸易的发展。[5]

(二) 对TPP服务贸易规则重构的形式研究

对TPP服务贸易规则重构的形式研究包括将模式三“商业存在”纳入“投资”章、采用负面清单的谈判模式、将“金融服务”单独列为一章等。石静霞认

---

〔1〕 参见赵瑾:《以高水平开放促进服务贸易发展》,载《经济日报》2018年11月22日第15版。

〔2〕 参见张悦、崔日明:《中国在国际服务贸易规则演进中的角色变迁》,载《贵州社会科学》2018年第3期。

〔3〕 参见石静霞:《国际服务贸易规则的重构与我国服务贸易的发展》,载《中国法律评论》2018年第5期。

〔4〕 参见蒙英华、汪建新:《超大型自贸协定的服务贸易规则及对中国影响分析——以TPP为例》,载《国际商务研究》2018年第1期。

〔5〕 参见张悦、崔日明:《服务贸易规则演变与中国服务贸易的发展》,载《现代经济探讨》2017年第5期。

为,负面清单模式有助于促进更多的服务自由化。[1] 杨荣珍、陈雨综合分析了TPP投资部分的内容以及各成员国在附件Ⅰ、附件Ⅱ中所列的负面清单内容,分类总结了不同经济发展水平的国家负面清单的特点。[2] 李墨丝比较了GATS和《北美自由贸易协定》(North American Free Trade Agreement,NAFTA)两种模式的贸易协定,认为发达国家更倾向于采用NAFTA模式,而发展中国家更倾向于采用GATS模式,且2000年以后NAFTA类型的贸易协定发展更快。[3] 但是,鲁道夫·阿德隆(Rudolf Adlung)和哈米德·马姆杜(Hamid Mamdouh)认为,正面清单和负面清单的谈判或承诺模式不是服务贸易能否自由化的关键性因素,政府的政策性推动才是服务贸易自由化的决定性因素。[4]

(三)对TPP服务贸易规则重构的内容研究

无论是基于TPP服务贸易规则的一般特征还是具体的服务贸易领域,国内外学者都进行了较为深入的分析。

1. TPP服务贸易规则重构内容的一般特征

石静霞认为,晚近签订的FTA不仅要求服务的进一步自由化,还要求缔约方提高综合治理能力。[5] 张悦、崔日明认为,服务贸易规则演化的趋势表现为:与跨境数据流动相关的服务贸易规则成为重要议题,服务贸易自由化的标准更高,以及有利于发达国家的竞争优势、发达与新兴经济体之间的博弈将长期存在。[6]

---

〔1〕 参见石静霞:《国际服务贸易规则的重构与我国服务贸易的发展》,载《中国法律评论》2018年第5期。

〔2〕 参见杨荣珍、陈雨:《TPP成员国投资负面清单的比较研究》,载《国际商务》2017年第6期。

〔3〕 参见李墨丝:《区域服务贸易自由化的新趋向——基于GATS和NAFTA类型协定的比较》,载《上海对外经贸大学学报》2015年第3期。

〔4〕 See Rudolf Adlung & Hamid Mamdouh, How to Design Trade Agreements in Services: Top Down or Bottom Up?, *Journal of World Trade*, Vol. 48, No. 2, 2014, p. 191.

〔5〕 参见石静霞:《国际服务贸易规则的重构与我国服务贸易的发展》,载《中国法律评论》2018年第5期。

〔6〕 参见张悦、崔日明:《服务贸易规则演变与中国服务贸易的发展》,载《现代经济探讨》2017年第5期。

张萍认为，各协定覆盖领域之广泛前所未有，涵盖电信、金融、运输等关键领域和电子商务、数字经济等新兴领域，且新规则的开放标准远远高于WTO现行规则。[1] 韩立余认为，TPP是代表自由贸易协定发展新模式的综合性国际协议。[2] 倪月菊认为，21世纪的贸易协定代表更高水平和更全面的贸易自由化，涉及更多在传统贸易协定中鲜有涉及的新议题。[3] 刘建昌认为，TPP对服务贸易的影响深远，已形成服务贸易国际协定新模板，未来预计会影响WTO等现有国际规则。[4] 盛斌、高疆认为，TPP的重点与创新之处正在于制定了一整套基于全球价值链、以国内规制一体化为核心、努力实现贸易投资自由化和为公共政策目标而加强监管之间平衡的国际贸易与投资新规则体系。同时，TPP也是一个带"牙齿"的协定，它体现出很强的对国内政策自由度的侵略性，从而使成员国能够保留的国内政策空间越来越小。[5] 李墨丝认为，发达经济体贸易协定的关注焦点已经由寻求市场开放转向协调监管制度。[6]

蕾切尔·费弗(Rachel F. Fefer)认为，美国主导制定新的服务贸易规则面临的问题有：如何平衡有效的监管需求和进出口服务市场开放的目标？如何确保获得充分有效的数据信息？是否需要进行进一步的国际合作以提升服务贸易的监管环境？[7] 马丁·罗伊(Martin Roy)认为，2000年后的区域贸易协定(Regional Trade Agreements，RTAs)总体上有助于服务贸易的自由化发展，

---

[1] 参见张萍：《服务贸易规则重构对中国的影响及应对》，载《国际经济合作》2017年第6期。

[2] 参见韩立余：《TPP协定的规则体系：议题与结构分析》，载《求索》2016年第9期。

[3] 参见倪月菊：《TPP与国际服务贸易新规则及中国的应对策略》，载《深圳大学学报》(人文社会科学版)2016年第1期。

[4] 参见刘建昌：《TPP服务贸易规则与中国应对》，载《亚太经济》2016年第3期。

[5] 参见盛斌、高疆：《透视TPP：理念、特征、影响与中国应对》，载《国际经济评论》2016年第1期。

[6] 参见李墨丝：《区域服务贸易自由化的新趋向——基于GATS和NAFTA类型协定的比较》，载《上海对外经贸大学学报》2015年第3期。

[7] See Rachel F. Fefer, U. S. Trade in Services: Trends and Policy Issues, https://digitalcommons.ilr.cornell.edu/cgi/viewcontent.cgi?article=2948&context=key_workplace, visited on June 1st, 2019.

表明政府意识到降低服务贸易壁垒对提升经济利益的重要性。[1] 吉安卢卡·奥雷菲斯(Gianluca Orefice)、纳迪娅·罗恰(Nadia Rocha)认为,深层次的贸易协定能够促进贸易网络的形成以及贸易的深度融合。[2]

2. TPP服务贸易相关领域规则的重构

(1) 投资领域

石静霞分析了采取负面清单的FTA,认为其中"投资"的含义比GATS模式三涵盖的内容更广并给予较多的投资保护;同时,FTA试图更新GATS下对服务业的投资限制,以解决市场准入壁垒问题。[3] 董哲研究了投资规则规制服务贸易商业存在的FTA,认为它在规则体系与权利义务安排方面呈现出自身的特点,在待遇方面明显高于服务贸易规则规制的商业存在。[4]

丹尼尔·克罗斯比(Daniel Crosby)认为,GATS是一个"成长的协议",相关承诺的范围和内涵可随技术进步而不断变化。除非成员特别排除,否则数据跨境流动服务应属于"服务贸易"的一种。[5] 由于GATS跨境服务本身并不要求服务提供者在国外存在或运营,因此数据本地化要求必然会影响数据跨境流动服务,构成GATS第1条第1款下的"影响服务贸易的措施"。联合国贸易和发展会议(United Nations Conference on Trade and Development,UNCTAD)认为,服务贸易商业存在由哪个章节调整决定着它适用哪种投资争端解决机制。GATS第20条要求成员在所制定的具体义务承诺减让表中列明对于国民

---

〔1〕 See Martin Roy, Charting the Evolving Landscape of Services Trade Policies: Recent Patterns of Protection and Liberalization, https://www.tralac.org/images/docs/11221/research-handbook-on-trade-in-services-ch-1-charting-the-evolving-landscape-of-services-trade-policies-roy-october-2016.pdf, visited on June 1st, 2019.

〔2〕 See Gianluca Orefice & Nadia Rocha, Deep Integration and Production Networks: An Empirical Analysis, *The World Economy*, Vol. 37, No. 1, 2014, pp. 106-136.

〔3〕 参见石静霞:《国际服务贸易规则的重构与我国服务贸易的发展》,载《中国法律评论》2018年第5期。

〔4〕 参见董哲:《服务贸易商业存在FTA规制研究——以贸易投资规则融合为视角》,载《上海对外经贸大学学报》2018年第5期。

〔5〕 See Daniel Crosby, Analysis of Data Localization Measures Under WTO Services Trade Rules and Commitments, International Centre for Trade and Sustainable Development and World Economic Forum, March 2016, pp. 2-10.

待遇和市场准入采取的限制措施。在众多限制措施中,成员经常会采用"不受约束"(unbound)的表述,表明自己对某种服务提供方式未作任何市场准入或国民待遇的承诺,不受市场准入或国民待遇义务的约束,可以实施任何限制措施。政府在某一服务部门对于通过某种服务方式提供的服务施加的限制措施对于投资者来说是无法预见的,会在无形中提高准入门槛,从而将潜在的投资者拒之门外。[1] 戴尔·昂纳克(Dale Honeck)认为,WTO下的必要性测试反映出WTO的两大重要目标:一是确保成员能采取措施实现国内监管,二是阻止成员采取限制贸易的不当措施。GATS第6条并未直接对成员提出进行必要性测试的要求,而是要求成员通过谈判确定必要的纪律,以确保这些措施不构成不必要的贸易壁垒。

(2) 跨境服务贸易领域

石静霞认为,顺应数字经济的发展趋势,越来越多的FTA包括电子商务或数字贸易纪律,旨在消除这方面不合理的贸易限制,增强法律确定性并保证消费者利益及网络安全。[2] 倪月菊对比了TPP跨境服务贸易条款与目前已签署的双边、区域FTA,认为TPP对跨境服务贸易的规范更全面、更细致。[3] 白洁、刘庆林解读了TPP中的跨境服务贸易条款,认为各缔约方对市场准入的限制较少,对国民待遇的限制较多,并指出TPP树立了跨境服务贸易协定的高标准。[4] 李海英指出,TPP的相应章节体现了"本地化"概念的"服务本地化""设施本地化"和"数据本地化"三重含义。[5] 蒙英华、汪建新认为,TPP的跨境服务贸易规则几乎涵盖所有的服务部门,不仅在覆盖领域、谈判模式和内容框架

---

[1] See International Investment Agreements in Services, UNCTAD Serices on International Investment Policies for Development, 2005, p. 27.

[2] 参见石静霞:《国际服务贸易规则的重构与我国服务贸易的发展》,载《中国法律评论》2018年第5期。

[3] 参见倪月菊:《TPP与国际服务贸易新规则及中国的应对策略》,载《深圳大学学报》(人文社会科学版)2016年第1期。

[4] 参见白洁、刘庆林:《TPP中跨境服务贸易条款的文本解读与政策建议》,载《山东社会科学》2016年第9期。

[5] 参见李海英:《数据本地化立法与数字贸易的国际规则》,载《信息安全研究》2016年第9期。

上大大拓展了GATS规则，而且“超WTO”条款的自由化程度也得到不断深化。[1] 沈玉良、金晓梅认为，GATS无论从服务部门分类还是从承诺方式看，都难以适应数字产品发展的需求。[2]

库里亚克(Ciuriak)和普塔什基纳(Ptashkina)认为，数字服务贸易规则注重解决贸易治理与政府对互联网的规制之间的平衡问题。[3] 高(Gao)认为，对数字贸易进行分类是WTO需要解决的首要问题。[4] 罗伊(Roy)认为，GATS缺乏对数字化服务的多边约束，特别是市场准入和国民待遇措施，这就会产生不确定的额外贸易成本。尼哈·米什拉(Neha Mishra)认为，TPP中的贸易自由化条款并没有形成互联网经济形态下的“协同效果”，而是一种“不稳定的连接状态”。[5] 霍克曼(Hoekman)和马夫罗迪斯(Mavroidis)认为，服务贸易监管的异质性会增加贸易成本。[6] 2005年，WTO服务贸易理事会组织了有关跨境提供服务贸易的专题研讨会，旨在加强参与者对跨境服务交易日益增长的经济重要性的理解，以促进跨境服务贸易自由化的发展。迈克尔·恩格曼(Michael Engman)认为，跨境提供商业流程和信息技术服务的迅速增长促进了跨境提供

---

〔1〕 参见蒙英华、汪建新:《超大型自贸协定的服务贸易规则及对中国影响分析——以TPP为例》，载《国际商务研究》2018年第1期。

〔2〕 参见沈玉良、金晓梅:《数字产品、全球价值链与国际贸易规则》，载《上海师范大学学报》(哲学社会科学版)2017年第1期。

〔3〕 See Dan Ciuriak & Maria Ptashkina, The Digital Transformation and the Transformation of International Trade, International Centre for Trade and Sustainable Development (ICTSD) and Inter-American Development Bank (IDB), January 2018, pp. 2-19.

〔4〕 See Henry S. Gao, Regulation of Digital Trade in US Free Trade Agreements: From Trade Regulation to Digital Regulation, *Legal Issues of Economic Integration*, Vol. 45, No. 1, 2018, pp. 47-70.

〔5〕 See Neha Mishra, The Role of the Trans-Pacific Partnership Agreement in the Internet Ecosystem: Uneasy Liaison or Synergistic Alliance?, *Journal of International Economic Law*, Vol. 20, No. 1, 2017, pp. 31-38.

〔6〕 See Bernard Hoekman & Petros C. Mavroidis, Regulatory Spillovers and the Trading System: From Coherence to Cooperation, International Centre for Trade and Sustainable Development (ICTSD) and World Economic Forum, April 2015, http://e15initiative.org/wp-content/uploads/2015/04/E15-Regulatory-OP-Hoekman-and-Mavroidis-FINAL.pdf, visited on June 1st, 2019.

服务贸易的发展。[1] 阿迪蒂娅·马图(Aaditya Mattoo)等认为,GATS成员本身在模式一下的承诺欠缺,并且其本身存在分类不足的问题,这些都限制了跨境服务贸易的发展。

(3) 金融服务领域

倪月菊认为,TPP为各缔约方提供了重要的跨境及投资市场准入机会,同时确保了各缔约方监管本国金融市场和金融机构以及在危机时期采取紧急措施的能力。[2] 蒙英华、汪建新认为,TPP各缔约方对金融服务的谈判有两个关键性的目标:一是实现金融服务业的自由化,二是保证本国金融服务业的安全。[3] 石静霞、杨幸幸认为,TPP金融开放的承诺模式采用透明度更高的负面清单模式;TPP关于跨境金融服务开放的规则反映了美国、澳大利亚等发达经济体的进攻利益;TPP首次引入金融机构"最低待遇"要求,其效果尚待检验;TPP对金融审慎例外的优化以及特别争端解决机制的设置,有助于维护金融审慎规则的政策空间;TPP有关金融服务信息流动的规定则面临较大争议。[4] 邓心怡认为,TPP将投资者—国家争端解决机制(Investor-State Dispute Settlement,ISDS)纳入"金融服务"章,在本质上沿袭了美式双边投资协定(Bilateral Investment Treaty, BIT)的ISDS机制,对于国际投资仲裁规则的发展有一定的导向作用。[5] 曾辉、张薇薇认为,TPP金融服务条款代表了目前服务贸易领域较高的标准,主要体现为宽口径的金融服务定义、最惠国待遇和国

[1] See Michael Engman, The Economic Impact of Trade Facilitation, OECD Trade Policy Working Papers, No. 21, 12 Oct. 2005, https://www.oecd-ilibrary.org/docserver/861403066656.pdf? expires=1600496867&id=id&accname=guest&checksum=26A23BE310C301901E5D445E519CE307, visited on June 1st, 2019.

[2] 参见倪月菊:《TPP与国际服务贸易新规则及中国的应对策略》,载《深圳大学学报》(人文社会科学版)2016年第1期。

[3] 参见蒙英华、汪建新:《超大型自贸协定的服务贸易规则及对中国影响分析——以TPP为例》,载《国际商务研究》2018年第1期。

[4] 参见石静霞、杨幸幸:《TPP金融服务规则评析》,载《社会科学家》2017年第11期。

[5] 参见邓心怡:《TPP金融服务领域的投资规则研究》,西南政法大学2017年硕士学位论文。

民待遇条款、新金融服务、不符措施规定、支付清算要求等。[1]

国际货币基金组织(International Monetary Fund, IMF)2010年发布的研究报告认为,制定区域贸易协定的目的在于为金融服务贸易创建作为自由资本流动渠道的全面框架,而非控制资本流动本身。菲利普·J.麦克法兰(Philip J. MacFarlane)认为,区域贸易协定对金融服务例外的规定实际上会阻止东道国当局采取措施以保持金融稳定不受不可预测的资本流动的影响,不符合国家维护金融服务稳定的需求。[2] 蕾切尔·丹娜·舍瑟(Rachel Denae Thrasher)和凯文·P.加拉赫(Kevin P. Gallagher)认为,区域贸易协定允许金融服务提供方直接对抗金融公共政策,而且缺乏适当的筛选机制。[3]

(4) 电信服务领域

白洁、苏庆义认为,CPTPP搁置TPP第13.21条关于电信服务复议的条款,会对电信机构产生负面影响,而且不利于电信投资和贸易的发展,但是能够使谈判难度降低。[4] 在争端解决方面,杨勇认为,CPTPP为了实现扩员,主动降低协定条款的内容标准,搁置了包括电信争端解决在内的部分条款,而保留了环境保护、国有企业、劳动标准等的高标准,以确保TPP的完整性以及总体平衡。[5] 蒙英华、汪建新认为,TPP为缔约方确立了三项纪律:其一,确保境内的主要电信服务商以合理条件提供网际互联、租用专线等服务;其二,发放牌照或许可时不得歧视特定技术;其三,在国际漫游服务领域引入竞争。这些都有

---

[1] 参见曾辉、张薇薇:《TPP金融服务贸易条款解析及评价》,载《黑龙江金融》2017年第1期。

[2] See Philip J. MacFarlane, U. S. and Chinese Investment Treaties in Latin America: Convergence or Competition?, *Houston Journal of International Law*, Vol. 37, No. 3, 2015, pp. 927-968.

[3] See Rachel Denae Thrasher & Kevin P. Gallagher, 21st Century Trade Agreements: Implications for Development Sovereignty, *Denver Journal of International Law & Policy*, Vol. 38, No. 2, 2010, pp. 313-350.

[4] 参见白洁、苏庆义:《CPTPP的规则、影响及中国对策:基于和TPP对比的分析》,载《国际经济评论》2019年第1期。

[5] 参见杨勇:《中美对亚太多边化区域贸易平台主导权的争夺》,载《武汉大学学报》(哲学社会科学版)2019年第3期。

助于建立一个强有力的贸易规则框架。[1] 倪月菊认为,TPP缔约方在确保高效、可靠的电信网络方面拥有共同的利益,并且认识到在电信领域依靠市场力量和商业谈判的重要性。与GATS相比,TPP在这方面的特点表现为:谈判方式不同,电信服务涵盖的范围更广,规范的内容更丰富,监管措施更具体。[2] 胡加祥认为,WTO《基础电信协定》只是原则性地规定将电信领域纳入多边贸易体制,要求成员开放境内电信市场,而TPP从定义开始就将电信领域的重要业务纳入其调整的范围。[3] 石静霞认为,电信服务贸易领域有两大基本问题:一是关于电信服务经济活动参与者与经济活动中介人的双重功能,二是关于电信服务中基础电信服务与增值电信服务的两大分类。同时,电信服务贸易规则的首要任务是确保其他缔约国的服务提供者能够接入和使用公共电信服务网络。[4]

罗德里戈·波兰科·拉佐(Rodrigo Polanco Lazo)和塞巴斯蒂安·戈麦斯·费德勒(Sebastian Gomez Fiedler)认为TPP关于电信服务贸易的规定在很大程度上借鉴了缔约方之间已有的《优惠贸易协定》(Preferential Trade Agreements,PTAs),并列举了15个缔约方之间关于电信的双边贸易协定。[5] 针对国际漫游服务,丹尼·科特洛维茨(Danny Kotlowitz)和塔妮娅·沃恩(Tania Voon)经过仔细分析后认为,TPP中关于国际漫游的规定尽管提高了国际漫游规则的透明度,加强了国际合作,但是规则过于复杂和模糊,若要付诸实践,尚需进行大量的补充和解释,否则无法真正为消费者带去利好。[6] 布朗克斯(Bronckers)和拉鲁切(Larouche)总结了基础电信服务和增值电信服务包括

---

〔1〕 参见蒙英华、汪建新:《超大型自贸协定的服务贸易规则及对中国影响分析——以TPP为例》,载《国际商务研究》2018年第1期。

〔2〕 参见倪月菊:《TPP与国际服务贸易新规则及中国的应对策略》,载《深圳大学学报》(人文社会科学版)2016年第1期。

〔3〕 参见胡加祥:《TPP规则研究》,载《上海对外经贸大学学报》2016年第4期。

〔4〕 参见石静霞:《新一轮服务贸易谈判若干问题》,载《法学研究》2006年第3期。

〔5〕 See Rodrigo Polanco Lazo & Sebastian Gomez Fiedler, A Requiem for the Trans-Pacific Partnership: Something New, Something Old and Something Borrowed?, *Melbourne Journal of International Law*, Vol. 8, No. 2, 2017, p. 298.

〔6〕 See Danny Kotlowitz & Tania Voon, Telecommunications Services in the Trans-Pacific Partnership: Will the Mobile Roaming Provisions Benefit Tourists and Traders?, *Melbourne Journal of International Law*, Vol. 17, No. 2, 2016, pp. 404-444.

的内容，其中基础电信服务包括语音电话、电报、传真、租用线路等；而增值电信服务则是指以计算机为基础提供的电信服务，如电子邮件、语音邮件、新数据库检索等。在乌拉圭回合谈判结束时，在基础电信服务领域虽没有取得进展，但成员对于增值电信服务市场的开放作出了一些承诺。因此，在后续的电信服务贸易谈判中，各方更加关注开放基础电信服务的谈判。[1]

（5）服务贸易承诺模式的重构

石静霞认为，负面清单模式有助于促进更多的服务自由化。[2] 李墨丝、沈玉良认为，采用负面清单已经成为国际贸易投资新规则的主流模式和发展趋势。[3] 但是，王中美认为，采用负面清单的发展中国家多对一般战略性行业或业务领域保留限制，负面清单的适用正以连锁反应的方式呈现一种扩大的趋势，一旦某个国家在双边谈判中接受负面清单，那么该国在以后与其他国家的谈判中都会沿用这种模式。[4]

罗德里戈·波兰科·拉佐和塞巴斯蒂安·戈麦斯·费德勒分析了TPP成员国之间已有的28个FTA，发现其中超过2/3的贸易规则采用了负面清单的管理模式，仅有9个FTA仍采用正面清单的管理模式。这两位学者还定量地指出，与多哈回合中相同成员提出的条件相比，TPP中的负面清单将服务贸易的自由化程度大体提高了40%。[5] 经济合作与发展组织（Organisation for Economic Co-operation and Development，OECD）指出，尽管理论上正面清单模式和负面清单模式会产生相同的投资自由化结果，但是在实践层面，负面清单

[1] See M. C. Bronckers & P. Larouche, Telecommunication Services and the World Trade Organization, *Journal of World Trade Law*, Vol. 31, No. 3, 1997, p. 7.

[2] 参见石静霞：《国际服务贸易规则的重构与我国服务贸易的发展》，载《中国法律评论》2018年第5期。

[3] 参见李墨丝、沈玉良：《从中美BIT谈判看自由贸易试验区负面清单管理制度的完善》，载《国际贸易问题》2015年第11期。

[4] 参见王中美：《“负面清单”转型经验的国际比较及对中国的借鉴意义》，载《国际经贸探索》2014年第9期。

[5] See Rodrigo Polanco Lazo & Sebastian Gomez Fiedler, A Requiem for the Trans-Pacific Partnership: Something New, Something Old and Something Borrowed?, *Melbourne Journal of International Law*, Vol. 8, No. 2, 2017, p. 298.

模式不仅自由化范围更大，而且透明度更高，可预见性更强。[1] 玛丽-法兰西·豪德（Marie-France Houde）、阿克夏·科尔塞-帕蒂尔（Akshay Kolse-Patil）和塞巴斯蒂安·米鲁多特认为，许多国家仍然在其FTA中沿用GATS的正面清单模式以及服务贸易具体承诺减让表。这是因为，一方面，各国政府已经接受了GATS规则，并根据本国服务业的发展情况向WTO服务贸易理事会提交了具体承诺减让表，同时在区域贸易协定的谈判中基于熟悉的GATS规则与已经提交的减让表继续谈判，既可以减少谈判中的磋商和矛盾，加速推动谈判的进行，也可以保证在与各国缔结的FTA中保持承诺的一致性；另一方面，已经提交的减让表代表了各国的贸易自由化水平，各国仍可通过谈判选择维持或加大开放力度，因而在推进本国服务贸易自由化的进程中具有更大的灵活性。[2]

（6）其他具体规则的重构

石静霞认为，多数包含服务自由化的RTAs的原产地规则不构成对服务贸易的过多限制，并有助于促进外商直接投资（foreign direct investment，FDI）的流动；同时，政府采购规则高于WTO的《政府采购协定》。[3] 高乐鑫研究了TPP航空服务贸易规则，认为TPP未能成功建构国际航空服务贸易自由化新秩序。[4]

（四）对中国应对策略的研究

在深入分析TPP服务贸易规则重构的基础和内容之后，国内学者就中国

---

[1] See OECD, International Investment Law: Understanding Concepts and Tracking Innovations, Mar. 17, 2008, p. 276.

[2] See Marie-France Houde, Akshay Kolse-Patil & Sébastien Miroudot, The Interaction Between Investment and Services Chapters in Selected Regional Trade Agreements, https://www.oecd.org/investment/internationalinvestmentagreements/40471729.pdf, visited on June 1st, 2019.

[3] 参见石静霞：《国际服务贸易规则的重构与我国服务贸易的发展》，载《中国法律评论》2018年第5期。

[4] 参见高乐鑫：《自由化视阈下TPP航空服务贸易规则冷思考》，载《国际商务研究》2018年第4期。

如何应对提出了自己的见解。

1. TPP 服务贸易规则重构给中国带来的机遇与挑战

国内学者普遍认为,TPP 服务贸易规则重构对于中国而言可以说是机遇与挑战并存。蒙英华、汪建新认为,TPP 负面清单的谈判方式、禁止反转条款和透明度条款等内容在加快促进服务贸易自由化的同时,也会对中国参与国际规则制定以及改革国内管理体制形成更大的挑战。[1] 张悦、李静认为,贸易规则的演化会促进中国在全球价值链中地位的提升。这些规则一方面会促进外资与中国生产性服务业领域的整合,提升技术密集型生产环节的竞争力,加快服务业市场化;另一方面也恰好契合中国服务业转型升级,改变生产性服务贸易增长方式,提升服务业在全球价值链中地位的需求。然而,TPP 服务贸易规则重构对中国而言,更多的是挑战。[2] 伊馨认为,在跨越“刘易斯拐点”和“巴拉萨-萨缪尔森效应”之后,中国制造业的要素优势逐渐丧失,扩大服务贸易输出成为中国对外贸易战略的新支撑点。然而,中国服务业处于全球价值链低端,服务贸易长期存在逆差且不断扩大,中国市场经济的发展水平、要素禀赋条件、服务贸易政策自由化以及国内经济规则的完善程度与 TPP 所体现出的服务贸易高标准规则仍有明显差距。[3] 张萍认为,中国尚未能参与 TPP 等区域服务贸易规则相关协定的谈判,因此在国际服务贸易规则制定的过程中难以发挥自身的影响力,新的规则难以向有利于发展中国家的立场和利益推进,中国已然处在不利的国际竞争环境中。[4]

2. 中国应对 TPP 服务贸易规则重构的建议

关于中国如何应对 TPP 服务贸易规则重构,国内学者的建议可以归纳为扩大服务业的对外开放、放松对服务贸易的管制、积极参与国际服务贸易规则

---

〔1〕 参见蒙英华、汪建新:《超大型自贸协定的服务贸易规则及对中国影响分析——以 TPP 为例》,载《国际商务研究》2018 年第 1 期。

〔2〕 参见张悦、李静:《国际服务贸易规则演变新趋势与我国的对策》,载《经济纵横》2017 年第 5 期。

〔3〕 参见伊馨:《TPP 规则对中国服务贸易自由化的挑战》,载《长春师范大学学报》2016 年第 5 期。

〔4〕 参见张萍:《服务贸易规则重构对中国的影响及应对》,载《国际经济合作》2017 年第 6 期。

的谈判等。赵瑾提出,要以更高水平开放促创新、促发展,应当扩大生产性服务业市场准入,放宽对高端人才流动的限制,大力发展数字贸易,创新服务贸易模式,以投资带动服务贸易出口,对接国际服务贸易投资规则的新变化。[1] 天雨认为,中国在全球贸易体系规则重构中面临两难抉择,企业缺乏足够竞争力,国内管理体系改革需要勇气和魄力。同时,市场开放为服务贸易发展创造了空间,竞争加强促进各行业不断提升效率,技术进步有利于服务贸易企业做大做强。因此,中国应当着眼长远,判断是否符合核心利益;趋利避害,谋求有利地位;协同谈判,争取共同利益;由外而内,创造更大发展空间;各方配合,充分利用相关协定创造利益。[2] 李俊认为,要建设以创新为主要驱动力的服务贸易强国,带动提升中国现代服务业核心竞争力。[3] 张悦、崔日明认为,应积极维护 GATS 在国际服务贸易治理中的核心地位,提升服务业整体国际竞争力,构建高水平自由贸易体系,在多领域层面发挥更大的制度建设性作用。[4] 国世平、荣亚平认为,国际贸易规则的改变对中国消费品、消费方式、消费结构以及消费量造成了消极的影响。[5] 尚庆琛基于"一带一路"沿线国家服务业的发展特征,提出中国应积极推动"一带一路"服务贸易规则制定和平台建设,秉承制造业基础优势,配套发展延伸性服务贸易,促进特色服务贸易领域的发展,推动服务贸易新兴业态发展。[6] 国世平、魏伟认为,金融领域的国际服务贸易规则改变对中国的冲击表现为:一是金融体制高度去监管化,二是金融信息流动去

---

〔1〕 参见赵瑾:《以高水平开放促进服务贸易发展》,载《经济日报》2018 年 11 月 22 日第 15 版。

〔2〕 参见天雨:《服务贸易协定:服务贸易游戏规则的重构》,载《国际经济合作》2013 年第 6 期。

〔3〕 参见李俊:《建设服务贸易强国的战略思考》,载《国际贸易》2018 年第 6 期。

〔4〕 参见张悦、崔日明:《中国在国际服务贸易规则演进中的角色变迁》,载《贵州社会科学》2018 年第 3 期。

〔5〕 参见国世平、荣亚平:《国际服务贸易规则改变对我国消费的影响》,载《消费经济》2017 年第 5 期。

〔6〕 参见尚庆琛:《"一带一路"倡议下中国服务贸易发展策略研究》,载《国际贸易》2017 年第 9 期。

限制化,由此会引发银行业、证券业和本土金融行业的市场波动。[1] 倪月菊认为,要密切跟踪国际服务贸易规则的发展方向,积极争取参与国际服务贸易新规则的制定,以 TPP 中的服务贸易新规则为基准,在中国自由贸易试验区(以下简称"自贸试验区")先行先试。[2] 白洁、刘庆林实证研究了中国与 TPP 缔约方在跨境服务贸易领域的区别,认为中国的限制水平较高,主要体现在市场准入限制上,在国民待遇方面限制不多;而 TPP 对市场准入限制较少,在国民待遇方面限制较多。中国注重的是"边境规则",而 TPP 则转向"边境内规则",要求缔约方国内政策向竞争、知识产权保护、劳工、国有企业行为约束等方面转换。[3] 刘建昌认为,中国应积极争取加入服务贸易新规则制订进程,面向未来,明确服务贸易的主要利益点,基于自由贸易区战略探索合适的协定模式,健全法制环境。[4]

(五)对现有研究成果的分析与评价

国内学者对 TPP 服务贸易规则的研究多于国外学者,而且将 TPP 作为当下服务贸易高标准规则的代表。已有研究成果的优势表现为:

第一,从研究的学科看,经济学、社会学、法学、统计学等多个学科参与了 TPP 服务贸易规则的研究。

第二,从研究的内容看,已有的文献涵盖了服务贸易规则重构的总体特征以及部分具体领域的重构特点,并对其中的关键性问题进行了深入的研究。

第三,从研究的价值看,多学科的参与以及多视角的研究使得相关资料更加丰富和具体,有助于我们更清楚地认识 TPP 服务贸易规则重构的本质。

由以上分析可以看出,国内外学者已经作了不少研究,研究成果也较为丰富,为本书的继续研究奠定了良好的基础。但是,尚有不少问题有待进一步研

---

〔1〕 参见国世平、魏伟:《未来国际服务贸易标准和规则变化对金融安全的冲击》,载《武汉金融》2017 年第 7 期。

〔2〕 参见倪月菊:《TPP 与国际服务贸易新规则及中国的应对策略》,载《深圳大学学报》(人文社会科学版)2016 年第 1 期。

〔3〕 参见白洁、刘庆林:《TPP 中跨境服务贸易条款的文本解读与政策建议》,载《山东社会科学》2016 年第 9 期。

〔4〕 参见刘建昌:《TPP 服务贸易规则与中国应对》,载《亚太经济》2016 年第 3 期。

究,主要表现为:

第一,从研究内容的深度看,有些研究成果仅仅提到服务贸易规则的变化,并未涉及服务贸易规则变化背后的原因以及变化的趋势。比如,对服务贸易规则的承诺采取负面清单模式,国内学者并未进行深入研究,如负面清单的承诺模式是否就一定比正面清单的承诺模式开放更多的领域,更易于实现服务贸易自由化等。

第二,从研究内容的广度看,已有研究成果对于部分服务贸易规则重构的领域要么没有涉及,要么涉及较少。比如,对于金融服务贸易领域,有关金融数据信息流动以及本地化要求的内容鲜有学者研究。

第三,从研究的学科看,已有研究成果主要偏重于从国际贸易学的角度进行分析研究,故而较多研究结论仅仅是从贸易转移等角度提出的,从法学研究的角度提出建议的不多。

本书在吸收和总结已有研究成果的基础上,着重采用实证研究的分析方法,通过具体比较 TPP 服务贸易规则与 GATS 的异同,归纳总结 TPP 相较于 GATS 在内容与形式方面的重构,并探寻其背后的深层次原因,继而结合中国的现实情况,提出有针对性的服务贸易规则建议。

四、主要研究方法

本书的主要研究方法如下:

第一,实证分析法,主要是对 TPP 法律文本的实证分析,通过细致的文本实证,分析 TPP 服务贸易规则对 GATS 服务贸易规则的重构,并结合当前国际和国内背景,提出中国服务贸易发展的建议。

第二,价值判断法,引入法律解释学的方法,对具体法律条文的规定进行价值判断,分析法律规范之形式理性中的实质理性。

第三,综合比较法,广泛收集国内外研究资料,开展对比研究,找出国外经验对中国的适用性并加以深入分析。

第四,文献研究法,既包括对有关 TPP 服务贸易规则著述的分析,也包括对有关法律适用情况的一些文献(如 WTO 的实践案例、争议焦点等)的分析。

第一章 TPP服务贸易规则重构的基础

长期以来，服务贸易一直属于各国国内法管辖的范畴，真正将服务贸易纳入多边贸易体制始于WTO的成立。1993年12月乌拉圭回合谈判达成的《服务贸易总协定》(GATS)第一次将服务贸易纳入多边贸易体制，与GATT 1994和TRIPS一起构成协调国际服务贸易和国际货物贸易、知识产权保护的多边规则。自此，国际社会以GATS为框架，开始了国际服务贸易法律制度的统一化进程。二十多年来，通过WTO争端解决机构对GATS条文含义的澄清，国际服务贸易法规的内涵进一步丰富。然而，信息技术的迅猛发展和经济全球化的深入发展对服务贸易规则提出了新需求，WTO多哈回合关于服务贸易的谈判却停滞不前。与此形成鲜明对比的是，各国FTA不断推进服务贸易规则重构，以CPTPP为代表，在框架结构、开放模式、基本原则、重要领域、跨境服务、服务贸易数字化等方面对GATS进行了重大改革，以规则重构方式适应全球价值链深入发展对服务贸易规则的新需求。

第一节 服务贸易的概念与特征

对于什么是“服务”，一直众说纷纭。在乌拉圭回合谈判中，谈判各方难以就“服务”形成一个统一的、公认的定义。最终，谈判代表们并没有苛求给“服务”下一个完整准确的定义，而是根据当时存在的服务活动的客观现实，将除空运服务以外的其他服务活动分为12个部门：

（1）商业服务，包括专业服务（如法律服务、会计服务、税务服务、工程设计服务等）、计算机及相关服务、研究与开发服务、房地产服务、设备租赁服务和其他商业服务。

（2）通信服务，包括邮政服务、快递服务、电信服务（包括基础电信服务、增值电信服务）、视听服务等。

（3）建筑及相关工程服务，主要包括建筑物的一般建筑工程服务、民用工程的一般建筑工程服务、安装与装配工程服务、建筑物的完工与装修服务等。

（4）分销服务，指产品销售过程中的服务，包括批发零售服务、特许经营服务、佣金代理销售服务和其他销售服务。

（5）教育服务，包括高等教育、中等教育、初等教育、学前教育、继续教育、特殊教育和其他教育服务。

（6）环境服务，包括污水处理服务、废物处理服务、卫生及相关服务和其他环境服务。

（7）金融服务，主要指银行业和保险业及相关金融服务活动，包括银行及相关服务、保险及相关服务。

（8）健康与社会服务。

（9）旅游及相关服务，主要指宾馆与饭店服务（包括饭菜供应服务）、旅行社及旅游经营者提供的服务、导游服务。

（10）娱乐、文化与体育服务，包括除广播、电影、电视等视听服务之外的文化娱乐服务，新闻机构提供的服务，图书馆、档案馆、博物馆提供的文化服务，体育服务等。

（11）交通运输服务，包括空运服务、海运服务、太空运输服务、管道运输服务、交通运输配套服务和其他运输服务。

（12）其他服务。[1]

---

〔1〕 See Note by the Secretariat, Services Sectoral Classification List, MTN.GNS/W/120, July 10,1991.

有必要指出的是，上述服务活动的12个部门并未穷尽所有的服务门类，也不意味着有关的分类固定不变。随着科学技术和社会经济的不断发展，社会分工将会不断扩大和深入，肯定会产生越来越多新的服务贸易部门，有关的服务门类可能要适时加以调整。例如，有的成员将网络远程教育服务作为电信服务，有的成员则将之作为教育服务。又如，随着金融混业经营的发展，人们对银行业务提出了更高要求，包括金融、保险、证券方面的服务要求，这样关于银行业的服务门类就必须被重新考虑以适应形势的发展。[1]

与货物贸易相比，服务贸易具有以下特征：

(1) 与货物贸易的有形性相比，服务贸易所提供的服务，如金融、保险、运输、广告、律师、会计师等服务，是无形贸易。

(2) 货物贸易中的商品一般可以存储、运输，并通过进出口商批发、零售转移到消费环节，因而具有泾渭分明的生产领域、流通领域和消费领域；而服务贸易所提供的服务是一种特殊商品，往往是生产、销售和消费同时进行，因而具有生产、销售和消费的同时性、非存储性和非转移性等特征。

(3) 服务贸易的统计数字无法在海关的进出口统计表上显示出来，一般显示在各国的国际收支平衡表上。事实上，根据GATS所规定的服务贸易的定义，服务贸易的统计数字很难全部反映在一国的国际收支平衡表上。

(4) 服务贸易与货物贸易在监管方式上大不相同。对于货物贸易，一国政府通常以进出口关税、进出口许可证、配额等非关税措施作为保护贸易或贸易自由化的手段；而服务贸易不通过海关，用管理货物贸易的手段无法有效监管，一般只能通过国内相关立法加以规制，如提供服务的主体资格限制、股权限制、经营范围限制、税收歧视或补贴歧视等。[2]

(5) 对于货物贸易而言，只有跨境提供一种模式；而对于服务贸易而言，则有跨境提供、境外消费、商业存在和自然人流动四种模式。同时，国际服务贸易

---

[1] See Steve Orava, Commercial Reality (or Lack Thereof) in the Classification and Definition of Services in the WTO GATS Negotiations, *International Trade Law & Regulation*, Vol. 8, No. 1, 2002, p. 5.

[2] See Jagdish N. Bhagwati, Trade in Services and the Multilateral Trade Negotiations, *The World Bank Economic Review*, Vol. 1, No. 4, 1987, p. 549.

通常涉及资本和人员的流动，对一国经济、政治乃至文化方面的影响程度和深度都远远超过单纯的货物贸易，因此国家对国际服务贸易的管制或干预程度要远远大于国际货物贸易。[1]

需要指出的是，随着科学技术的发展，以及服务业向更高层次发展，服务贸易的上述特点也会发生变化。其一，在许多情况下，很难将服务与货物截然分开。许多服务包含在货物之中，并构成货物总价值的绝大部分。这就是无形的有形化与服务的物质化。例如，激光唱片用于提供播放音乐的服务，而要得到这种服务，首先必须有货物即唱片。其二，无形的服务同时又是可以储存的，而是否可以储存实际上是指服务在购买时消费还是在购买以后某个时间消费。例如，消费者购买了保险，可以在一段时间内消费。

第二节　GATS的框架及DSB的相关实践

一、GATS的框架

GATS的产生标志着国际经济贸易进入从货物贸易向服务贸易发展的一个新阶段，适应了国际经济贸易发展的需要。

作为《建立世界贸易组织协定》(以下简称《WTO协定》)的附件1B，GATS虽然在诸多制度上模仿管理国际货物贸易基本框架的GATT 1994的规定，[2]但是基于服务贸易的特殊性，[3]又具有自身的特点。例如，就规制对象而言，国际服务贸易的壁垒并非海关措施或者关税，而是各成员的国内法规(政策、法令、行政规章)对服务要素(机构、资金、人员)跨国流动的限制。[4] 因此，GATS

---

[1] See Gary P. Sampson & Richard H. Snape, Identifying the Issues in Trade in Services, *The World Economy*, Vol. 8, No. 2, 1985, p. 171.

[2] See WTO Trade in Service Division, The General Agreement on Trade in Services: An Introduction, https://www.wto.org/english/tratop_e/serv_e/gsintr_e.pdf, visited on Feb. 29th, 2020.

[3] 例如，与货物贸易相比，服务贸易交易的复杂性和客体的无形性使一些在货物贸易领域能够适用的规则难以被直接套用于服务贸易领域。

[4] 参见曹建明、贺小勇：《世界贸易组织》(第三版)，法律出版社2011年版，第240页。

希望通过规范各成员制定和实施的影响服务贸易的各项具体措施，逐步实现服务贸易自由化。

为了使成员在服务贸易领域既遵守共同的原则和规则，又可以根据本国服务业的现实发展情况作出灵活安排，GATS将各成员应遵守的义务分为普遍义务和具体义务。普遍义务是指适用于成员所有服务贸易部门的义务，包括最惠国待遇、透明度、发展中国家的更多参与、经济一体化、紧急保障措施和一般例外，不论服务部门或服务贸易提供模式是否对外开放；而具体义务则是指各成员通过谈判，在具体服务贸易领域关于市场准入和国民待遇所承诺的义务，该义务因成员、服务领域、服务贸易模式等不同而有所差异。[1]

在框架结构上，GATS主要有以下三个方面的内容：第一，GATS的正文，由六大部分组成，包括范围和定义（第1条）、一般义务和纪律（第2—15条）、具体承诺（第16—18条）、逐步自由化（第19—21条）、机构条款（第22—26条）、最后条款（第27—29条）。第二，GATS的八个附件和九个部长级会议决议，前者旨在处理由特定服务部门或服务提供方式所引起的特殊问题，如最惠国待遇义务的免除、自然人流动、空运服务、金融服务、海运服务谈判、电信服务及基础电信谈判；后者主要涉及机构安排、争端解决程序、安全例外、服务贸易和环境以及有关基础电信、金融服务、专业服务、自然人流动和海运服务谈判等。第三，各成员根据GATS第20条提交的服务贸易具体承诺减让表，详细列明其在承诺开放的服务部门对于市场准入、国民待遇采取的限制措施以及作出的额外承诺等。

二、GATS的适用范围和服务贸易模式的界定

（一）GATS的适用范围

根据GATS第1条第1款的规定，GATS适用于各成员影响服务贸易的措施。在实践中，关于如何理解“影响服务贸易的措施”所包含的范围，不无争议。在欧共体香蕉案中，欧共体主张其采取的措施，诸如香蕉经销商的分类规则、根

〔1〕 参见曹建明、贺小勇：《世界贸易组织》（第三版），法律出版社2011年版，第242页。

据不同类别经销商适用不同许可证程序规则以及不同关税配额等，并非"影响服务贸易的措施"。由于这些措施只是调整香蕉这种货物的进口，因此属于货物贸易多边规则调整的问题。审理欧共体香蕉案的专家组认为，成员采取的任何措施，只要影响到了服务贸易，就属于GATS的适用范围。[1] 后来，上诉机构也支持专家组的解释。

关于"措施"的范围，GATS第28条(a)项规定："'措施'指一成员的任何措施，无论是以法律、法规、规则、程序、决定、行政行为的形式还是以任何其他形式。"GATS第1条第3款(a)项规定："'成员的措施'指：(i) 中央、地区或地方政府和主管机关所采取的措施；及(ii) 由中央、地区或地方政府或主管机关授权行使权力的非政府机构所采取的措施。"由此可见，GATS规范的措施形式包含成员的立法、司法和行政行为，这些涉及服务贸易的行为均不得违反成员在GATS项下的国际义务。

（二）GATS适用的服务贸易模式

虽然GATS并没有给"服务贸易"下一个明确的定义，但是其第1条第2款将"服务贸易"具体划分为四种类型，即通过服务贸易的三要素——服务提供者、服务消费者和服务是否跨越国境，规定了四种服务贸易模式。

第一，跨境提供，即服务跨越边境。跨境提供是指服务提供者在一成员领土内向另一成员领土内的消费者提供服务。即服务提供者和服务消费者分别处于不同的成员领土内，服务跨越边境。这类服务贸易充分体现了国际贸易的一般特征，是国际服务贸易的基本方式。在墨西哥影响电信服务措施案中，美国和墨西哥的争议在于，是否只有当服务提供者亲自在对方境内运营时才构成"跨境提供"。墨西哥主张，为了将用户的数据从一成员境内跨境提供到另一成员境内，美国的电信服务提供商必须亲自在墨西哥境内传输用户数据，否则就不是"跨境提供"。美国则表示，这些服务正是从美国境内提供到墨西哥境内的，构成GATS第1条第2款(a)项规定的"跨境提供"。最终，专家组驳回了墨

---

[1] See Panel Report, European Communities—Regime for the Importation, Sale and Distribution of Bananas, WT/DS27/R/ECU, paras. 7.277-7.280.

西哥的抗辩，认为“跨境提供”模式关注的是服务本身是否从一成员境内向另一成员境内提供，并不涉及服务提供者。服务提供者的地位与如何界定跨境提供没有任何直接联系。[1]

第二，境外消费，即服务消费者跨越边境。境外消费是指服务提供者在一成员境内向另一成员境内的服务消费者提供服务。即服务消费者跨越边境，服务的交付与使用均在服务提供者所在成员境内完成。例如，一成员的居民到另一成员境内旅游、求学、求医等。随着电子科技的发展，对于通过电子手段提供的服务究竟属于“跨境提供”还是“境外消费”，往往存在争议。美国等发达国家倾向于将其认定为“境外消费”，尽量缩小成员所能管制的范围，仅能对本国的消费者进行限制，而对境外服务和服务提供者则鞭长莫及。但是，在美国与安提瓜赌博服务案中，安提瓜认为以互联网方式提供赌博服务属于“跨境提供”，而美国对此并未提出异议。[2] 专家组在裁决报告中指出，提供跨境服务可采取不同的技术模式，包括信件、电话、网络等。[3] 上诉机构在复审该案时，也赞同专家组的见解。[4] 由此，DSB裁决将以电子方式跨境提供的服务定性为“跨境服务”，而非“境外消费”。

第三，商业存在，即服务提供者跨越边境。商业存在是指一成员的服务提供者在另一成员境内设立商业机构或专业机构，为后者境内的消费者提供服务。这一服务提供方式需要服务提供者跨越边境，在消费者所在成员境内以设立商业机构或专业机构的方式提供服务。例如，外国公司到中国设立酒店、外国银行到中国开设分行等。同时，这种“商业存在”不仅包括严格意义上的法人，还包括具有某些共同特征的法律实体，如代表处和分支机构。[5] 商业存在是一种重要且敏感的服务提供方式，它往往与外商投资联系在一起，会对东道

〔1〕 See Panel Report, Mexico—Measures Affecting Telecommunications Services, WT/DS204/R, 2 Apr. 2004, para. 7. 30.

〔2〕 See Panel Report, United States—Measures Affecting the Cross-Border Supply of Gambling and Betting Services, WT/DS285/R, 10 Nov. 2004, para. 3. 29.

〔3〕 Ibid., paras. 6. 29-6. 31.

〔4〕 See Appellate Body Report, United States—Measures Affecting the Cross-Border Supply of Gambling and Betting Services, WT/DS285/AB/R, 20 Apr. 2005, para. 215.

〔5〕 参见GATS第28条(d)项。

国尤其是发展中成员的经济产生较大冲击。

第四，自然人流动，也是服务提供者跨越边境。与商业存在需要在服务消费者所在成员境内设立实体机构不同，自然人流动是以自然人的身份提供服务的。自然人流动是指一成员的服务提供者以自然人的身份进入另一成员境内提供服务。GATS《关于本协定项下提供服务的自然人流动的附件》明确指出，自然人流动有两种提供服务的方式：(1) 一成员的自然人就是服务提供者，如外国医生或者修表匠来中国从事相关服务；(2) 一成员的服务提供者雇用的自然人进入另一成员境内提供服务，如建筑公司的工人到国外承包建筑工程。

尽管 GATS 对服务自由化的真正影响取决于成员的具体承诺程度，但是不能由此否定 GATS 上述四种服务贸易模式的重要意义。对于某类具体服务的提供而言，在四种服务贸易模式之间进行区分较为困难。[1] 但是，从监管权的角度而言，区分服务贸易模式是有必要的。

三、GATS 适用的原则

GATS 效仿 GATT 1994，以贸易自由化为目标，建立了一套适用于所有成员的基本原则。

（一）普遍义务

1. 最惠国待遇原则

各成员政府采取的影响服务贸易的措施必须符合 GATS 规定的最惠国待遇的要求。GATS 第 2 条第 1 款规定："关于本协定涵盖的任何措施，每一成员对于任何其他成员的服务和服务提供者，应立即和无条件地给予不低于其给予任何其他国家同类服务和服务提供者的待遇。"即最惠国待遇适用于所有服务贸易部门，不论成员是否承诺开放、开放程度如何以及采取何种限制措施，所采取的管理措施必须"外外一致"。与 GATT 1994 规定的最惠国待遇仅及于产品不同，因为服务与服务提供者通常不可分离，所以 GATS 规定的最惠国待遇必

---

〔1〕 参见石静霞：《WTO 服务贸易法专论》，法律出版社 2006 年版，第 41 页。

须扩展到服务提供者。[1]

在加拿大汽车案中，加拿大对符合条件[2]的有关汽车生产商进口汽车实行免税。从加拿大所采取的关税免除措施看，它不是依据与进口产品本身有关的标准制定的，而是在表面上将免税待遇给予所有的汽车生产商，似乎是很中立的政策。但是，加拿大对汽车生产商获得免税资格设置了三个条件，事实上只有美国等极少数国家的汽车生产商才能符合这三个条件。这就使其他国家的汽车生产商所生产的汽车受到低于美国等极少数国家的贸易待遇，因而事实上构成了贸易歧视。专家组和上诉机构裁决认为，GATT 1994 第 1.1 条规定的“不低于”并不是指对关税优惠不能设置条件，而是指这种条件不能形成事实上的歧视。[3] 由此可见，在实践中，歧视可能表现为两种形态：一种是法律上(*de jure*)的歧视，即通过相关法规以国别作为区别待遇的依据；另一种是事实上(*de facto*)的歧视，即相关法规从表面上看很中立，事实上却构成对另一成员的歧视。WTO 通过多边贸易争端解决实践，明确两种形态的歧视均违反最惠国待遇原则。

2. 透明度原则

如果说关税管理对于货物贸易十分重要，那么它对于没有任何边境措施而只能依靠国内规则实施管理的服务贸易就更重要了。为此，GATS 第 3 条规定了成员在透明度方面的基本义务：

(1) 立即公布相关法规。除紧急情况外，每一成员应迅速并最迟于其生效之时，公布所有普遍适用的涉及或影响 GATS 实施的法律、法规和措施，包括涉

---

〔1〕 参见曹建明、贺小勇：《世界贸易组织》(第三版)，法律出版社 2011 年版，第 251 页。

〔2〕 加拿大规定，汽车生产商获得免税资格需符合三个条件：第一，该汽车生产商在法定的年限内曾在加拿大生产该类汽车；第二，在法定的年限内，在加拿大生产该类汽车的销售值与进口到加拿大的该类汽车的销售总值相比，不得低于一定的比率；第三，该汽车生产商在加拿大生产的汽车中本地增值部分必须等于或大于其在法定的年限内在加拿大生产的汽车的增值部分。

〔3〕 See Panel Report, Canada—Certain Measures Affecting the Automotive Industry, WT/DS142/R, 11 Feb. 2000, para. 10. 30; Appellate Body Report, Canada—Certain Measures Affecting the Automotive Industry, WT/DS142/AB/R, 31 May 2000, paras. 79-86.

及或影响服务贸易的国际协定。

（2）迅速并至少每年向服务贸易理事会报告新的或更改的措施。每个成员应将新的立法或对现行法律、法规或行政命令的任何修改向服务贸易理事会报告，前提是这些新的立法或修改对该成员依GATS所作的具体承诺所涵盖的服务贸易构成重大影响。

（3）设立咨询点。如果其他成员就上述（1）范围内的任何普遍适用的措施或国际协定请求某一成员提供详细情况，该成员应及时予以答复。每一成员应设立一个或多个咨询点。咨询点应在《WTO协定》生效之日起两年内设立。对发展中成员而言，这一期限经同意可以适当放宽。

此外，任何成员如认为某一成员所采取的措施影响GATS的实施，可通知服务贸易理事会。

3. 逐步自由化原则

逐步自由化原则具体包括“具体承诺的谈判”（第19条）、“具体承诺减让表”（第20条）以及“减让表的修改”（第21条）。欲实现国际服务贸易自由化，不能一蹴而就，要定期进行谈判，在各方商讨过程中总结出对服务贸易有利的措施，逐渐减少不利因素，逐步实现更高水平的自由化。

（二）具体义务

GATS中的具体义务是相对于普遍义务而言的，仅适用于各成员列入服务贸易具体承诺减让表中的承诺开放的服务贸易领域，即适用于减让表中列出的各种服务贸易模式以及市场准入和国民待遇的条件、限制和资格等。

1. 市场准入

GATS第16条第1款规定，一成员对某个服务部门承诺市场准入义务的，它给予其他成员的服务及服务提供者的待遇应不低于其在服务贸易具体承诺减让表中列明的限制和条件。即凡是在服务贸易具体承诺减让表之市场准入部分没有列明相应的限制和条件的成员，今后不得采取相应的条款限制其他成员的服务及服务提供者进入。GATS第16条第2款进一步规定了在承诺市场准入的部门禁止使用的六种限制措施。

就GATS第16条第1款与第16条第2款之间的关系，专家组在美国与安提瓜赌博服务案中予以明确。在认定美国服务贸易具体承诺减让表中包含赌博服务,而且对该项服务的市场准入没有限制的基础上,双方对于美国以法律禁令方式禁止赌博服务的网络跨境提供是否违反市场准入发生了争议。安提瓜主张,美国以法律禁令方式禁止赌博服务的网络跨境提供违反了GATS第16条第1款;而美国则认为,GATS第16条第2款所列的六种市场准入的限制措施实际上穷尽了第16条所禁止的限制措施,其减让表中的"没有限制"指的是没有第16条第2款所列的六种限制措施。[1] 最终,专家组在审查GATS第16条的措辞、宗旨尤其是《1993年承诺表指南》后,对第16条第1款与第16条第2款之间的关系予以明确。即根据《1993年承诺表指南》第4段的规定,GATS第16条第2款穷尽列举了第16条第1款所指的"条款、限制和条件",因此第16条第2款的作用在于补充说明第16条第1款的内涵。[2] 由此可知,如果一项措施不属于GATS第16条第2款所列六种限制措施,那么即使该项措施实际上限制了市场准入,也不能根据第16条第1款提出质疑。

2. 国民待遇原则

国民待遇原则是货物贸易领域的基本原则之一。GATT 1994第3条"国内税和国内法规的国民待遇"对确保进口产品与本国产品的平等竞争起到了关键作用。GATS引入这一原则,同时根据服务贸易的特殊性作了一些重要改变。[3] GATS第17条第1款是关于国民待遇含义的总体性规定:"对于列入减让表的部门,在遵守其中所列任何条件和资格的前提下,每一成员在影响服务提供的所有措施方面给予任何其他成员的服务和服务提供者的待遇,不得低于其给予本国同类服务和服务提供者的待遇。"第17条第2、3款进一步规定,一成员可以在形式上给予任何其他成员服务或服务提供者与本国同类服务或服务提供者相同或不同的待遇,只要这种形式相同或不同的待遇不对外国服务或服务提供者形成不利的竞争条件。由该条规定可以看出,GATS中的国民待遇

---

〔1〕 See Panel Report, United States—Measures Affecting the Cross-Border Supply of Gambling and Betting Services, WT/DS285/R, 10 Nov. 2004, para. 6.262.

〔2〕 Ibid.

〔3〕 参见〔美〕约翰·H.杰克逊:《世界贸易体制——国际经济关系的法律与政策》,张乃根译,复旦大学出版社2001年版,第337页。

具有以下几个特点：

（1）GATS中的国民待遇属于具体承诺的义务。换言之，GATS对于国民待遇的适用义务是相对宽松的，允许成员在其服务贸易具体承诺减让表中就国民待遇适用的限制和条件进行具体谈判和规定。除谈判达成的限制和条件外，任一成员须给予其他成员的服务和服务贸易提供者不低于其给予本国相同服务和服务提供者的待遇。

（2）GATS中的国民待遇不仅适用于服务，而且适用于服务提供者，这是由服务贸易本身的特性决定的。

（3）GATS的国民待遇原则是事实上的而非形式上的，即成员给予外国服务或服务提供者的待遇可以在形式上不同于本国相同服务或服务提供者享受的待遇，只要实际执行效果能够达到"竞争条件"平等就可以。例如，就偿付能力而言，美国给予外国银行在美分行不同于美国银行分行的待遇就是无可非议的事情。[1]

第三节　经济全球化深入发展对服务贸易规则的新需求

当前，由于技术进步、全球数据流动、新的商业实践和互联网广泛使用等原因，国际商业环境已经发生巨大变化。[2]"全球价值链形成了货物贸易、投资、服务贸易联系的纽带，中间产品贸易增多，全球生产由跨国投资驱动，服务贸易对生产网络的运转发挥重要作用。"[3]全球价值链发展所引发的国际经贸格局的变化，要求国际经贸规则在国际贸易、投资和服务领域给出治理改革的回应，并且要求建立适应当前国际经贸发展特点和趋势的新规则、新制度。这种利益诉求首先来自发达国家的跨国公司、商业利益集团和政府，其核心目标是制定

---

〔1〕 See Joel P. Trachtman, Trade in Financial Services Under GATS, NAFTA and the EC: A Regulatory Jurisdiction Analysis, *Columbia Journal of Transnational Law*, Vol. 34, No. 1, 1995, p. 65.

〔2〕 参见彭德雷：《多边服务贸易规则的重构及其应对》，载《北京理工大学学报》（社会科学版）2015年第5期。

〔3〕 东艳：《全球贸易规则的发展趋势与中国的机遇》，载《国际经济评论》2014年第1期。

高标准、高质量的新规则，以进一步统筹全球价值链，实现供应链的无缝对接，继续降低成本和保持领先的竞争力。利益诉求者非常强调对有形资产与无形资产的保护，主张货物、服务、生产要素应实现双向、自由流动，倡议建立透明、公正与竞争的商业环境，并且主张健全法规制度和法治体系。[1]

近年来，全球价值链理论改变了世界经济格局，制造业服务化以及服务业对全球价值链的重要贡献使得服务贸易成为推动世界经济发展的新引擎，贸易竞争力的优势不再只体现于不同的产业或产品，而是更多体现于产品不同的制造与服务环节。全球价值链的兴起与发展成为重新塑造世界经济格局的重要因素和趋势之一。尤其是在服务贸易领域，服务业（特别是生产性服务业）在全球价值链中的作用日益重要，发挥着总部管理、协调运营与联系价值链不同环节的功能。[2] 在此背景下，双边、多边和区域性的贸易协定迅速增多，全球价值链深入发展，急需与之相适应的新的国际服务贸易规则。

一、对服务贸易规则的系统集成化的需求

随着全球经济一体化发展，专业化分工进一步深化，国际分工逐步表现为企业间的价值链分工，跨国公司成为国际分工的主要载体和市场的主导力量，根据不同国家和地区的要素禀赋优势分配价值链的不同环节。新贸易模式体现为生产过程的国际化，商品、投资、服务、知识及人员在全球生产网络中跨境流动。[3] 由于不同国家和地区共处于一个价值链分工网络内，因此不仅要求生产和检验标准趋同、生产经营和管理一体化，而且要求保持投资和贸易规则的一致性和相融性。[4]

---

〔1〕 参见盛斌：《迎接国际贸易与投资新规则的机遇与挑战》，载《国际贸易》2014年第2期。

〔2〕 同上。

〔3〕 参见东艳：《全球贸易规则的发展趋势与中国的机遇》，载《国际经济评论》2014年第1期。

〔4〕 参见张萍：《服务贸易规则重构对中国的影响及应对》，载《国际经济合作》2017年第6期。

同时，货物贸易和服务贸易的关联度不断加强。[1] 在制造业服务化的趋势下，服务贸易成为全球价值链的关键组成部分，各国发展竞争性制造业需要强大的生产性服务业作为支撑。[2] 因此，各国在引导服务业发展的过程中，会重视服务业与制造业、服务贸易与货物贸易的深度融合，以顺应全球价值链分工的新趋势。[3] 因此，各国应采取开放的服务贸易投资政策，尽快将服务贸易规则融入或整合于系统化、集成化的规则集合之中，确保服务贸易、投资与技术政策的协调与一致性。

二、从边境规则向边境内规则扩展的需求

服务的无形性使成员难以采取传统的监管货物贸易的方法进行规制。服务贸易的障碍通常隐含在各成员自身的规章中，主要体现在服务市场的准入条件、竞争政策以及专业服务提供者的资格、许可条件和程序等方面。这使得成员对服务贸易的监管比其对货物贸易的管制更为复杂，并对服务贸易自由化产生双重影响：一方面，有效的国内规制措施通常是服务贸易自由化得以顺利推进的重要前提和保障；另一方面，国内规制本身容易导致贸易保护主义，成为贸易自由化的障碍。[4]

尽管国内规制属于一国经济主权范畴内的事务，但是由于这些国内规制或监管的程序和内容复杂，而且相关信息往往不公开、不透明，有时成员甚至被质疑歧视性、选择性地适用，以上情形都会对外国产品与外国企业进出一国市场造成较大的不利影响，因此国内规制也逐渐被纳入国际经贸协定的监管范

---

〔1〕 See Lucian Cernat & Zornitsa Kutlina-Dimitrova, Thinking in a Box: A "Mode 5" Approach to Service Trade, *Journal of World Trade*, Vol. 48, No. 6, 2014, p. 1114.

〔2〕 See Sébastien Miroudot & Charles Cadestin, Services in Global Value Chains: From Inputs to Value-Creating Activities, OECD Trade Policy Papers, No. 197, https://pdfs.semanticscholar.org/53fc/eec4eaa50e60409cbdeead8dd4e042f9e1c5.pdf?_ga=2.119605768.128779579.1597044214-1834900559.1597044214, visited on June 1st, 2019.

〔3〕 参见石静霞：《国际服务贸易规则的重构与我国服务贸易的发展》，载《中国法律评论》2018年第5期。

〔4〕 参见石静霞：《新一轮服务贸易谈判若干问题》，载《法学研究》2006年第3期。

围。[1] 具体而言，就是通过协调国内规制一致性规则，提高透明度，避免监管分歧，减少贸易壁垒。

传统经贸规则以商品、服务或投资跨越关境时的措施为主要对象，包括关税、配额、数量限制、海关监管等措施。新的服务贸易规则更关注和强调入境后的措施和营商环境，包括但不限于各种非关税壁垒，如国内规制、职业标准、服务标准、竞争政策等，体现出国际经贸规则由边境开放向边境内开放和调整发展的新动向。

三、对服务贸易数字化规则的需求

随着互联网技术的快速发展，以互联网为基础的跨境数据流动成为当前服务贸易中信息与通信传输的主要渠道，跨境数据流动也由此成为构建高效国际贸易体系的核心要素。[2] 在世界各国并未大幅提高服务贸易市场准入及其他服务贸易自由化水平的情况下，服务贸易各部门在服务贸易总额中所占比重却发生了较大变化。[3] 这主要是由于通过互联网等现代通信技术提供的跨境服务的快速增长。发达经济体在跨境服务提供方面具有很大的优势，在服务贸易规则的重构中大力推行“跨境数据自由流动”和“互联网开放”等理念，以制约其他国家和地区对互联网及跨境通信的规范与管理。

信息与通信技术使得服务贸易提供数字化服务成为可能，许多原来手工操作的工序可以通过信息与通信技术进行存储、加工和传输。顺应数字经济的发展趋势，越来越多的FTA中纳入电子商务或数字贸易纪律，旨在消除这方面不合理的贸易限制，增强法律确定性并保证消费者利益及网络安全等。

---

〔1〕 参见陈志阳、安佰生：《多双边贸易谈判中的国内规制问题》，载《国际贸易》2014年第10期。

〔2〕 参见张悦、李静：《国际服务贸易规则演变新趋势与我国的对策》，载《经济纵横》2017年第5期。

〔3〕 WTO秘书处的相关数据显示，与1995年相比，2014年，旅游服务部门的份额从34%下降到26%，运输服务部门的份额从26%下降到20%，包括电信服务、计算机服务、专业服务、金融服务等在内的“其他商业服务”的份额则从不到40%上升到53%。

四、对更高标准的服务贸易规则的需求

随着世界范围内自由贸易区的增多，新兴经济体在世界贸易格局中所占的分量越来越重，在各区域之间的相互博弈和推动之下，正逐步形成更高标准的国际贸易规则。近些年来，世界各国在进行多边贸易谈判的同时，也致力于签署各类自由贸易协定。特别是进入 21 世纪以来，相较于多边贸易体制，区域贸易协定更受欢迎，成为国际上重要的商谈国际贸易规则的平台。WTO 的相关数据显示，截至 2019 年 7 月，成员累计向 WTO 通报 688 个 FTA，其中有 295 个 FTA 已经生效。[1] 这些协定比多边贸易协定有更严格和更广泛的规则，将逐步成为新一代国际经贸规则。其中，新的服务贸易规则应满足以下要求：

第一，涵盖议题更广。随着经济全球化不断发展、技术进步和贸易成本不断降低，服务贸易范围持续扩展。相应地，新的服务贸易规则需要对新的领域作出回应，除了对电信、金融、运输等传统关键领域进行规制外，还要涵盖电子商务、数字经济等新兴领域，囊括政府监管、政府采购、知识产权、劳工标准、环境保护、竞争政策以及争端解决机制等内容。

第二，标准更高，约束力更强。在新兴的服务贸易协定的基础上，新的服务贸易规则应更彻底，标准要更高，如将商业存在纳入投资章节，对服务贸易的开放采用负面清单模式等。

五、对更加公平的服务贸易规则的需求

公平贸易（fair trade），是指通过协定限制成员因缺失立法、降低执行标准或赢得国家非商业性支持而获取不公平、不正当的竞争优势，尤其体现在知识产权保护、环境保护、劳工标准、国有企业等领域。全球价值链的深入发展呼唤更加公平的全球贸易规则。[2] 规制差异会导致竞争的不公平和经济的扭曲，由此产生的诸如腐败、权力关系和限制性商业行为等都可能损害竞争。所以，

---

〔1〕 See WTO RTA Database, RTAs Currently in Force (by Year of Entry into Force), 1948-2019, http://rtais.wto.org/UI/charts.aspx, visited on July 28th, 2019.

〔2〕 参见盛斌、高疆：《透视 TPP：理念、特征、影响与中国应对》，载《国际经济评论》2016 年第 1 期。

公平竞争成为寻求放松商业活动管制和加强公共政策目标监管之间的平衡点。[1] 全球价值链的深入发展需要建立公平、法治、透明的商业环境，具有完善的竞争法制框架并建立执行机构。在影响全球价值链深入发展的政策领域，对监管标准的统一、社会治理方面的整合等，应以公平贸易为核心展开。

第四节 GATS缺乏对服务贸易规则新需求的回应

GATS第一次将服务贸易纳入多边贸易体系，成为推动服务贸易自由化的重要制度。但是，GATS毕竟是对20世纪80年代服务贸易发展的回应。进入21世纪以来，由于WTO多哈回合谈判停滞不前，服务贸易规则谈判没有取得进展。尽管WTO通过DSB解决了不少服务贸易争端，但是根据《WTO协定》，DSB毕竟不是修改、解释GATS的有权机构。随着信息技术和经济全球化的深入发展，GATS对服务贸易规则新需求的回应不力，难以为国际服务贸易的发展提供及时和有效的制度保障。

一、GATS本身规则的初步性与局限性

GATS作为乌拉圭回合谈判达成的一个重要成果，对促进服务贸易自由化和协调各成员贸易政策起到了不可替代的作用。但是，经过二十余年的实践，我们发现GATS本身存在一些难以克服与解决的问题：

第一，规范不够明确。作为服务贸易多边法律制度的基础，GATS对“服务”“服务贸易”“服务产品”等基础性概念缺乏明确且规范的界定。实践证明，通过列举四种服务贸易模式界定“服务贸易”并不妥当。例如，对通过电子手段跨境提供的服务究竟属于“跨境提供”还是“境外消费”，极易发生争议。尽管在美国与安提瓜赌博服务案中，WTO以争端解决机构裁决方式将其定性为“跨境服务”，但是这也从侧面反映了GATS文本对此并没有作出明确界定，而是需要依靠争端解决机构的解释。又如，GATS规定的“自然人流动”与“商业存在”是

---

〔1〕 参见盛斌、陈帅：《全球价值链如何改变了贸易政策：对产业升级的影响和启示》，载《国际经济评论》2015年第1期。

两个独立的国际服务贸易模式。然而，在实践中，"自然人流动"已演变成"商业存在"的辅助形式。[1]

第二，规则的适用范围存在争议。GATS签订时，全球价值链的发展尚处于初级阶段，由此形成的GATS规则仅着眼于服务贸易的传统领域，对其他领域并未给予过多关注。这就导致GATS和GATT 1994之间的适用范围的界限存在争议。在涉及货物贸易和服务贸易的案件中，就会出现如何适用GATS和GATT 1994的问题，即共同适用还是择一适用。

第三，服务贸易自由化程度不高。GATS对各成员具体承诺的宽度和广度没有施加任何法律上的义务。[2] 就成员所作的具体承诺而言，列举方式和各服务部门的内在特殊性势必导致服务贸易自由化程度不高。这是因为，对于具体承诺，除成员已明确承诺适用的情形外，原则上不应予以适用。这种制度设计使各成员可以根据自身的利益需要选择性地开放服务部门。同时，即使对于那些已经作出承诺的服务部门，成员也可以采取某些不一致的措施，在国民待遇和市场准入方面进行限制。[3]

第四，具体制度的缺失可能引发公平贸易危机。GATS对于一些可能导致国际服务贸易公平竞争扭曲的做法缺乏完整的多边纪律框架。对于政府采购、补贴、竞争政策等问题，GATS只是提到而已，并没有规定普遍适用的原则和纪律。[4] 这些条款产生的背景是，为了尽快结束马拉松式的乌拉圭回合谈判，暂时搁置一时难以解决的问题，以便于尽快达成GATS所作的灵活处理。然而，当时这些具体制度很多尚处于谈判要价阶段，进展缓慢且没有实质性内容。

---

[1] 参见刘恩媛：《论GATS下自然人流动的承诺与发展》，载《上海财经大学学报》2003年第6期。

[2] 参见石静霞：《WTO服务贸易法专论》，法律出版社2006年版，第20页。

[3] See Christopher Arup, *The New World Trade Organization Agreements: Globalizing Law Through Services and Intellectual Property*, Cambridge University Press, 2000, p. 100.

[4] 例如，GATS第15条第1款规定，"各成员认识到，在某些情况下，补贴可对服务贸易产生扭曲作用"。但是，GATS对补贴问题尚未形成一个完整的多边纪律框架，只是提出了一个基本思路：首先，制定一个完整的多边协定框架；其次，应强调反补贴程序的适当性问题；最后，应承认补贴对发展中成员发展服务业的作用。参见曹建明、贺小勇：《世界贸易组织》（第三版），法律出版社2011年版，第256页。

第五,对新领域制度供给不足。GATS产生迄今已有二十余年,在这期间,服务贸易的形态发生了巨大变化,电子商务快速发展,跨境电子数据流动日新月异,基于互联网技术的新业态不断涌现,传统的服务贸易模式及相关规则已不足以涵盖服务贸易的新发展,必须进一步予以丰富、充实。同时,随着互联网技术的快速发展,全球服务贸易在不同部门、不同模式之间的分布状况已有极大改变。近些年来,在跨境服务方面有着明显优势的发达经济体在国际上大力推行"互联网开放""跨境数据自由流动"等理念,并试图制定相关规则,约束各国对互联网及跨境通信的管理。同样,电子商务正在成为新兴经济体实现贸易转型、带动经济增长的重要引擎,因此与跨境数据流动相关的服务贸易规则必将成为发达经济体与新兴经济体之间的重要议题。

综上所述,GATS为国际服务贸易自由化提供了重要的多边法律制度框架。但是,诸多规范缺乏明确性、规则的适用范围存在争议、承诺列举方式不当和过多的例外规则、处于"真空状态"的具体制度以及对新领域制度供给不足等表明,GATS仅仅为服务贸易自由化提供了一个初步的制度基础和框架,其本身还存在诸多体制性不足与缺陷。

二、GATS在现有谈判模式下难以得到修正

根据GATS第19条的授权,关于服务贸易的谈判从2000年1月正式开始,于2001年11月被纳入多哈发展议程。但是,无论是新规则的制定还是更高水平的市场准入,至今均未取得实质性进展。[1] 就规则制定而言,多哈回合未能如期完成关于紧急保障措施、国内规制、政府采购和补贴等议题的谈判。就市场准入而言,多哈回合部长级会议曾要求各成员于2002年6月提交要价清单,于2003年3月提交出价清单,即使由于成员消极响应而一再放宽期限,迄今为止也没有取得任何实质性成果。

除了成员国内政治、经济的考虑外,导致GATS陷入僵局的原因主要是WTO的决策机制存在问题。WTO不仅拥有一百六十多个成员,管辖着从商

---

〔1〕 参见李伍荣、冯源:《〈国际服务贸易协定〉与〈服务贸易总协定〉的比较分析》,载《财贸经济》2013年第12期。

品到服务贸易、知识产权以及与货物贸易相关的投资措施等众多领域，而且内部构成十分复杂，既有经济发展水平相当高的发达成员，也有大批经济发展水平还比较落后的发展中成员和处于经济转型期的成员。WTO这种管辖范围的广泛性与内部构成的复杂性，对该组织的有效管理提出了挑战。从理论上讲，WTO实行“一员一票”的决策机制，与世界银行、国际货币基金组织类似公司制的决策方式相比具有较大的民主性。在WTO决策机制中，协商一致意味着，若任何一个成员明确反对某个议题，WTO部长级会议就不可能取得成功；而在投票表决中，发展中成员控制了约80%的投票权，占压倒性优势。协商一致以及“一员一票”的原则本身可增强WTO的合法性，对其决策得到更广泛的支持起到了十分积极的作用。同时，这种决策机制也体现了在国际经济事务中不分大国小国一律平等的主权平等原则。然而，凡事都有两面性，这种决策机制也会使WTO很难形成决议，从而成为一个议而不决的机制。现实已经证明，要使WTO所有成员对某项议题协商一致的确十分困难。

由于WTO成员数量不断增多，成员利益分歧不断增大，议题之间常常彼此牵制，WTO的谈判功能几乎陷于瘫痪。WTO自身也逐渐意识到在九大领域（农业、非农产品市场开放、发展、服务贸易谈判、贸易规则等）同时达成一致、取得成果的可能性甚微，因此在2005年12月香港第六次部长级会议上通过的《香港部长宣言》附件C就服务贸易谈判方式提出，在不根本违背GATS原则和《服务贸易谈判指导原则和程序》的前提下，可引入诸边谈判方式。在此背景下，2012年年初，澳大利亚驻WTO大使邀请美国、欧盟等16个成员组成“服务业挚友”集团，讨论如何形成更进一步推动服务贸易自由化的新路径，以突破多哈回合谈判之困境，并初步达成构建在GATS框架下而在多哈发展议程之外的基本共识——《国际服务贸易协定》（Trade in Services Agreement，TiSA）。但是，从目前达成的共识看，TiSA无法实现多边化，从而替代GATS或者成为GATS 2.0，甚至难以作为一项诸边协定在WTO法律体系内与之并存。因为从根本上看，TiSA不仅与非歧视原则相违背，而且与WTO多边化目标相矛盾。

随着与服务相关的技术显著革新，跨境服务贸易较之从前变得更加容易，在推动服务贸易之交易内容与交易规模快速增长的同时，也对GATS服务贸易规则提出了很大挑战。实践证明,一方面,通过WTO"一揽子"承诺方式在多边层面对GATS进行修改的可能性几乎为零。另一方面,服务贸易作为国际贸易领域的重要议题,其谈判平台已脱离WTO框架下的GATS,由多边转向双边和区域,通过在利益相同或相近的国家之间优先达成规则,使缔约方的利益更好地得到维护和保障,从而固化其在全球价值链中的地位,在较长时期内减少其他成员赶超的可能性,以获得在服务贸易领域的长期发展优势。[1]

第五节 TPP对经济全球化深入发展的回应与对GATS的重构

一、TPP的产生

随着各国间的贸易投资依赖程度不断提高,生产服务网络不断深化,基于WTO的传统贸易规则已不能适应新时代的贸易格局,而且多哈回合谈判长期陷入停滞,出台更高标准、更高水平的"21世纪贸易规则"迫在眉睫。[2] 从经济全球化的发展趋势看,重构服务贸易规则是经济全球化发展到一定阶段的制度需求。TPP作为新一代国际服务贸易规则的代表,在很大程度上对服务贸易规则的新需求作出了回应。

TPP的产生始于2002年新西兰、智利、新加坡三国进行的自由贸易协定(FTA)谈判。2005年文莱加入后,四国签订了《跨太平洋战略经济伙伴关系协定》(Trans-Pacific Strategic Economic Partnership Agreement,TPSEP),俗称"P4协定"。美国于2008年加入该谈判,并宣称要将TPSEP建设成一个高标准、多领域的亚太区域一体化协定。与此同时,秘鲁、越南和澳大利亚也宣布加入谈判,P4转变为P8,影响也随之扩大。借此机会,美国推行体现自己意志的经贸规则,全方位主导谈判,并将《跨太平洋战略经济伙伴关系协定》更名为《跨太平洋伙伴关系协定》(TPP)。此后,TPP进入迅速扩张时期。2010年,马来

〔1〕 参见张悦、崔日明:《服务贸易规则演变与中国服务贸易的发展》,载《现代经济探讨》2017年第5期。

〔2〕 参见韩剑、王灿:《自由贸易协定与全球价值链嵌入:对FTA深度作用的考察》,载《国际贸易问题》2019年第2期。

西亚成为TPP成员。2012年，墨西哥和加拿大先后加入TPP。2013年，日本正式加入TPP谈判。2015年10月，12个缔约方成功结束谈判，达成TPP，并于2016年2月正式签署该协定。尽管美国由于贸易政策的调整而退出了TPP，[1]但是2017年11月，在亚太经合组织（Asia-Pacific Economic Cooperation，APEC）第25次领导人非正式会议上，以日本为主导的11个原TPP成员国共同发表联合声明，宣布已就新协定达成了基础性共识，并决定将"TPP"更名为"CPTPP"，即《全面与进步跨太平洋伙伴关系协定》，意图推进和建设一个没有美国参与的TPP。经过多轮谈判，CPTPP最终于2018年1月结束谈判。同年3月8日，11个成员国在智利首都圣地亚哥举行了新协定的签署仪式。CPTPP于2018年12月30日正式生效。

CPTPP中共有7个条款对以下内容作出规定：第一，除TPP文本[2]第30.4条"加入"、第30.5条"生效"、第30.6条"退出"和第30.8条"作准文本"之外，新协定纳入TPP文本的绝大部分内容。第二，部分TPP条款暂停实施。第三，程序性事项的规定，包括协定的生效、撤回、新成员的准入、对TPP的审查以及作准文本。由此可见，在涉及服务贸易问题的部分，CPTPP对TPP文本的内容基本没有改变。鉴于此，为方便本书论述，以下在涉及服务贸易规则时，均以TPP指代CPTPP。

二、TPP服务贸易规则的主要内容

作为一个高水平、高标准的自由贸易协定，TPP在很多方面超越了GATS的规定，其中在具体规制框架与内容上，不仅体现为对服务贸易传统规则的深化和整合，而且对新技术带来的新贸易模式进行了规制，旨在推动更高水平的服务贸易自由化，同时回应全球价值链发展对服务贸易规则的新需求。

---

〔1〕 See USTR, 2018 Trade Policy Agenda and 2017 Annual Report, https://ustr.gov/sites/default/files/files/Press/Reports/2018/AR/2018%20Annual%20Report%20FINAL.PDF, visited on Dec. 30th, 2018.

〔2〕 本书所用的TPP中译文本为商务部国际贸易经济合作研究院组织翻译的《跨太平洋伙伴关系协定》(TPP)，http://fta.mofcom.gov.cn/article/fzdongtai/201512/29714_1.html，个别明显错漏处除外。

（一）多个章节集成服务贸易规则

服务贸易在产业价值链中无处不在，与之相对应的国内政府管理措施也非常多。TPP 中除了“跨境服务贸易”（第十章）、“金融服务”（第十一章）、“电信”（第十三章）等专章规定特定服务部门的规则之外，还有多章也在不同程度上包含与服务贸易相关的规则，如“投资”（第九章）、“商务人员临时入境”（第十二章）、“电子商务”（第十四章）、“竞争政策”（第十六章）、“知识产权”（第十八章）、“政府采购”（第十五章）、“国有企业和指定垄断”（第十七章）、“中小企业”（第二十四章）等。这一集成化的规则体系不仅要求更大程度的服务贸易自由化，而且对缔约方的政府治理能力及其实施的边境内措施提出了更高的开放要求。

（二）“跨境服务贸易”成为服务贸易的核心章节

TPP“跨境服务贸易”专章是服务贸易的核心章节，涵盖跨境提供、境外消费和自然人流动三种模式下的服务提供。在结构上，“跨境服务贸易”章包括正文 13 条、附件 3 个。在内容上，跨境服务贸易条款不仅包括国民待遇、市场准入方面的，还涉及最惠国待遇、当地存在、不符措施、国内规制、承认等规则。此外，TPP 采用以全面开放为主、以不开放为辅的负面清单管理模式。

（三）推动服务贸易监管的一致性

随着全球生产和供应网络的发展，国内管制对贸易的影响日渐突出。但是，生产的一体化要求各国市场规则的一致性以及各国间标准的相融性。这就需要以更复杂的国际贸易规则处理商品和要素的跨境流动，促使国际贸易规则从“边境规则”向“边境内规则”扩展。“边境内规则”的主要规范对象涉及一国的国内政策，如国有企业行为、知识产权保护、劳工标准、服务标准等。“监管一致性”（第二十五章）要求成员国建立对国内规则进行管制的机构，进行管制影响评估（Regulatory Impact Assessment，RIA），监管本国规则制定过程的透明度和开放度。

（四）聚焦数字服务贸易规则

TPP 涉及电子商务和数字贸易规则，旨在消除不合理的数字贸易限制，保证消费者权益和网络安全等。TPP设有“电子商务”专章，其核心在于禁止当地存在要求，禁止强制提供源代码，允许互联网的接入与使用，允许信息跨境流动等。

综上，可以明显看出，TPP试图对国际服务贸易规则加以重构。TPP对货物贸易、服务贸易与投资规则加以整合，体现了规则的系统集成；协调各国国内的贸易规则与政策，以减少或消除边境内壁垒，逐步实现监管一致性；对21世纪贸易模式所涉及的新问题如电子商务、数字经济等进行规范；在服务贸易开放的承诺上，采取负面清单模式，[1]将成员国不予承诺开放的服务内容在协定的附件中列出，未予罗列的都在开放的范围之内，旨在促进更多服务部门开放，减少例外和限制。[2]

三、TPP对GATS的“重构”之含义

何谓“重构”？在《布莱克法律词典》中，“重构”被解释为“对某事物的重新建造、重新创造或重新组织（的行为或过程）”[3]。近些年来，陆续有学者在文章标题中提出，包括服务贸易规则在内的国际经贸规则正在进行重构，如张乃根的《“一带一路”倡议下的国际经贸规则之重构》[4]、刘志中的《国际经贸规则重构与中国话语权的提升》[5]、陆燕的《在全球价值链中寻求制度性话语权——新一轮国际贸易规则重构与中国应对》[6]、石静霞的《国际服务贸易规则的重构与我国服务贸易的发展》[7]等。张悦、崔日明的《服务贸易规则演变

---

〔1〕 参见白洁、苏庆义：《CPTPP的规则、影响及中国对策：基于和TPP对比的分析》，载《国际经济评论》2019年第1期。

〔2〕 See USTR, 2018 Trade Policy Agenda and 2017 Annual Report, https://ustr.gov/sites/default/files/files/Press/Reports/2018/AR/2018%20Annual%20Report%20FINAL.PDF, visited on Dec. 30th, 2018.

〔3〕 *Black's Law Dictionary*, 8th ed., Thomson West, 2004, p. 1300.

〔4〕 参见张乃根：《“一带一路”倡议下的国际经贸规则之重构》，载《法学》2016年第5期。

〔5〕 参见刘志中：《国际经贸规则重构与中国话语权的提升》，载《现代经济探讨》2016年第5期。

〔6〕 参见陆燕：《在全球价值链中寻求制度性话语权——新一轮国际贸易规则重构与中国应对》，载《人民论坛·学术前沿》2015年第23期。

〔7〕 参见石静霞：《国际服务贸易规则的重构与我国服务贸易的发展》，载《中国法律评论》2018年第5期。

与中国服务贸易的发展》,文章标题中虽未用“重构”一词,但在内容摘要中明确提出“以美国为主的发达经济体则期望对服务贸易规则的重构”[1]。国世平、魏伟的《未来国际服务贸易标准和规则变化对金融安全的冲击》,对服务贸易规则虽未用“重构”一词,而是用“国际服务贸易规则的重大改变”[2],但也隐含“重构”之意。

我们认为,与GATS相比,TPP对服务贸易规则进行了重新架构与组织,二者的差别主要体现为:

第一,反映的经济基础不同。GATS反映的是20世纪80年代经济全球化对服务贸易规则的需求,而TPP中的服务贸易规则反映的是21世纪初经济全球化深入发展对服务贸易规则的需求。两个时期经济发展的本质差别在于,21世纪的经济发展以信息技术发展为基础。

第二,框架不同。GATS将服务贸易的四种模式(跨境提供、境外消费、商业存在和自然人流动)统一纳入其中,均以贸易规则予以规制。TPP则将服务贸易一分为二,将“商业存在”纳入“投资”章,以投资规则予以规制;将其他三种模式即“跨境提供”“境外消费”和“自然人流动”纳入“跨境服务贸易”章,这是TPP关于服务贸易的核心章节。

第三,开放模式不同。GATS实行正面清单的开放模式;而TPP中的服务贸易规则,无论是纳入“投资”章的商业存在还是跨境服务贸易,均采用负面清单的开放模式。

第四,部分章节架构不同。对于金融服务贸易规则、电信服务贸易规则,GATS以附件的方式予以规定;而在TPP中,“金融服务”“电信”与“投资”“跨境服务贸易”等章并列。

第五,义务安排不同。市场准入、国民待遇在GATS框架下是具体承诺义务,与最惠国待遇被作为普遍义务有所区别;而在TPP框架下,市场准入、国民待遇与最惠国待遇的性质一致,都被作为普遍义务。

---

〔1〕 参见张悦、崔日明:《服务贸易规则演变与中国服务贸易的发展》,载《现代经济探讨》2017年第5期。

〔2〕 参见国世平、魏伟:《未来国际服务贸易标准和规则变化对金融安全的冲击》,载《武汉金融》2017年第7期。

正是因为有这些重大差别，我们在申请国家社科基金项目时，以“TPP对服务贸易规则的重构及中国对策研究”为题。以下各个章节将以上述重构部分为框架展开分析，并在对重构进行分析的基础上，根据中国服务贸易发展战略的需要，提出相应的对策和建议。

第二章　TPP服务贸易规则重构之一：将商业存在纳入投资章节

进入21世纪以来，国际贸易投资规则经历着深刻全面的再构建过程。[1]在此背景下，服务贸易与投资之间的关系成为规则重构的重点，并体现在TPP、《跨大西洋贸易与投资伙伴关系协定》（Transatlantic Trade and Investment Partnership，TTIP）等FTA谈判中。其中，商业存在模式下的服务贸易兼具服务贸易与投资的双重属性。GATS对商业存在的规制以服务贸易规则为主，采用正面清单模式进行管理，并在成员作出具体承诺的基础上赋予其国民待遇。与GATS相比，TPP对商业存在的规制大不相同。具体而言，TPP将商业存在纳入"投资"章予以保护，以完整的投资规则进行规制，进一步提高了服务贸易提供者享受的投资待遇与保护水平，以推动服务贸易自由化。同时，考虑到服务贸易的特殊性，TPP在将商业存在排除在"跨境服务贸易"范围之外的同时，又规定"跨境服务贸易"章下的市场准入、国内规制和透明度条款适用于商业存在。由此，对于商业存在模式的服务贸易，TPP形成了以投资规则为主、兼顾服务贸易

---

〔1〕 参见石静霞：《国际贸易投资规则的再构建及中国的因应》，载《中国社会科学》2015年第9期。

规则的独特模式。此外，考虑到数据本地化措施会限制服务贸易投资，TPP 通过引入禁止数据本地化措施，为商业存在的服务贸易模式进一步扫除了障碍。

第一节　对商业存在进行规制的两种基本模式

根据 GATS 第 1 条第 2 款对“服务贸易”的定义，商业存在是国际服务贸易的提供方式之一，即“一成员的服务提供者通过在任何其他成员领土内的商业存在提供服务”。作为服务贸易模式的商业存在，一方面作为一种服务提供模式具有服务贸易的特点，另一方面又因与外商投资紧密联系而兼具投资特点，直观展现了国际贸易与投资呈现出的日渐融合的态势。[1] 具体而言，通过商业存在提供服务的服务提供者必须在东道国设立商业机构或专业机构。同时，投资者设立商业存在是为了向东道国的消费者提供服务，这一提供服务的行为也被纳入服务贸易规则的调整范围。因此，商业存在具有服务贸易与投资的双重属性。

由于商业存在的双重属性，区域贸易协定对于商业存在的基本规制模式有两种，即以 GATS 为代表的服务贸易规则规制模式与以 TPP 为代表的投资规则规制模式。

一、以 GATS 为代表的服务贸易规则规制模式

乌拉圭回合并未产生一个专门针对投资保护与自由化的多边协定，与贸易有关的投资规则散落在各个协定之中。具体来说，《与贸易有关的投资措施协定》（TRIMs）规制与货物贸易有关的投资措施，与服务贸易有关的投资措施则被定义为服务贸易提供模式之一——模式三“商业存在”而被纳入 GATS 的适用范围，受 GATS 调整。商业存在是指一成员的服务提供者在另一成员境内设立商业机构或专业机构，为后者境内的消费者提供服务。这种服务提供方式既可以是在一成员境内组建、收购或维持一个法人实体，也可以是创建、维持一个分支机构或办事处，如外国公司到中国开设银行、保险公司、律师事务所等。商业存在有两个主要特点：一是服务提供者和消费者在同一成员境内；二是境外

[1] 参见张幼文：《贸易投资融合原理与全球化收益的国民属性》，载《世界经济研究》2018 年第 2 期。

服务提供者到消费者所在国境内采取设立商业实体的方式提供服务。

实践中，商业存在往往与对外直接投资联系在一起。例如，若一成员允许外国出版物分销服务提供者在国内以商业存在的方式提供服务，那么该成员相应的外资产业政策就不能将出版物分销领域列为禁止外商投资的领域。正是由于商业存在与外商投资紧密联系在一起，在乌拉圭回合谈判中，发展中国家对此一度心存疑虑。对发达国家而言，由于它们的金融、电信、商业等服务具有优势地位，如果不能通过商业存在的方式进入其他成员境内提供服务，则服务贸易的谈判就难以达到预期的目标。因为在这些服务领域，服务贸易提供者的利益最大化模式在于与接受服务的消费者接触。同时，将商业存在引入GATS之中，对WTO成员的影响不仅体现在外资政策方面，还体现在该成员管理服务贸易的诸多国内法律法规方面。例如，若一成员允许外国银行在本国设立商业存在（可以是独资或合资等多种形式），那么相关国内法自然要受到GATS纪律的约束。从理论上讲，凡是会对本国银行的设立和运营行为产生影响的国内法，如银行法、公司法、税法等，都会对该商业存在产生影响。此外，其他一些表面上与该商业存在无直接联系的国内法同样会对其产生影响，如土地管理法、广告法等。如果涉及该商业存在向政府购买土地、发布广告等商业行为，则相关国内法也会受到GATS多边服务贸易纪律的约束。[1]

GATS开创了以服务贸易规则规制商业存在的典型模式。随后，一大批国家受GATS影响，将商业存在纳入其签订的国际经贸协定的服务贸易章节中，以服务贸易规则规制商业存在。这类协定被统称为“受GATS影响的协定”（GATS-inspired agreement）。受GATS影响的协定的共同特征有：服务贸易章节下涵盖包括商业存在在内的四种服务提供模式，服务贸易章节的整体框架与内容参考GATS制定，以正面清单管理模式管理商业存在，没有“棘轮条款”（ratchet clause），在商业存在的界定方面采取“控制”标准等。[2] 在服务贸易章

〔1〕 参见房东：《WTO〈服务贸易总协定〉法律约束力研究》，北京大学出版社2006年版，第50页。

〔2〕 See Pierre Latrille & Juneyoung Lee, Services Rules in Regional Trade Agreements: How Diverse and How Creative as Compared to the GATS Multilateral Rules?, WTO Staff Working Paper, ERSD-2012-19, para. 16.

节的具体建构上，受 GATS 影响的协定往往直接采用 GATS 的条款，基本照搬 GATS 中的相关定义，如“服务贸易”“服务提供者”“市场准入”等，并直接说明其定义是对 GATS 定义的吸收。例如，欧盟—韩国 FTA 第三章“服务贸易”下第 3.3.1 条规定“GATS 第 1 条的下列定义被纳入本章并成为本章内容”，第 3.3.5 条规定“GATS 第 28 条的下列定义被纳入本章并成为本章内容”。

受 GATS 影响，以服务贸易规则规制商业存在的早期 FTA 中往往缺乏专门的投资规则。[1] 后来，受 GATS 影响的 FTA 为提高对商业存在的保护水平，将投资章节的部分规则适用于商业存在，形成了以服务贸易规则保护为主、兼具部分投资规则保护的模式。中国—韩国 FTA、印度—新加坡 CECA (Comprehensive Economic Cooperation Agreement)、泰国—澳大利亚 FTA 皆采用了该模式。例如，中国—韩国 FTA 下的商业存在主要由“服务贸易”章（第八章）予以规制，同时规定“投资”章（第十二章）下的最低标准待遇、征收和补偿、转移、代位、投资者与一缔约方之间的投资争端解决、习惯国际法适用于“服务贸易”章下的商业存在，但仅限于与涵盖投资有关的情形。

受 GATS 影响的协定主要在发展中国家与发达国家之间或发展中国家之间签订，这是因为：一方面，各国政府已经接受了 GATS 规则，并根据本国服务业的发展情况向服务贸易理事会提交了具体承诺减让表，基于熟悉的 GATS 规则与已经提交的减让表继续进行 FTA 谈判，既可以减少谈判中的磋商和矛盾，加速推动谈判的进行，也可以保证在与各国缔结的 FTA 中保持承诺的一致性；另一方面，已经提交的减让表代表了各国政府的贸易自由化水平，各国可以通过谈判选择维持或加大开放幅度，在推进本国服务贸易自由化的进程中享有更大的灵活性。

二、以 TPP 为代表的投资规则规制模式

通过将兼具服务贸易与投资属性的商业存在纳入调整范围予以规范，GATS 间接制定了涉及服务业的多边投资规则。具体来说，商业存在的投资者

---

〔1〕 参见董哲：《服务贸易商业存在 FTA 规制研究——以贸易投资规则融合为视角》，载《上海对外经贸大学学报》2018 年第 5 期。

及其投资在GATS下享受的投资待遇主要包括作为成员普遍享有的最惠国待遇、透明度与作出特定承诺后才享有的市场准入、国民待遇。值得注意的是，受GATS影响的协定虽通过以GATS为基础的服务贸易规则与投资章节下的征收和补偿、投资者—国家争端解决、转移等条款为商业存在提供基本的投资保护，但在投资自由化方面，由于受GATS影响的协定采取正面清单的管理模式且缺乏棘轮机制的约束，商业存在的服务贸易提供者能享受的投资自由化水平有限。

随着投资全球化的发展，仅仅以保护为核心的国际投资规则已经无法满足发达国家扩大对外投资的需求。在此背景下，强调投资自由化的新国际投资规则诞生，并被纳入发达国家签订的FTA中。[1] 其中，TPP下的投资规则集中反映了强调高标准投资自由化、采取准入前国民待遇加负面清单管理模式的第三代国际投资规则，是高标准的国际投资新规则。

基于对投资自由化的追求以及投资自由化对服务贸易自由化的推动作用，TPP将商业存在纳入“投资”章进行规制，使得商业存在能享受高标准投资规则带来的投资自由化，继而能增强服务业的比较优势。TPP规定其“投资”章适用于涵盖投资，[2]因此“在一缔约方领土内通过涵盖投资提供服务”（即商业存在）被纳入“投资”章的调整范围，由投资规则规制。[3] 同时，根据TPP第十章“跨境服务贸易”第10.1条“定义”，TPP下的“跨境服务贸易”仅包括跨境提供、境外消费和自然人流动，商业存在被排除在外。除以投资规则规制商业存在外，TPP还规定“跨境服务贸易”章下的市场准入条款、国内规制条款和透明度条款同样适用于商业存在。[4] 若“投资”章与“跨境服务贸易”章在调整商业存在时发生冲突，在冲突范围内，“跨境服务贸易”章的规定优先适用。[5]

在投资待遇方面，TPP给予外国投资者及其投资全面国民待遇，包括准入前国民待遇和准入后国民待遇、最惠国待遇等。在投资保护方面，TPP禁止履

---

[1] 参见聂平香：《国际投资规则的演变及趋势》，载《国际经济合作》2014年第7期。

[2] 参见TPP第9.2条。

[3] 参见TPP第10.1条。

[4] 参见TPP第10.2条。

[5] 参见TPP第9.3条。

行要求、高管要求，以确保投资者的投资能自由及时地转移，保障投资者的投资在被东道国直接或间接征收时能得到迅速支付且可以完全变现。在自由化模式方面，TPP采取准入前国民待遇加负面清单的管理模式，以确保外国投资者及其投资能享受更高程度的投资自由化。在争端解决方面，TPP采用投资者—国家争端解决机制，赋予外国投资者在国际层面直接启动针对东道国的仲裁程序的权利。

相比GATS以服务贸易规则规制商业存在的模式，以TPP为代表的以投资规则规制商业存在模式的服务贸易能提高对服务贸易提供者的保护水平，也能促进服务贸易自由化，因而近年来为很多国家所采用，如《美韩自由贸易协定》、《美墨加协定》(United States-Mexico-Canada Agreement，USMCA)、《新西兰与新加坡密切经济伙伴协定》等。TPP以投资规则规制商业存在模式的服务贸易并以负面清单模式进行管理，是继承与发展了《北美自由贸易协定》(NAFTA)。NAFTA在其"跨境服务贸易"章下将"跨境服务贸易"定义为跨境提供、境外消费与自然人流动，明确将"以投资方式提供的服务"(即商业存在)排除在跨境服务贸易的范围外，从而使其受投资规则调整。[1]

第二节　TPP对商业存在规则的新增内容

与商业存在模式下服务提供者在GATS下享有的待遇和保护水平相比，TPP在服务提供者享有的待遇和获得的保护方面增加了新的内容。具体来说，商业存在服务提供者在GATS下享有的国民待遇是具体义务，而TPP将国民待遇由具体义务上升为一般性的普遍义务。TPP新增了最低待遇标准。GATS对商业存在采取正面清单管理模式，而TPP采取的是负面清单管理模式。GATS下的争端解决机制为政府间争端解决机制，而TPP下的服务提供者可以寻求以投资者—国家争端解决机制维护自身权益。TPP下的服务提供者能受到GATS未包含的投资规则保护，包括：(1) 限制东道国政府对涵盖投资的直接或间接征收，并在征收发生时给予投资者及时、充分、有效的补偿；

---

[1] 参见NAFTA第1213条。

(2) 禁止缔约国对外国投资者施加业绩要求、高管要求等;(3) 禁止东道国政府要求通过商业存在提供服务的外国投资者以使用东道国境内的计算设施或将计算设施置于东道国境内为前提从事商业行为。

一、国民待遇成为普遍义务

国民待遇原则是一项传统的自由贸易原则。在以GATT 1994为代表的国际货物贸易法律体系中,国民待遇原则禁止缔约方对已经支付关税和其他海关费用之后的进口产品征收比国内相同产品更高的国内税或适用更严厉的国内法规,以切实保障减免关税的效果得到实现,并避免本国产品享受事实上的超关税保护。但是,由于各国无法对服务贸易的进口征收关税,而各国服务业的发展水平又相当悬殊,如果像GATT 1994对货物贸易适用国民待遇一样对服务贸易适用国民待遇,使得进入本国市场的外国服务提供者及其服务与本国服务提供者及其服务同等适用国内法规,可能对本国处于劣势的服务提供者造成强烈冲击。实际上,如果未经多轮谈判就在服务贸易领域将国民待遇作为普遍义务(一般义务)适用,就相当于在货物贸易中从一开始就实行零关税,这显然是不现实的。[1] 即便是金融服务强国美国,在乌拉圭回合谈判期间,其国内的银行业、保险业对全面开放本国市场也忧心忡忡,一度反对声四起。服务业发展水平较低的许多发展中国家,如印度、巴西、墨西哥、阿根廷等,均根据本国经济、金融状况对外国金融投资设有硬性限制。乌拉圭回合关于是否在服务贸易领域适用国民待遇原则的谈判非常艰难,各谈判方的意见分歧很大,主要集中于国民待遇原则是否适用于服务贸易领域、国民待遇和市场准入的性质和关系、国民待遇的适用标准和范围等问题。[2] 很多发展中国家由于受自身服务业发展水平的限制,担心若在服务贸易领域适用国民待遇原则,允许一切外国服务或服务提供者与本国服务或服务提供者在同等条件下竞争,不仅会影响本国的对外贸易机制,甚至还会影响整个国民经济的发展。所以,发展中国家普遍主张将服务领域的国民待遇原则作为一种长远的目标。

---

〔1〕 参见张若思:《WTO金融服务贸易法律制度》,载《法学研究》2000年第6期。

〔2〕 See Deepak Nayyar, Some Reflections on the Uruguay Round and Trade in Services, *Journal of World Trade Law*, Vol. 22, No. 5, 1988, p. 39.

GATS的规定反映了发达国家与发展中国家两种意见的调和与折中，将国民待遇原则规定为一项具体承诺的义务，允许各成员在谈判的基础上确定其承担国民待遇义务的程度和条件。GATS第17条第1款是关于国民待遇含义的总体性规定："对于列入减让表的部门，在遵守其中所列任何条件和资格的前提下，每一成员在影响服务提供的所有措施方面给予任何其他成员的服务和服务提供者的待遇，不得低于其给予本国同类服务和服务提供者的待遇。"第17条第2、3款进一步规定，一成员可以在形式上给予任何其他成员服务或服务提供者与本国同类服务或服务提供者相同或不同的待遇，只要这种形式相同或不同的待遇不对外国服务或服务提供者形成不利竞争条件。

与GATS第17条不同，TPP"投资"章下的国民待遇条款要求在投资的设立、取得、扩大、管理、运营、经营以及出售或其他处置方面给予外国投资和投资者的待遇不得低于相似情况下给予本国投资和投资者的待遇。具体来说，与GATS的规定相比，TPP的国民待遇规则有以下几个方面的不同：

第一，国民待遇由具体义务转变成普遍义务。在GATS项下，普遍义务由成员普遍承担，不需要作出特别承诺，包括最惠国待遇、透明度、紧急保障措施、一般例外等；具体义务主要包括市场准入和国民待遇，需要成员以具体承诺减让表的方式作出，只有列入表中的服务部门，成员才承诺开放并承担特定义务。在TPP中，国民待遇、最惠国待遇、透明度等都是普遍义务，不需要缔约方以具体承诺的方式作出。鉴于TPP中的国民待遇是普遍适用的一般义务，只有通过负面清单的方式具体说明，缔约方才可以对国民待遇设置限制措施。

第二，GATS对于是否使外国服务和服务提供者在竞争上处于不利地位的衡量标准是国内同类服务和服务提供者享有的待遇。在实际认定中，由于成员对于服务和服务提供者的分类各不相同，且服务提供者提供的服务门类繁多、范围广泛，因此很难判定相关服务是否为同类服务，相关服务提供者是否为同类服务提供者，从而直接影响了对是否违反GATS国民待遇义务的判断。TPP对相似情况的判断标准能避免判断服务同类性或服务提供者同类性的困难，有利于更好地实现国民待遇。同时，TPP还在"投资"章下对国民待遇和最惠国待遇中的相似情况进行了解释说明，并列举了NAFTA仲裁庭在考虑相似情况时的参考标准，为国际投资争端解决中心（ICSID）仲裁庭认定相似情况提供了相应的法律依据。[1]

第三，GATS对于“国民待遇”的定义并未区分准入前和准入后，因此在国民待遇义务能否适用于投资的准入阶段这一问题上存在不同的看法。总的来说，学者们对国民待遇条款的适用范围有三种不同的理解：(1) 全面的国民待遇，即国民待遇涵盖了外国服务提供者的市场准入和准入后的经营活动；(2) 市场准入后的国民待遇，即国民待遇与市场准入分开，不涉及开业权问题，对所有获得准入后的外国服务提供者的运营都适用；(3) 限制性国民待遇，即凡属于GATS第16条调整的措施，包括歧视性的数量限制措施，都应被排除在国民待遇之外。[2] 考虑到GATS将服务贸易的逐步自由化作为主旨，以及发展中国家服务贸易自由化进程缓慢的事实，将国民待遇义务理解为准入后的国民待遇在现实中为大部分成员所采纳。[3] 与GATS的模糊界限相比，TPP将投资者所享有的国民待遇从准入后提到准入前，限制政府利用各种政策提高外国投资的准入门槛，使外国投资和投资者能在准入阶段享受更高水平的保护和更好的待遇。[4]

二、增加最低待遇标准

最低待遇标准自诞生以来就以补充国民待遇为目的。在GATS中，没有最低待遇标准的规定。进入21世纪后，最低待遇标准有了新的发展，开始发挥推

---

〔1〕 参见韩立余主编：《〈跨太平洋伙伴关系协定〉全译本导读》(上)，北京大学出版社2018年版，第211页。

〔2〕 相关观点参见张瑞萍：《〈服务贸易总协定〉基本原则评析》，载《当代法学》1998年第3期；刘笋：《对GATS主要缺陷的剖析》，载《法学评论》2001年第1期；王毅：《WTO国民待遇在服务贸易和知识产权领域的适用》，载《法学研究》2004年第3期；房东：《WTO〈服务贸易总协定〉法律约束力研究》，北京大学出版社2006年版。

〔3〕 See Filippo Fontanelli & Giuseppe Bianco, Converging Towards NAFTA: An Analysis of FTA Investment Chapters in the European Union and the United States, *Stanford Journal of International Law*, Vol. 50, No. 2, 2014, p. 211.

〔4〕 See Bernard Hoekman & Richard Newfarmer, Preferential Trade Agreements, Investment Disciplines and Investment Flows, *Journal of World Trade*, Vol. 39, No. 5, 2005, p. 956.

动建立高水平投资保护标准的作用。[1] 这一变化反映在TPP的最低待遇标准条款中。TPP第9.6条第1款规定:“每一缔约方应根据适用的习惯国际法原则给予涵盖投资待遇,包括公平公正待遇和充分保护与安全。”最低待遇标准是一项习惯国际法规则,主要规定外国投资者在东道国享有独立于东道国国内法的待遇底线,东道国不得以低于该底线标准的方式对待外国投资者。在国际投资领域,最低待遇标准的内涵主要侧重于两个方面:一是对外国投资者财产保护的最低标准;二是在司法行政方面对外国投资者保护的最低标准。

为了防止外国投资者依据TPP第9.6条第1款规定的高水平保护标准提起投资仲裁,TPP对“最低待遇标准”进行了解释:(1)第9.6条第2款规定,“第1款将习惯国际法中给予外国人待遇的最低标准作为给予涵盖投资的待遇标准。‘公平公正待遇’和‘充分保护与安全’的概念不要求给予额外的或超出上述标准的待遇,且不创设额外的实质权利”。(2)第9.6条第3款规定,“认定一措施违反本协定其他条款或另一单独的国际协定本身并不能证明该措施构成对本条的违反”。(3)第9.6条第4款规定,“一缔约方采取或未采取一行动而可能不符合投资者期待的事实本身不构成对本条的违反,即使涵盖投资因此遭受损失或损害”。(4)第9.6条第5款规定,“一缔约方未发放、继续发放或维持一项补贴或赠款,或更改或减少该补贴或赠款的事实本身不构成对本条的违反,即使涵盖投资因此遭受损失或损害”。

三、增加ISDS机制

GATS下仅有一套争端解决机制,即乌拉圭回合谈判达成的《关于争端解决规则与程序的谅解》确立的政府间争端解决机制。WTO政府间争端解决机制有以下几个特点:

第一,在政府间争端解决机制下,只有WTO成员才可以提起诉讼,服务贸易提供者则只能寻求其母国就东道国损害其利益的行为启动争端解决程序以维护其合法权利。遭受损害的投资者若期望其母国将东道国诉至WTO,往往

[1] 参见陈正健:《国际最低待遇标准的新发展:表现、效果及应对》,载《法学论坛》2015年第6期。

需要进行政治游说，而政治游说成功与否在很大程度上由非经济因素决定，如投资者母国与东道国的政治关系。[1]

第二，WTO争端解决程序分为四个阶段：磋商程序、专家组程序、上诉程序和执行程序。磋商程序是指争端成员为解决争端或达成谅解而进行交涉。如果争端方在磋商阶段无法解决问题，则申诉方有权请求设立专家组，从而进入专家组程序。专家组作出裁决报告后，若争端方认为裁决报告中存在法律问题或法律解释错误，有权提起上诉，从而启动上诉程序。专家组和上诉机构裁决报告经WTO争端解决机构（DSB）通过后，进入执行程序。

第三，适用WTO争端解决机制的后果往往是，败诉方政府根据DSB的裁决和建议修改国内相关法律法规，而无须向投资者支付经济补偿。这是因为，败诉方政府的补偿是通过争端双方协商决定的，败诉方政府并没有支付补偿的义务。即使败诉方政府同意支付补偿，该补偿通常也由败诉方在贸易机会、市场准入等方面给予胜诉方相应的减让，投资者不能直接从该补偿中获益。[2]

相较于GATS下的政府间投资争端解决机制，TPP对商业存在还可以适用投资者—国家争端解决机制即ISDS机制。ISDS机制有以下几个特点：

第一，ISDS机制的当事方是东道国与外国投资者。在该机制下，外国投资者享有比国内投资者更大的权利，可以不经东道国的法律程序解决而直接将争端诉诸第三方程序和国际仲裁。[3]

第二，ISDS机制要求发生投资争端时，争端双方首先寻求通过磋商与谈判解决争端，包括使用无约束力的第三方程序，如斡旋、调解或调停。如果投资争端无法通过磋商、谈判方式解决，争端一方或双方可以提交仲裁请求，要求仲裁庭就双方的投资争端作出有约束力的仲裁裁决。[4]

第三，在仲裁程序中，争端双方可以选择各自的仲裁员，约定仲裁地点。在

---

〔1〕 See Siqing Li, Convergence of WTO Dispute Settlement and Investor-State Arbitration: A Closer Look at Umbrella Clauses, *Chicago Journal of International Law*, Vol. 19, No. 1, 2018, p. 194.

〔2〕 参见曹建明、贺小勇：《世界贸易组织》（第三版），法律出版社2011年版，第76页。

〔3〕 参见TPP第9.18条。

〔4〕 参见TPP第9.17条。

仲裁员的选择上，TPP要求确保仲裁员的专业性、独立性和公正性。[1]

第四，若败诉方是东道国政府，则东道国政府往往需要向投资者支付经济补偿。

第五，ISDS机制特别重视公众参与。TPP原则上要求被起诉的东道国向公众披露包括仲裁庭的命令、裁决、通知等在内的信息，确保公众能及时了解仲裁进程。[2] 由于诉诸ISDS机制的案件往往数额巨大、关系公共利益，因此重要信息的披露能保障公众的知情权，同时起到监督仲裁庭公正裁决的作用。

第六，在保障仲裁程序透明度的同时，ISDS机制也注重程序的保密性。对于争端方向仲裁庭提交的受保护信息，仲裁庭会采取特定程序予以保护，如确保向公众披露的信息是经过编辑、不含有受保护信息的。[3] 注重保密性这一点对于投资者的重大商业发展项目尤其重要。

第七，TPP还对ISDS机制进行了改革，以防止其过于偏向投资者而忽视东道国政府的发展主权。例如，与最初达成的协定相比，最后生效的TPP文本冻结了与投资协议和投资授权有关的规定，这些规定体现在投资定义、提交仲裁请求、仲裁员的选择和准据法等条款以及专门规定投资协议的附件中。这些"冻结条款"(standstill clause)意味着外国投资者不能因成员国政府违反了自然资源的开发利用协议或者基础设施建设等投资协议而提出投资仲裁。ISDS机制打破了GATS政府间争端解决机制下服务贸易提供者被排除在程序之外，无法直接获得国际救济的弊端，赋予外国服务贸易提供者在国际层面直接启动针对东道国的仲裁程序的权利，是国际服务贸易法律制度的一大创举。[4]

四、增加投资保护条款

外国服务贸易投资者在进入东道国市场后，其投资可能被东道国以各种理由征收，或者被征收后得不到适当的补偿。如果得不到有效的法律保障，服务

---

〔1〕 参见TPP第9.21条。

〔2〕 参见TPP第9.23条。

〔3〕 同上。

〔4〕 参见张生：《CPTPP投资争端解决机制的演进与中国的对策》，载《国际经贸探索》2018年第12期。

贸易投资者的投资就会随时面临被征收的风险，因而征收与补偿条款普遍被纳入 FTA 中的投资章节，以保护投资者的合法财产权益。同时，东道国也可能在投资的设立、获取、管理、扩大等阶段对投资者施加强制要求，或者要求投资者投资的企业中必须由拥有东道国国籍的自然人担任高管，以限制外国投资者控制其投资的能力。为有效遏制这种情况，业绩要求条款和高管要求条款在现代 FTA 的投资章节中也是必不可少的。对于征收问题，GATS 中基本没有规定；对于业绩要求和高管要求，GATS 文本中没有直接规定，相应的义务取决于各成员在具体承诺减让表中的相应承诺。在 TPP 中，由于商业存在模式的服务贸易被纳入“投资”章，而征收与补偿条款、业绩要求与高管要求等已是当前投资规则的“标配”，因此皆适用于商业存在。

（一）征收与补偿条款

征收与补偿条款是 FTA 投资章节的重要组成部分，设置目的在于保障投资者免受东道国的征收，并在其投资被东道国征收时得到合理补偿。TPP 的征收与补偿条款的主要内容有：

（1）确定了征收的条件，即征收必须是为公共目的，但并未对公共目的的范畴作具体界定，给东道国留下了较灵活的解释空间；以非歧视的方式进行；依照第 9.7 条第 2—4 款，及时、充分、有效地支付补偿；根据正当法律程序进行。

（2）规定了补偿的计算标准，如公平市场价值以可自由使用的货币计价，所支付的补偿不应低于征收之日的公平市场价值，以及从征收之日至付款之日基于合理商业利率计算的利息；如公平市场价值以不可自由使用的货币计价，则按付款之日的市场汇率转换为可支付货币。此外，TPP 第 9.6 条之二规定，就武装冲突或内乱情况下发生的全部或部分的征收，东道国同样应对损失进行恢复原状或向投资者提供补偿，或同时恢复原状并提供补偿。

（二）业绩要求和高管要求

业绩要求是指东道国政府对外国投资者提出的在东道国境内经营应满足某些具体目标的要求，其实质是东道国政府对外国投资的规制。与政府规制一样，履行要求也具有两面性。一方面，它能促进东道国的发展；另一方面，不合理、歧视性的履行要求会对投资者造成消极影响。[1] 在国家实践中，作为资本输出国的发达国家倾向于主张禁止履行要求。这一主张也被纳入TPP中，即缔约方不得对一缔约方或一非缔约方的投资者在其领土内的投资，在设立、获取、扩大、管理、经营、运营、出售或其他处置方面施加强制要求，或强制要求其作出承诺或保证，或要求其遵守相关条件以获得、维持优惠。[2]

同样，东道国出于规制目的，往往会对外国投资者所投资企业的高管提出国籍要求，以削弱外国投资者对其投资的控制。为限制东道国对外国投资和投资者的不合理控制，TPP第9.10条规定："1. 缔约方不得要求作为涵盖投资的该缔约方的企业任命具有特定国籍的自然人担任高级管理职务。2. 一缔约方可要求作为涵盖投资的该缔约方的企业的董事会或董事会的任何委员会的多数人员具有特定国籍或为该缔约方领土内的居民，只要此要求不实质性损害该投资者控制其投资的能力。"该条规定主要是要求缔约方不得对外国投资企业的高管施加国籍限制，以确保外国投资企业可以自由确定高管。

五、增加数据本地化例外条款

出于维护国家安全、保护公民个人隐私等方面的考虑，各国往往会采取数据本地化措施以限制跨境数据流动。计算机储存本地化作为数据本地化措施之一，本身具有一定的合理性。但是，不合理的本地化措施会成为各国政府限制外国服务贸易进入的贸易壁垒，将增加企业运营成本，阻碍企业自由使用更加高效灵活的云储存（又称"云存储"）功能，并构成外商投资服务业的准入门槛。

（一）数据本地化措施对服务贸易投资的影响

互联网的发展推动了数字化革命，带动了数字经济的发展。数字经济深刻地影响着人类社会的各个领域，已然成为拉动全球经贸发展的新引擎。数字经济的重要表现形式之一是数字成为服务贸易对象。数字服务贸易作为一种新

---

〔1〕 参见韩立余：《国际经贸投资规则对履行要求的规制》，载《法学家》2017年第6期。
〔2〕 参见TPP第9.9条。

型的贸易模式，在创新商业模式、优化营商环境、降低贸易成本、促进中小企业发展等方面发挥着重要作用。[1] 数据本地化措施是对企业将本国境内用户数据传输至境外的能力进行限制，包括要求企业将计算机设备置于本国境内，要求数据在本国境内储存或处理，要求数据的收集或转移获得本国政府的许可等。[2]

各国的具体情况不一，采取的数据本地化措施的强度也各不相同。一些国家明确要求数据必须储存在本国境内的服务器上，如文莱、中国、印度尼西亚、俄罗斯、越南等。《中华人民共和国网络安全法》(以下简称《网络安全法》)第37条规定，“关键信息基础设施的运营者在中华人民共和国境内运营中收集和产生的个人信息和重要数据应当在境内储存”，将数据本地化措施变为强制性要求。一些国家和地区虽然未明确要求数据本地化，但是通过立法对数据的跨境转移设置了巨大障碍，事实上存在数据本地化的要求，如欧盟。一些国家仅仅在特定情况下限制跨境数据转移，如阿根廷、巴西、哥伦比亚、秘鲁、乌拉圭等。还有一些国家针对特定的行业部门(如医疗卫生、电信、金融和国家安全)，限制数据的跨境转移，如澳大利亚、加拿大、新西兰、土耳其等。例如，澳大利亚《2012年个人控制电子健康记录法》(Personally Controlled Electronic Health Records Act 2012)限制私人可识别健康信息的出口。数据本地化措施体现的是一国政府介入数字市场并对数字服务贸易的市场准入施加政策影响，从而影响依赖于跨境数据流动的数字服务贸易的自由发展。

2018年，美国贸易代表认为，数据本地化要求是一种贸易保护主义策略，使得外国货物贸易与服务贸易处于相对劣势的竞争地位，而计算机设备的本地储存要求则构成对外国货物贸易与服务贸易提供者的非关税壁垒，其性质等同于对外国贸易的歧视性限制，将会损害美国目前正在构建的云计算服务利益，并

---

〔1〕 参见陈超凡、刘浩：《全球数字贸易发展态势、限制因素及中国对策》，载《理论学刊》2018年第5期。

〔2〕 See WTO, World Trade Report 2018: The Future of World Trade: How Digital Technologies or Transforming Global Commerce?, p. 143.

侵害使用云计算储存服务的美国企业的合法商业利益。[1] 计算机设备的本地储存与数据的本地储存和处理直接相关。缔约方在要求计算机设备的本地储存时，实际上是在要求相关外国服务贸易提供者在本国境内储存和处理数据。具体来说，要求计算机设备的本地储存有以下几方面的影响：

第一，将计算机设备的本地储存设置为从事商业行为的前提条件会阻碍国际服务贸易的发展。数据本地化措施被认为是数字贸易保护主义的表现形式。由于通信技术的发展，降低贸易成本往往可以通过跨境数据传输实现，而计算机设备的本地储存意味着数据的本地储存和处理，会阻碍跨境数据传输，使得贸易提供者难以享受跨境数据自由流动带来的降低设立商业存在的经营成本之政策优惠。此外，电子商务的发展使得传统的服务贸易可以数字化形式进行。事实上，全球约一半的服务贸易已经实现数字化，且该比例还在继续上升。因此，计算机设备的本地储存要求可能给国际服务贸易带来潜在的障碍。[2]

第二，阻碍企业自由使用更加高效灵活的云储存功能。传统的计算机设备储存技术依赖大规模高端化的储存器与各种硬件、软件装置，使用的时间越长，产生的数据越多，需要的储存空间也就越大。同时，企业需要投入大量的人力、物力进行烦琐的日常管理与维护，以防止数据丢失或混乱。随着信息技术的发展，云计算的开发与进步带来了新的数据处理和储存模式——云储存。云储存由储存层、管理层、应用接口层和访问层组成，其基本功能是储存数据。与传统的计算机储存设备相比，云储存有以下几个优点：(1) 通过存储机构虚拟化的技术，突破服务器存放位置的地域限制，将数据存放在多台虚拟服务器上，因而能提供海量的存储空间；(2) 具有更加高效的数据储存与传输功能，可以提高企业的工作效率，减少过程中的琐碎程序；(3) 通过有效加密，确保数据储存与传输的安全性，保障用户和服务商的切身利益。随着"云储存"概念的推广与技术的不断突破，越来越多的企业使用云储存代替传统的计算机储存设备进行数据储

[1] See Javier López González & Janos Ferencz, Digital Trade and Market Openness, OECD Trade Policy Papers, No. 217, 2018, https://www.wita.org/wp-content/uploads/2018/10/1bd89c9a-en.pdf, visited on Aug. 25th, 2019.

[2] 参见黄宁：《数据本地化的影响与政策动因研究》，载《中国科技论坛》2017年第9期。

存与传输。根据国际市场研究机构Gartner的预测，全球云储存市场规模将从2017年的1535亿美元增长到2022年的3025亿美元，未来几年仍将继续处于高速发展阶段。[1] 在云储存市场迅猛发展的背景下，强制要求外资企业使用本地计算机设备，阻断外资企业利用云储存的可能，一方面会使外资企业继续支付本可以通过使用云储存节省下来的储存设备费用与日常维护费用，另一方面也会阻碍云计算与云储存技术的进一步发展。

第三，要求计算机设备的本地储存会给外资企业增加额外的经济负担，进而构成对外资准入的隐性门槛。由于使用本地计算机设备或将计算机设备置于东道国境内，因此外资企业需要在东道国境内建立数据中心。数据中心建设需要土地的租赁、设备的购买与劳动力的投入。同时，数据中心的日常运营与维护也是一项常规开支。例如，微软、谷歌等IT巨头往往需要花费数亿乃至数十亿美元建立和维护一个新的数据中心。外资企业的数据中心必须合规运行，以符合东道国的相关数据保护法律法规。这意味着外资企业还要在数据合规方面支出大量费用，包括雇用数据保护官（data protection officer），为企业提供数据保护、合规建议等。这些需要额外支出的成本可能提高外资企业提供商品或服务的成本，降低企业的市场竞争力，对于中小型企业的发展不利，并可能因此影响外国投资者的投资决定，迫使外国投资者撤出在东道国境内的投资。[2] 例如，俄罗斯于2014年出台数据本地化立法《第242-FZ号联邦法律》，要求国内外所有个人和企业在俄罗斯境内的服务器上储存和处理俄罗斯公民的个人信息。这一数据本地化措施导致谷歌停止在俄罗斯的研发业务并撤出工程师，微软的Skype开发团队撤离俄罗斯，Adobe完全撤出俄罗斯。[3]

---

〔1〕 参见TokenGazer：《分析：云存储市场规模增长迅速，Filecoin发展空间值得期待》，https://news.huoxing24.com/20181024111002206813.html，2019年4月15日访问。

〔2〕 See Peter Van Den Bossche & Werner Zdouc, *The Law and Policy of the World Trade Organization: Text, Cases and Materials*, 3rd ed., Cambridge University Press, 2013, p. 206.

〔3〕 参见Penny：《谷歌、微软、Adobe已相继退出俄罗斯》，https://www.leiphone.com/news/201412/ujTxUvwzVW5Av3ba.html，2019年4月15日访问。

(二) GATS对数据本地化措施的规制

GATS对数据本地化并没有明确的规定。有观点认为,数据本地化措施构成GATS下的“影响服务贸易的措施”,因此可以由GATS予以规制。[1] GATS第28条(b)项将“服务的提供”定义为“包括服务的生产、分销、营销、销售和交付”。由于本地化措施会影响跨境数字服务的生产、分销、营销、销售和交付,构成GATS下的“影响服务贸易的措施”,因此应被纳入GATS的调整范围。

GATS第16条第1款规定,“每一成员对任何其他成员的服务和服务提供者给予的待遇,不得低于其在具体承诺减让表中同意和列明的条款、限制和条件”。第16条第2款规定了六项禁止成员维持或采取的市场准入限制措施,前四项市场准入限制措施皆是数量限制措施。其中,(a)项和(c)项都禁止成员以配额或经济需求测试要求的形式限制服务提供者的数量、服务业务总数或以指定数量单位表示的服务产出总量。根据美国与安提瓜赌博服务案专家组的意见,禁止一国通过跨境提供方式提供博彩服务相当于以“零配额”的方式限制服务提供者的数量或服务业务总数,因此违反了GATS第16条第2款(a)项和(c)项。[2] 同样,数据本地化措施通过要求计算机设备的本地储存、数据的本地储存与处理,限制数据的跨境流动以及以数据为交易对象的数字贸易的跨境提供。同时,由于全球约一半的服务贸易已经实现数字化,因此阻碍数据的跨境流动也直接阻碍了服务贸易的跨境提供。另外,数据本地化要求也增加了中小企业的合规成本与运营成本,削弱了其市场竞争力,不利于其发展。综上所述,数据本地化措施从表面上看并未施加数量限制,实质上却是以“零配额”的方式达到限制服务提供者和服务数量的效果,有可能违反GATS下的市场准入

[1] 参见彭岳:《数据本地化措施的贸易规制问题研究》,载《环球法律评论》2018年第2期。

[2] See Appellate Body Report, United States—Measures Affecting the Cross-Border Supply of Gambling and Betting Services, WT/DS285/AB/R, para. 488.

义务。[1]

（三）TPP 禁止数据本地化措施

尽管 GATS 通过争端解决机构对市场准入义务和国民待遇义务的解释在总体上为数字经济中的国际服务贸易、跨境数据流动等提供保护，但是 GATS 最终能够提供的保护程度取决于成员所作的具体义务承诺的范围，其本身没有比较明确的条文规定。

TPP 直接将禁止数据本地化措施作为成员的一般义务。TPP 第 14.13 条第 2 款规定："缔约方不得要求涵盖的人使用该缔约方领土内的计算设施或将设施置于其领土之内作为在其领土内从事经营的条件。"其中，"涵盖的人"包括涵盖的投资、投资者和服务提供者，不包括 TPP 第十一章"金融服务"下定义的金融机构、投资于金融机构的投资者和跨境金融服务提供者。[2] 从表述上看，TPP 禁止东道国政府要求通过商业存在提供服务的外国投资者以使用东道国境内的计算设施或将计算设施置于东道国境内为前提从事商业行为。这一条款有着重大意义。美国国际贸易委员会发布的报告称，TPP 是美国第一个明确承诺禁止计算设施强制本地化的自由贸易协定。[3]

TPP 第 14.13 条第 2 款对外国服务提供者的投资来说具有如下意义：

第一，外国服务提供者可以自由选择其数据储存地及处理地，无须额外承担因计算设施强制本地化而增加的经营成本；

第二，外国服务提供者可以自由决定是否使用云储存，以便享受云储存技术带来的便利；

第三，便利外国服务提供者提供数字服务，减少跨境数据流动的限制。

---

〔1〕 参见彭岳：《数据本地化措施的贸易规制问题研究》，载《环球法律评论》2018 年第 2 期。

〔2〕 参见 TPP 第 14.1 条。

〔3〕 See USITC, Impact on U. S. Trade in Services, https://www.usitc.gov/publications/332/pub4607_chapter5.pdf, visited on May 10th, 2019.

第三节 TPP对GATS部分条款的完善与深化

以商业存在模式提供的服务贸易除了具有投资的一般特征外,还具有服务贸易的专属特性,即商业存在是为了实现服务贸易的特殊投资。考虑到服务贸易商业存在兼具服务贸易与投资的属性,TPP虽将商业存在排除在其第十章“跨境服务贸易”的定义范围外,但仍在该章第10.5条“市场准入”、第10.8条“国内规制”和第10.11条“透明度”中对商业存在进行规制。GATS在制定之时便已将“市场准入”“国内法规”“透明度”条款纳入多边服务贸易规则框架。但是,随着国际经济形势的变化与国际服务贸易的深入发展,GATS已无法适应贸易与投资迅速发展的需要。TPP作为高标准的21世纪贸易协定,对GATS的服务贸易规则进行了深化,作了更全面、更细致的规范。此外,在定义方面,TPP扩大了商业存在的外延,使其具有更广泛的适用对象。

一、市场准入条款的分拆

从内容上看,GATS第16条“市场准入”的主要目的是制约妨碍市场准入的数量限制措施,而第17条“国民待遇”则主要针对各种区别对待国外服务或服务提供者的歧视性措施。从表面上看,市场准入规则可用于追究成员的数量限制措施,国民待遇规则可用于追究成员的歧视性待遇,如GATS第16条第2款(f)项针对的是数量限制措施,实质上却是明显针对外国投资者及其投资的歧视性待遇。针对具有歧视性的数量限制措施,在确定应当由市场准入条款还是国民待遇条款调整时常会产生分歧,这种分歧模糊了GATS第16条和第17条的界限。[1]

针对这一问题,TPP的市场准入条款吸收了GATS第16条第2款(a)项至(e)项,而将(f)项纳入“投资”章下的国民待遇条款,作为针对外国投资者及其投资的歧视性待遇进行调整。TPP将GATS第16条的内容进行拆分,分别纳入

---

〔1〕 参见韩龙:《试析GATS国民待遇规定中的立法技术问题》,载《云南大学学报》(法学版)2005年第4期。

“跨境服务贸易”章下的市场准入条款和“投资”章下的国民待遇条款，解决了GATS第16条和第17条在适用特定措施上的界限问题，便利了对东道国政府歧视性行为的追责与投资争端的解决。

另外，GATS下的市场准入义务属于特定义务，是成员作出特定承诺后才承担的义务，因此只适用于成员承诺开放的服务部门。在TPP中，市场准入义务则属于一般义务，缔约方普遍需要承担；只有被列入负面清单的特定部门或行业，而且通过具体的描述明确表明的例外，缔约方才能免于承担相应的义务。

二、国内规制条款强调监管一致性

（一）TPP“跨境服务贸易”章下的国内规制条款

进入21世纪以来，服务已成为各国产业发展的关键投入部分，服务贸易政策对各国经济发展有着重要的影响。[1]

GATS第6条“国内法规”对成员实施服务贸易政策提出如下要求：(1) 维持或尽快设立司法、仲裁或行政法庭或程序，以迅速审查影响服务贸易的行政决定并提供适当的补救；(2) 以合理、客观和公正的方式实施影响服务贸易的普遍适用的措施；(3) 及时处理已作出具体承诺的服务的授权申请，并在申请人请求下及时提供有关申请情况的信息；(4) 具体承诺管理的善治比例标准；(5) 不得实施使具体承诺失效或减损的许可要求、资格要求和技术标准；(6) 规定适当程序，以核验其他成员专业人员的能力。其中，除第一项义务普遍适用于全部服务部门而不区分成员是否作出具体承诺外，其他五项义务需要与具体承诺减让表相结合，仅限于成员纳入具体承诺减让表的服务部门或分部门承担。

与GATS相比，TPP“跨境服务贸易”章下的国内规制条款在以下几个方面有所进步：

第一，TPP第10.8条下的义务与其负面清单在一定程度上有所呼应，同样不适用于不受第十章项下国民待遇、市场准入义务约束的不符措施。TPP在服

---

〔1〕 See Bernard M. Hoekman & Michel M. Kostecki, *The Political Economy of the World Trading System: The WTO and Beyond*, 2nd ed., Oxford University Press, 2001, p. 237.

务贸易上采取的是负面清单的管理模式,与GATS相比,服务开放程度更高。因此,TPP下的国内规制条款之相关义务的适用范围更广,对缔约方影响服务贸易的措施也有着更普遍的拘束力,能够更好地保障相关管制措施的透明度和可预见性。

第二,GATS在其序言明确指出,“认识到各成员为实现国家政策目标,有权对其领土内的服务提供进行管理和采用新的法规,同时认识到由于不同国家服务法规发展程度方面存在的不平衡,发展中国家特别需要行使此权利”。尽管这体现了对一国管制自主权的尊重,但是并未被纳入GATS第6条“国内法规”。相反,TPP在“跨境服务贸易”章第10.8条“国内规制”中特别强调“承认管理的权利,及为实现政策目的而在服务提供方面制定新法规的权利”。

第三,GATS第6条第3款仅规定成员有义务将有关服务的授权申请决定通知申请人,并应在申请人请求下提供有关申请情况的信息。TPP第10.8条第4款对GATS的该规定进行了细化,增加了如下内容:一是就申请的办理进度设立指示性的时间表;二是在拒绝申请的情形下告知申请人拒绝的理由;三是为申请人提供更正申请中的错误和补充遗漏的机会,并提供相关指导;四是接受依据正本文件所在地缔约方法律认证的副本。

第四,GATS的国内规制条款与国民待遇、市场准入条款在内容上有一定程度的重合,因而在实际的责任认定中会发生冲突。由于服务贸易的无形性,一国无法通过进出口关税、配额等传统的管理货物贸易的手段监管服务贸易,只能通过国内立法规则进行管制。一国基于管制目的,通过限制服务或服务提供者的数量,规制外国服务或服务提供者的市场准入,这一行为既属于GATS第6条“国内法规”的调整范围,又涉及第16条“市场准入”的内容。在国内法规条款下,即使相关措施影响服务的提供,只要不构成对外国服务或服务提供者的歧视,原则上还是被允许的。[1] 但是,与此同时,由于一国设置市场准入条款的主要目的是制约妨碍市场准入的数量限制措施,因此如果一国已就某专业服务作出关于市场准入的具体承诺,则该措施是违反市场准入义务的。例

[1] See Joost H. B. Pauwelyn, Rien Ne Va Plus? Distinguishing Domestic Regulation from Market Access in GATT and GATS, *World Trade Review*, Vol. 4, No. 2, 2005, p. 136.

如,在美国与安提瓜赌博服务案中,美国辩称其禁止网络赌博的法律并未违反市场准入义务,而是正常的国内规制措施。基于此,WTO专家组需要确定美国禁止网络赌博的法律是否构成对市场准入义务的违反,以及是否已经构成不必要的服务贸易壁垒。随后,专家组要求美国承担其国内法不构成必要的服务贸易壁垒的举证责任。这样,在对一国限制服务或服务提供者数量的市场准入管制措施的责任认定上,该措施既可能违反市场准入义务,也可能因该国可以证明该措施不构成不必要的服务贸易壁垒而被免责,从而导致责任认定中的冲突。同时,一国也可能借国内规制的名义对外国服务或服务提供者实施歧视性准入限制。[1]

第五,在必要性测试方面,GATS第6条第4款仅仅规定服务贸易理事会应当制定必要的纪律,以"保证有关资格要求和程序、技术标准和许可要求的各项措施不致构成不必要的服务贸易壁垒"。在该纪律生效前,GATS第6条第5款是过渡性规定,即要求成员实施的许可要求、资格要求和技术标准不得违反第6条第4款规定的"不致构成不必要的服务贸易壁垒",而且不得使成员就第16条至第18条作出的具体承诺无效。但是,服务贸易理事会仅在1998年制定了《会计部门国内规制纪律》(Disciplines on Domestic Regulation in the Accountancy Sector),之后便没有在必要纪律的制定上有任何行动,使得该必要性测试无法发挥应有的作用。TPP吸取了GATS的经验教训,要求成员国进行必要性测试,以"保证有关资格要求和程序、技术标准和许可要求的各项措施不致构成不必要的服务贸易壁垒",同时删去GATS第6条第5款的过渡性规定。TPP将必要性测试从多边要求变为成员国的具体义务,既可避免多边规则制定层面的漫长磋商与缓慢进度,又能保证必要性测试真正落实到位。

(二)从GATS的必要性测试转向TPP的监管一致性要求

出于对一国规制主权的尊重,GATS对一国国内规制的监管以"必要性"为核心标准,即只要一国的国内规制措施"不致构成不必要的服务贸易壁垒",就

[1] 参见李冬冬:《"21世纪贸易协定"技术性壁垒规则:内容、特征及启示》,载《国际经贸探索》2016年第11期。

允许成员享有相当的规制自由。[1] GATS第6条第4款下的必要性测试是服务贸易理事会判断一国国内规制是否合规的主要依据。但是，GATS成员随后在有关必要性测试的谈判中无法达成一致意见，依靠必要性测试约束成员的国内规制措施的设想终因缺乏具体标准而导致其效果十分有限。

随着国际经贸规则的深入发展，各国对于国内规制的监管问题愈加重视。国内规制作为一种边境后措施，虽然属于一国主权范畴内的事项，但是由于它可能对货物与服务的市场准入起决定性作用，并可能成为非关税壁垒，阻碍货物与服务的自由流动，因此国际经贸谈判的重点之一便是建立有效的合作机制，以促进各国管制措施的协调与透明，消除不必要的贸易壁垒。[2] 由此，监管一致性要求成为21世纪FTA谈判的重要目标之一。这一目标也被纳入TPP谈判，并最终成为TPP的独立章——第二十五章"监管一致性"。根据TPP第25.2条第1款的规定，监管一致性是指"在计划、设计、公布、实施以及审议监管措施过程中的良好监管实践，以促进国内政策目标的实现而使用，同时指在政府间增强监管合作的努力中良好监管措施的使用，以深化上述目标并促进国际贸易与投资、经济增长与就业"[3]。具体而言，TPP通过监管一致性要求，促进成员国之间货物和服务贸易及投资的增长；成员国有权在认为合适的层级上确定其监管优先对象，并处理这些优先对象的监管措施；成员国确认监管在实现公共政策目标中的作用；成员国在制定监管措施中应考虑到利害关系人的投入；成员国之间应当进行监管合作和能力建设。[4]

TPP下的监管一致性规则主要包含以下内容：

第一，协调和审议程序或机制。该机制要求成员国在制定监管措施时，通过增加与制定监管措施过程有关的跨部门协商与协调机制，促进监管一致性。因此，成员国应确保其拥有程序或机制，对监管措施进行跨部门协调和审议，以

---

〔1〕 参见韩龙：《市场准入与国内规制在WTO法中应如何合理界分》，载《政法论坛》2006年第4期。

〔2〕 参见王丹：《全球自贸协定中的"监管一致性原则"与中国的因应》，载《河北法学》2017年第5期。

〔3〕 此处译文依英文文本有所调整。

〔4〕 参见TPP第25.2条第2款。

确保该措施的制定遵循良好监管实践，避免机构间的重复协调，对系统性监管完善提出建议，以及公开报告经审议的监管措施与建议。为达成此目的，成员国应考虑设立和维持一国家或中央级协调机构。[1]

第二，监管影响评估机制。该机制要求成员国对其监管措施进行影响评估，评估的内容包括：(1) 评估一项监管提案的必要性，包括对问题性质和重要性的说明；(2) 审查可行的替代措施，包括评估该替代措施的成本和收益；(3) 说明所选替代措施可有效实现政策目标的理由，如适当可包括相关的成本和收益与风险管理潜力；(4) 依靠可合理获得的现有信息，包括相关科学、技术、经济或其他信息。同时，成员国应定期对监管措施进行审议，以确定是否应修改、简化、扩充或废止某项监管措施。[2]

第三，监管措施制定过程中的公众参与和透明度。在公众参与方面，成员国应建立适当机制，以方便参与方的利害关系人就增强监管一致性问题向成员国提供建议。[3] 在透明度方面，成员国应在指定时间内就其为实现监管一致性要求所采取的步骤进行说明，包括：(1) 建立协调和审议程序或机制的步骤；(2) 建立监管影响评估机制的步骤；(3) 定期审议监管措施的步骤。

三、透明度的深化

在透明度方面，根据 GATS 第 3 条的规定，成员有以下几个方面的义务：

第一，迅速公布有关或影响 GATS 运用的所有普遍适用的措施，以及一成员为签署方的有关或影响服务贸易的国际协定，最迟应在此类措施以及国际协定生效之时；

第二，迅速并至少每年向服务贸易理事会通知对 GATS 项下具体承诺所涵盖的服务贸易有重大影响的任何新的法律、法规、行政准则或现有法律、法规、行政准则的任何变更；

第三，迅速答复其他成员关于影响 GATS 运用的任何普遍适用的措施以及影响服务贸易的国际协定的具体信息的所有请求；

---

〔1〕 参见 TPP 第 25.4 条。

〔2〕 参见 TPP 第 25.5 条。

〔3〕 参见 TPP 第 25.8 条。

第四,设立咨询点,以向其他成员提供具体信息。

TPP中针对服务贸易商业存在的透明度义务主要由第二十六章“透明度和反腐败”以及第十章“跨境服务贸易”下的第10.11条“透明度”调整。TPP在GATS的基础上对透明度规则予以深化和完善,具体表现在以下几个方面:

第一,TPP扩大了公众参与,为公众参与提供了发声的渠道。公众参与是透明度的重要内容,也是透明度规则的重要组成部分。GATS并未明确规定成员确保公众参与有关影响服务贸易规则的制定并提供发表意见的机会的法律义务,导致公众参与有关贸易规则的制定与实施的渠道受到很大限制。相比之下,TPP建立了完善的公众参与机制。具体来说,TPP要求缔约方向利害关系人提供合理机会,对缔约方发布的法律、法规、程序及普遍适用的行政裁定进行评议,允许公众参与制定缔约方中央政府机构的技术法规、标准和合格评定程序,促进公众积极参与对影响国际贸易或投资事项腐败的防止和打击,参与争端解决机制。同时,TPP还要求缔约方在最终法规公布和正式生效日期之间留出合理的时间间隔,[1]以方便其他缔约方和公众就该法规进行分析、评议,并对其中与自身利害密切相关的内容作出合理的反应。

第二,TPP提高了信息公布的标准。信息公布是提高透明度的重要前提,只有保障知情权,才能确保公众的参与和监督。从信息公布的方式来看,GATS仅要求以使信息可公开获得的方式公布,[2]并未明确规定成员的公布方式;TPP则就公布方式作了具体规定,要求中央层级政府在其官方公报或官方网站上公布拟议法规,以在线方式为优先选择。[3] 由此可见,TPP规定的公布方式更便于缔约方和公众获取信息。从信息公布的时间来看,GATS仅粗略地规定“迅速”“最迟应在……生效之时”;TPP则对中央层级政府公开拟议法规的时间作了明确要求,即不迟于评议截止日期前60天或在评议截止日期前的另一期限,[4]为利害关系人评估拟议法规预留了充足的时间。从信息公布的内容来看,GATS要求公布的内容仅限于影响服务贸易的措施、国际协定以及成员具

---

〔1〕 参见TPP第10.11条第3款。

〔2〕 参见GATS第3条第2款。

〔3〕 参见TPP第26.2条第4款(a)项。

〔4〕 参见TPP第26.2条第4款(b)项。

体承诺所涵盖的对服务贸易有重大影响的法律、法规、行政准则；而TPP要求缔约方公布的内容不仅覆盖GATS的规定，还包括程序规则（“投资”章下的ISDS机制）、拟议法规及目的和理由以及作出实质性修改的理由，内容更加广泛，拓宽了缔约方和公众获取信息的渠道。

四、“商业存在”定义的扩大

由于商业存在是从属于服务贸易的特殊投资，因此“商业存在”的定义与“投资”的定义直接相关。“投资”的定义有宽有窄，总体上可分为以企业为基础的投资（enterprise-based investment）和以资产为基础的投资（asset-based investment）。其中，前者的定义较为狭窄，后者的定义较为宽广。

采取以企业为基础的“投资”定义的，以GATS为典型代表。GATS下的服务贸易商业存在是服务贸易领域的特殊投资，因此GATS对于“商业存在”的定义便是对于“投资”的定义。GATS第28条明确规定，在东道国的商业存在必须由位于母国的实体拥有或控制。该条还进一步规定，“拥有”是指实际拥有一个公司的股本超过50%；“控制”是指有权任命一个公司的大多数董事或以其他方式合法指导其活动。据此，GATS明确规定，只有当外国投资者在东道国设立商业机构或专业机构且拥有该机构的股本超过50%或可以控制该机构时，GATS调整范围内的“投资”才成立。

不同于GATS，大多数区域FTA对于“投资”的定义是以资产为基础的，如TPP。TPP将“投资”定义为“投资者直接或间接拥有或控制的具有投资特征的各种资产”。投资可采取的形式包括企业、企业的股份、债券、期货、合同、知识产权等有形或无形财产、动产或不动产以及相关财产权利。[1] 同时，TPP并未采纳GATS对于“商业存在”的定义，而是将其定义为“在一缔约方领土内通过涵盖投资提供服务”。[2] TPP通过以资产为基础的“投资”定义，将“商业存在”与“投资”概念联系在一起，扩大了商业存在的内涵与外延，使商业存在能受到完整的投资规则的保护。

---

〔1〕 参见TPP第9.1条。

〔2〕 参见TPP第10.1条。

综上,与GATS相比,TPP扩大了"投资"的范围以及商业存在的内涵与外延,对于服务提供者有以下好处:

第一,"投资"定义的宽窄决定着受投资规则保护的对象范围的大小。GATS要求投资者必须"拥有"或"控制"东道国的商业存在,这就意味着那些持有公司股份低于50%的投资者及其投资被排除在GATS的调整范围之外,无法享受相应的投资保护。同时,对于那些以知识产权作为投资入股公司的外国投资者,其投资的知识产权可能因难以估值或没有达到"拥有"或"控制"的要求而无法受到GATS规则的保护。TPP则通过将商业存在纳入"投资"的范围,使外国投资者及其投资能受到完整的投资规则的保护。

第二,"投资"定义的宽窄决定着外国投资者及其投资能享受的待遇范围与保护水平。TPP将商业存在定义为"在一缔约方领土内通过涵盖投资提供服务",使商业存在的投资者及其投资能享受"投资"章下的国民待遇、最惠国待遇,将其投资自由、不延迟地按照转移时的市场汇率转出,成为投资者—国家争端解决机制的适格当事人,并有权通过仲裁程序向东道国主张自己的合法请求权。如前所述,由于GATS将"投资"限制为以企业为基础的投资,无形中将一些小股权投资者排除在适格投资者的范围之外,因此也就无法享受GATS下服务贸易提供者可以享受的国民待遇、最惠国待遇。

第三章　TPP 服务贸易规则重构之二：跨境服务贸易规则

随着互联网基础设施以及软硬件连接技术的大幅改进，服务得以在全球范围内进行交易。随着数字化信息的不断增加、计算机存储能力的提升以及互联网连接的广泛渗透，企业收集、传输和处理信息的能力显著提高，跨境信息的流动成为商品和服务生产的重要组成部分，也是当下数据密集型服务的重要组成部分。〔1〕 TPP 为应对当下国际经贸形式的转变，重新调整了国际经贸规则的体系，将商业存在模式下的服务提供纳入"投资"章，将剩下的三种模式统称为"跨境服务贸易"：(1) 从一缔约方领土内向另一缔约方领土内提供服务；(2) 在一缔约方领土内向另一缔约方的国民提供服务；(3) 一缔约方的国民在另一缔约方领土内提供服务。其中，模式一即跨境提供模式下的服务贸易的优势随着数字化技术的发展逐渐得以凸显。

TPP 正是在国际经贸环境迅速转变的背景下缔结的。本章通过对比分析 TPP 跨境服务贸易规则与 GATS 服务贸易规则的异同，指出 TPP 在市场准入、

---

〔1〕 See Andrew D. Mitchell & Neha Mishra, Data at the Docks: Modernising International Trade Law for the Digital Economy, *Vanderbilt Journal of Entertainment & Technology Law*, Vol. 20, No. 4, 2018, p. 1086.

最惠国待遇、国民待遇、当地存在、电子商务以及专业服务和快递服务等方面的重构符合当前国际经贸发展的新趋势,对于促进投资、贸易、服务的一体化具有积极作用。

第一节 “跨境服务贸易”成为服务贸易的核心章节

TPP被认为是代表自由贸易协定发展新模式的综合性FTA,[1]代表更高水平和更全面的贸易自由化。[2] TPP将GATS框架下的服务贸易分解成多个独立的章节,除商业存在被纳入“投资”章外,“跨境服务贸易”“金融服务”“商务人员临时入境”“电信”等都是TPP的独立章。

在TPP中,“跨境服务贸易”章是服务贸易的核心章节,适用于除金融服务、航空服务以外的所有服务贸易领域,涵盖跨境提供、境外消费和自然人流动三种模式下的服务提供。TPP第10.2条规定了跨境服务贸易的范围,即“适用于一缔约方采取或维持的、影响另一缔约方服务提供者的跨境服务贸易的措施”。此类措施包括影响下列几方面的措施:(1) 服务的生产、分销、营销、销售或交付;(2) 服务的购买、使用或支付;(3) 接入和使用与服务的提供有关的分销、运输或电信网络和服务;(4) 另一缔约方的服务者在一缔约方领土内的存在;(5) 作为提供服务的条件,提供保函或其他形式的财务担保。与GATS不同的是,TPP不仅排除了商业存在模式下的服务提供,还明确规定了跨境服务贸易规范适用于与服务的提供有关的分销、运输或电信网络和服务的接入和使用,作为提供服务条件的保函或其他形式的财务担保。

在结构方面,TPP“跨境服务贸易”章包括正文13条、附件3个,涉及专业服务、快递服务以及不符措施等约束机制。不同于GATS被划分为6个部

---

〔1〕 参见韩立余:《TPP协定的规则体系:议题与结构分析》,载《求索》2016年第9期。

〔2〕 参见倪月菊:《TPP与国际服务贸易新规则及中国的应对策略》,载《深圳大学学报》(人文社会科学版)2016年第1期。

分，〔1〕TPP跨境服务贸易条款均为普遍性义务条款，如普遍性的国民待遇义务、最惠国待遇义务，在市场准入方面普遍性禁止服务贸易壁垒以及当地存在的要求。TPP采用以全面开放为主、以不开放为辅的负面清单管理模式，所有义务的不符措施例外被列在附件Ⅰ和附件Ⅱ中。

在内容方面，TPP跨境服务贸易涉及国民待遇、最惠国待遇、市场准入、当地存在、不符措施、国内规制、承认、拒绝给予利益、透明度、支付与转移等。这些内容在GATS项下均有所涉及，内容详略不一，具体要求存在一定的差异。例如，在透明度方面，TPP没有就机密信息进行规定，而更强调法规公布与生效的时间间隔。〔2〕 此外，TPP还增加规定了专业服务和快递服务。但是，TPP忽略了GATS中尚待谈判的部分内容，如紧急保障措施、政府采购和补贴等。

TPP将"跨境服务贸易"作为服务贸易的核心章节，其实更符合国际服务贸易的内涵。"国际服务贸易"一词较早出现在1971年OECD的一份报告中，这份报告对即将进行的GATT东京回合谈判所要讨论的问题进行了探讨。美国在《1974年贸易法》第301节中首次使用了"世界服务贸易"概念。在GATT东京回合谈判中，美国政府虽根据《1974年贸易法》的授权，要求就服务贸易问题进行谈判，但没有取得进展。早期的友好通商航海条约(Friendship Commerce Navigation Treaty，FCNT)、自由贸易协定(如《罗马条约》)虽涉及服务贸易，但并没有给服务贸易界定一个确切的概念。联合国贸易和发展会议(UNCTAD)将国际服务贸易定义为：通过货物的加工、装配、维修以及货币、人员、信息等生产要素为非本国居民提供服务并取得收入的活动，是一国居民与另一国居民进行的服务交换活动。〔3〕 这一定义是从国际收支统计学意义上而言的，既包括一国的消费者从其所在国到服务生产者所在国接受服务，也包括一国的服务生产者通过短期进入消费者所在国境内提供服务或者服务的内容跨越国境。这

〔1〕 分别为：范围和定义(scope and definition)、一般义务和纪律(general obligations and disciplines)、具体承诺(specific commitments)、逐步自由化(progressive liberalization)、机构条款(institutional provisions)、最后条款(final provisions)。

〔2〕 参见TPP第10.11条、GATS第3条。

〔3〕 See Bernard M. Hoekman & Michel M. Kostecki, *The Political Economy of the World Trading System: The WTO and Beyond*, 2nd ed., Oxford University Press, 2001, p. 238.

种服务贸易的结果最终能在一国的国际收支平衡表中反映出来。

第二节　新增跨境服务贸易规则

一、全面的市场准入承诺条款

"市场准入"是服务贸易领域的一个重要概念。国际上对"市场准入"并没有一个统一确切的概念界定,它最先出现在货物贸易领域,是指各成员为特定货物进入其市场而商定的条件、关税和非关税措施。在服务贸易领域,市场准入规则不可避免地要参照和借鉴存续多年的货物贸易领域的规则。但是,由于服务贸易的无形性,货物贸易领域的关税壁垒不再适合于服务贸易领域。在美国与安提瓜赌博服务案中,专家组引用了《贸易政策术语词典》对"市场准入"所下的定义,即"国际贸易领域最为基本的概念,它是指一国产品或服务在另一国市场中与当地产品或服务相竞争的程度。在WTO框架下,市场准入是指在非歧视的前提下,一成员政府针对其他成员产品或服务进入其市场所施加条件的法律术语"[1]。

TPP第10.5条规定:"任何缔约方不得在其一地区或在其全部分领土内采取或维持如下措施:(a)施加如下限制:(ⅰ)无论以数量配额、垄断、专营服务提供者的形式,还是以经济需求测试要求的形式,限制服务提供者的数量;(ⅱ)以数量配额或经济需求测试要求的形式限制服务交易或资产总值;(ⅲ)以配额或经济需求测试要求的形式,限制服务业务总数或以指定数量单位表示的服务产出总量;或(ⅳ)以数量配额或经济需求测试要求的形式,限制特定服务部门或服务提供商可雇用的、提供具体服务所必需且直接有关的自然人总数;或(b)限制或要求服务提供者应通过特定类型法律实体或合营企业提供服务。"

相对于GATS,TPP跨境服务贸易的市场准入条款最大的不同是全面的市场准入,即普遍禁止服务贸易市场准入壁垒。根据GATS第16条第1款的规

[1] See Panel Report, United States—Measures Affecting the Cross-Border Supply of Gambling and Betting Services, WT/DS285/R, para. 6.263.

定，一成员承诺某个服务部门的市场准入义务的，它给予其他成员的服务和服务提供者的待遇应不低于其在服务贸易具体承诺减让表中列明的条款、限制和条件。即凡是在服务贸易具体承诺减让表之市场准入部分没有列明相应的条款、限制和条件的，该成员今后不得通过相应的条款或条件限制外国服务或服务贸易提供者的进入。[1] GATS 对市场准入的部门采取正面清单模式，而对市场准入承诺的限制措施则采取负面清单模式，即采取混合清单模式。TPP 跨境服务贸易的市场准入条款则规定了全面的市场准入，即各缔约方承担市场准入自由化的义务，对于不给予市场准入自由化的领域及限制措施，可以通过其附件Ⅰ、附件Ⅱ之不符措施清单进行例外规定，亦可称为“完全的负面清单模式”。相较于 GATS，TPP“跨境服务贸易”章之市场准入条款最大的变化是市场准入开放理念的转变，即由渐进式的市场开放转变为全面的市场开放，此种理念的转变对于形成全球统一的开放市场具有极大的促进作用。

二、相似情况下的非歧视待遇

最惠国待遇和国民待遇是国际贸易规则体系中非歧视待遇的重要组成部分，其目标在于共同营造机会均等的市场竞争环境。在以 GATT 1994 为代表的多边货物贸易规则以及以 GATS 为代表的服务贸易规则下，是否给予最惠国待遇和国民待遇的标准是判断产品或服务及服务提供者是否“相同”。然而，由于服务贸易的无形性，判断“相同服务”(like services)和“相同服务提供者”(like services suppliers)存在较大的困难。TPP 改变了 GATS 下非歧视待遇的比较基准，删除了“相同服务”和“相同服务提供者”的表述，以“相似情况”(in like circumstances)取而代之，并将合法公共福利目标纳入考量范围。

（一）GATS 下“相同服务”和“相同服务提供者”的辨别

由于 GATS 文本没有对“相同服务”和“相同服务提供者”进行明确的界定，因此在实践中往往存在较大的争议。WTO 争端解决案件中，专家组有时会对

---

[1] 参见曹建明、贺小勇:《世界贸易组织》(第三版)，法律出版社 2011 年版，第 265 页。

“相同服务”和“相同服务提供者”提供指引,但毕竟不是《WTO协定》规定的有权解释。

1. 对“相同服务”的辨别

GATS并没有对如何判断“相同服务”提供明确的指引。从WTO争端解决实践看,欧共体香蕉案和加拿大汽车案虽对此问题有所涉及,但并未深入。在货物贸易领域,“相同产品”的判断标准适用产品国际关税分类表,即《商品名称及编码协调制度》(Harmonized Commodity Description and Coding System, HCS)。在服务贸易领域,GATT秘书处1991年7月发布了《服务部门分类清单》(Services Sectoral Classification List, W/120)。WTO成员多采用W/120与《联合国临时核心产品分类目录》(United Nations Provisional Central Product Classification, CPC)定义特定服务部门。当两种服务同时对应W/120或CPC时,则可判断属于“相同服务”。然而,问题在于,并不是每个成员都采用W/120和CPC分类。即使是相同部门的服务,也有可能并不是“相同服务”。比如,“医疗和牙医服务”属于“商业服务”部门中的“专业服务”,已经是一个最小的、不能再分的项目,但是内科与外科医疗服务很难说是“相同服务”。[1]

2. 对“相同服务提供者”的辨别

对于如何判断“相同服务提供者”,GATS也未规定明确的标准。在欧共体香蕉案中,关于欧共体的香蕉经营者是否为“相同服务提供者”的问题,专家组认为,根据CPC所规定的批发服务的性质和特点,无论香蕉经营者从事欧共体当地香蕉的批发还是进口香蕉的批发,也无论香蕉经营者从哪里进口香蕉,香蕉经营者作为批发商所提供的服务是相同的。专家组认为:“如果将每一项服务活动加以比较,其区别主要是香蕉的原产地不同,其他方面基本上完全相同。据此,我们认为,就提供香蕉经营服务的实体而言,既然它们所提供的服务是相同服务,各该实体便为相同服务提供者。”[2]由此可见,专家组认为提供相同服务的服务提供者即为相同服务提供者。然而,影响服务提供者是否相同的因素

---

[1] 参见房东:《WTO〈服务贸易总协定〉法律约束力研究》,北京大学出版社2006年版,第120页。

[2] Panel Report, European Communities—Regime for the Importation, Sale and Distribution of Bananas, WT/DS27/R/ECU, 22 May 1997, para. 7.322.

除了是否提供相同类别的服务外，还包括其他许多因素，如相关实体的历史、规模、雇佣人数、人员素质、交易数额、设备、技术力量、业务范围等，而且这些因素往往会影响服务提供者的实际业务能力。

（二）TPP下的“相似情况”基准

TPP第10.3条和第10.4条分别规定了跨境服务贸易的国民待遇和最惠国待遇。第10.3条第1款规定：“各缔约方应给予另一缔约方的服务和服务提供者不低于其在相似情况下给予本国服务和服务提供者的待遇。”第10.4条规定：“各缔约方给予另一缔约方的服务和服务提供者的待遇不得低于其在相似情况下给予其他任何缔约方或非缔约方的服务和服务提供者的待遇。”对于“相似情况”，TPP以脚注形式规定：“为进一步明确，待遇是否符合第10.3条（国际待遇）或第10.4条（最惠国待遇）规定的‘相似情况’取决于整体情况，包括相关待遇是否基于合法公共福利目标对服务或服务提供者进行区分。”

与GATS相比，TPP将非歧视待遇的基准由“相同服务”和“相同服务提供者”修改为“相似情况”，没有“相同服务”和“相同服务提供者”的概念，并删除了GATS中“在优惠上不会形成不利的竞争条件”的表述。TPP改变了GATS对作为“优惠”措施比较基准的“相同服务”“相同服务提供者”以及“竞争条件”的规定，强调在“相似情况”下给予本国或第三国服务和服务提供者的待遇。这表明，符合合法公共福利目标的监管措施会越来越成为区别不同服务提供者的重要依据。换言之，尽管服务贸易提供者提供的服务是相同的，但是由于各国监管环境不同，允许基于合法目标对提供相同服务贸易的提供者给予不同待遇。

美国与欧盟关于美国基础电信市场准入的争议反映了如何判断“相同服务提供者”这一问题的复杂性。1997年《全球基础电信协定》达成以后，美国联邦信息委员会（Federal Communications Commission，FCC）颁布了《外国电信准入规定》（Foreign Participation Order），该规定主要体现了美国在基础电信领域的承诺。一方面，该规定允许WTO成员的电信企业进入美国市场。另一方面，FCC保留限制某些可能在竞争方面对公共利益产生负面影响的外国电信企业的市场准入权利。[1] 欧盟认为，美国基于外国电信企业在国际市场上的市场地位而限制其进入的做法不符合 GATS 关于最惠国待遇的规定，因为占支配地位的外国电信企业与不占支配地位的其他外国电信企业是“相同服务提供者”。[2] FCC 则认为，美国的基础电信市场准入标准没有违反 GATS 的最惠国待遇规则，因为市场准入禁止不是基于服务提供者的国籍，而是基于服务提供者的市场地位，而这种市场地位会对美国市场竞争产生不利影响，且这种风险是美国反竞争法所不能消除的。[3]

在阿根廷金融服务案中，争议双方就服务提供者母国监管框架（regulatory framework）的不同是否构成“相同服务”或“相同服务提供者”的判断因素产生了分歧。巴拿马认为，阿根廷的差别待遇是基于“唯一的原产地”因素，而根据中美出版物案专家组的观点，“当原产地是唯一的判断因素时，服务提供者即为相同的”。[4] 同时，监管环境的不同仅仅是外部考量的因素，不应用于对相同性的分析。[5] 此外，巴拿马认为，监管环境的不同会影响服务提供者的市场营销方式，从而影响竞争环境。[6] 因此，服务提供者母国监管框架构成“相同服务”或“相同服务提供者”的判断因素。

三、当地存在要求的例外

与 GATS 相比，TPP 跨境服务贸易规则的一大不同在于新增当地存在（local presence）要求的例外。GATS 中并无当地存在要求，仅就“商业存在”进行了概念性的规定。TPP 第 10.6 条规定：“任何缔约方不得要求另一缔约方的服务提供者在其领土内设立或维持办事处或任何形式的企业或成为居民，作为跨境提供服务的条件。”

---

〔1〕 See Report and Order on Reconsideration in the Matter of Rules and Policies on Foreign Participation in the U. S. Telecommunications Market，FCC 97-398，1997，p. 23.

〔2〕 Ibid.，p. 7.

〔3〕 Ibid.，p. 13.

〔4〕 See Panel Report，Argentina—Measures Relating to Trade in Goods and Services，WT/DS453/R，30 Sep. 2015，para. 7. 118.

〔5〕 Ibid.，para. 7. 121.

〔6〕 Ibid.，para. 7. 136.

当地存在要求是跨境服务贸易领域仅次于国民待遇例外而存在的不符措施，最早出现于NAFTA第1205条，即东道国不得要求另一方的服务提供者在其领土内设立或维持办事处或任何形式的企业或成为居民，作为跨境提供服务的条件。但是，NAFTA第1206条允许各成员提前将不符合当地存在要求的措施列出。此后，NAFTA类型的服务贸易协定都将当地存在作为不符措施之一。在《美韩自由贸易协定》附件Ⅰ中，韩国所列的不符措施共包含40个服务贸易行业，其中有31个涉及当地存在要求。当地存在的限制措施越多，说明东道国政府对跨境服务贸易提供者的直接限制措施越多。这是因为当地存在与东道国的属地管辖权相联系，东道国的国内限制规范可直接适用于跨境服务贸易提供者。国际上的负面清单往往将当地存在要求作为跨境服务贸易领域的不符措施之一，而商业存在要求则是服务贸易的提供方式之一。国际法上并没有专门对当地存在与商业存在进行区分。从NAFTA、TPP和《美韩自由贸易协定》等对"当地存在"的定义看，一般仅要求跨境服务贸易提供者在东道国设立办事处、任何形式的企业或成为居民，并没有对企业或办事处的具体形式、业务范围和资本要求等作出明确的规定。例如，在《美韩自由贸易协定》附件Ⅰ中，韩国所列的不符措施规定，"提供国际快递服务必须在韩国设立办事处"，"只有依据韩国法律成立的法人才能在韩国提供安全服务"。[1] 在TPP附件Ⅰ中，新加坡所列的不符措施主张，"仅允许拥有当地存在的服务提供者在新加坡设立职业介绍所和安置外国劳工"[2]。对办事处、企业的具体形式、业务范围以及股比要求的规定则被视为商业存在要求，被纳入投资领域的负面清单。例如，在TPP附件Ⅰ中，加拿大所列的不符措施规定："加拿大航空，非居民持有的有投票权的股份合计不得超过25%；Nordion国际有限公司，非居民持有的有投票权的股份合计不得超过25%；Theratronics国际有限公司，非居民持有的有投票权的股份合计不得超过49%。其中，非居民包括不是加拿大公民和常驻居民的自然人，在加拿大境外以并购、新设或其他形式组建的公司等。"[3]

当地存在例外规则的纳入对于促进跨境服务贸易自由化具有积极作用，同

---

〔1〕 参见《美韩自由贸易协定》附件Ⅰ。

〔2〕 参见TPP附件Ⅰ之《新加坡不符措施列表》。

〔3〕 参见TPP附件Ⅰ之《加拿大不符措施列表》。

时也给监管和消费者保护带来了困难。在监管方面,由于服务提供者在东道国并没有“物理存在”,很难被纳入监管机构的控制范围内,这就意味着部分东道国的监管机构需要依赖服务提供者母国进行监管。虽然此种依赖程度可能因政策制定者和监管机构处理跨境业务方式的不同而有所不同,但是与服务提供者通过商业存在的形式推动相关业务相比,其依赖程度更高。在消费者保护方面,一是如何保护消费者,使其免受跨境服务提供者不公平、不正当的欺诈行为以及违反合同法行为的侵害;二是涉及为因跨境服务提供者的失败或不当行为而遭受损失的消费者和投资者提供经济补偿的安排。这些问题都需要国际法予以协调和解决。

四、新增跨境数据流动与互联网使用规则

跨境服务贸易的服务提供者与消费者通常处于不同的国家,跨境服务得以迅速发展离不开技术应用的三个基本规则:跨境数据流动规则、接入和使用互联网规则、合理的互联网管理规则。在GATS时期,由于技术水平的限制,各国并没有关注数据及互联网领域的规则。虽然TPP“跨境服务贸易”章未直接规定这方面的规则,但是根据“电子商务”章第14.1条和第14.2条的规定,该章的相关规定同样适用于跨境服务贸易。因此,相对于GATS,TPP新增跨境数据流动与互联网使用规则。

(一)跨境数据流动规则

近年来,对于数据本地化的讨论日渐增多。鉴于数据跨境自由流动会削弱经济规制效果,各国大多采用数据本地化措施,以确保本国法律的施行。[1] 美国出于贸易利益的驱动,主张跨境数据的自由流动,认为国际贸易规则应当确保企业不在其所服务的任何辖区内建立或租用特有的资本密集型数字基础设施,并且各国应当以最小的贸易限制措施实现合法公共政策目标。[2] 该理念

〔1〕 参见彭岳:《数据本地化措施的贸易规制问题研究》,载《环球法律评论》2018年第2期。

〔2〕 See Joint Statement on Electronic Commerce Initiative, Communication from the United States, INF/ECOM/5, 25 Mar. 2019.

充分体现在TPP中。例如,TPP第14.11条第2款规定:“当通过电子方式跨境传输信息是为涵盖的人执行其业务时,缔约方应允许此跨境传输,包括个人信息。”其中,“涵盖的人”包括跨境服务贸易提供者。这一规定为缔约方跨境服务提供者进行业务活动时跨境传输数据提供了保障。同时,该条款具有较广泛的适用领域,即通过互联网传输的社交网站上的个人信息、电子邮件服务等,只要数据流与任何数字服务提供者之间存在一定的因果关系,就受到该条款的规制。实践中,在传输数据和涵盖的服务之间建立因果关系支出昂贵且不可行,因而有必要将TPP第14.11条第2款下的“信息”与流经互联网的“一般数据信息”区分开。

但是,TPP对数据的跨境自由流动也设置了例外规定。TPP第14.11条第3款规定:“本条不得阻止缔约方为实现合法公共政策目标而采取或维持与第2款不符的措施,条件是该措施:(a)不得以构成任意或不合理歧视的方式适用,或对贸易构成变相限制;及(b)不对信息传输施加超出实现目标所需要的限制。”第14.13条第3款就“计算设施的位置”作了相同的规定。根据这两个例外规定,缔约方可以“采取或维持”与第14.11条第2款和第14.13条第2款不一致的措施,以实现“合法公共政策目标”,前提是这种措施不得以构成任意或不合理歧视或变相限制贸易的手段进行,且不对信息传输和计算设施的使用或位置施加任何限制。该措施包括现存的措施和未来的措施。不同于GATS项下的一般例外规定,TPP第14.11条第3款和第14.13条第3款并没有对“合法公共政策目标”进行定义。这或许是各国出于维护其监管自主权的需要,以便在快速发展的互联网经济中适时采取必要的措施维护消费者的利益。[1]

(二)接入和使用互联网规则

如果说跨境数据流动是连接跨境服务贸易提供者与消费者之间的桥梁,那么使电子商务接入和使用互联网是跨境服务贸易得以进行的动力。互联网上的信息种类繁多,主权国家出于对国内数字产业或者信息安全的保护,通常可

---

〔1〕 See Neha Mishra, The Role of the Trans-Pacific Partnership Agreement in the Internet Ecosystem: Uneasy Liaison or Synergistic Alliance?, *Journal of International Economic Law*, Vol. 20, No. 1, 2017, pp. 31-38.

能限制本国居民使用外国网站资源或者数字服务,规制电子商务的发展。根据TPP第14.10条的规定,缔约方境内的消费者:(1)在遵守合理网络管理的前提下,选择接入和使用在互联网上可获取的服务和应用;(2)在设备不损害网络的前提下,将终端用户设备接入互联网;(3)获得互联网接入服务提供方网络管理行为的信息。开放互联网一方面旨在让消费者拥有自主选择互联网并从中获取利益的权利,以及提高消费者的信息获取能力;另一方面也是为了消除电子商务壁垒。

(三)合理的互联网管理规则

合理的互联网管理规则是跨境服务贸易得以顺利进行的保证,它不仅包括对互联网本身的安全维护,也包括对互联网消费者的保护。

第一,对互联网本身的安全维护。根据TPP第14.16条的规定,缔约方之间应加强网络安全事项方面的合作,以识别和减少影响缔约方电子网络的恶意侵入或恶意代码传播。

第二,对互联网消费者的保护。这涉及线上消费者保护和个人信息保护。TPP第14.7条是对线上消费者保护的规定,要求缔约方认识到采取和维持透明和有效措施对于保护消费者在电子交易中免受诈骗和商业欺诈行为侵害的重要性。但是,该条并没有作出具体的权利义务规定,仅仅是对线上消费者保护的宣誓性规定,有待各缔约方的实际执行。对于个人信息保护,TPP第14.8条第1款规定:“各缔约方认识到保护电子商务用户个人信息的经济和社会效益,及其对增强消费者对电子商务的信心所发挥的作用。”第3、4款进一步作了更为细致的规定:一方面,每一缔约方应在非歧视的基础之上保护电子商务用户的个人信息免受其管辖范围内违规行为的侵害;另一方面,每一缔约方应及时公布其对电子商务用户提供个人信息保护的相关信息,包括个人可以寻求的救济措施以及企业应当符合的所有法律要求。美国虽极力倡导个人数据的自由流动,但也积极推动建立统一的个人数据保护机制,加强个人数据流动的执法合作,如积极推动APEC制定的《跨境隐私规则》(Cross-Border Privacy Rules)在亚太地区的普及,并谋求与欧盟《约束性企业规则》(Binding Corporate Rules)的互认与对接。此外,鉴于个人信息保护至关重要,TPP要求各缔约方鼓励建立法律保护机制，以增强不同体制之间的兼容性。

五、增加专业服务规则

鉴于GATS的签订时间较早，当时的服务贸易尚不如现在这么开放，经济全球化的广度与深度也远不如今日，加上国际航空业和互联网相对落后，GATS项下关于资格互认的水平和开放程度都较低，无法完全满足日益增长的服务贸易开放的需求。相较于GATS，TPP对专业服务规则的重构表现为：

第一，资格互认方面的便利化和范围的扩大。TPP吸收了近些年来多边贸易协定中的成果，鼓励缔约方相关机构就专业服务业之发照、注册、相互承认等制定相关程序，积极对话，以便利专业人士跨国提供专业服务；突显法律服务业、工程服务业、建筑服务业的重要性，鼓励放宽对跨国法律业务之外国律师的执业管制，采认APEC亚太工程师和建筑师机制。

第二，部分专业服务更加便利化。如前所述，TPP在部分专业服务方面作出了比GATS更加开放的规定。此处以法律服务业为例。由TPP附件10-A“专业服务”第10条关于法律服务的规定可知，TPP在专业资格互认方面的规定远比GATS详细，其便利化的举措也更多，充分说明TPP是一个具有较高水平的服务贸易协定。

第三，对专业型人才的居留要求放宽。GATS对于专业服务的相关限制主要集中在各缔约方的服务贸易具体承诺减让表中，而该等减让通常并不那么高效。以中国就法律服务作出的具体减让承诺为例，中国要求外国律师事务所代表在华居留时间每年不得少于6个月，无疑对外国律师提出了较高的最低居留时间要求。TPP尝试用其他举措来替代对外国律师的最低居留时间要求，如要求外国律师向客户披露其外国律师身份，维持专业人员赔偿保险或向客户披露其不拥有该保险，[1]以期降低外国律师在提供专业服务时的居留门槛和限制，促进专业服务的跨境提供。

第四，增加专业服务工作组以提供便利。GATS项下的相关工作机构包括服务贸易理事会、国内法规工作小组、服务贸易规则工作小组、特定承诺委员

〔1〕 参见TPP附件10-A“专业服务”第10条。

会、金融服务贸易委员会、服务贸易理事会特别会议等。虽然存在如此多的工作机构,但是这些工作机构的主要管理目标并非专业服务事项。即便是涉及服务贸易具体承诺减让表修改的特定承诺委员会,召开会议的频率、对于特定专业服务的讨论深度等也略显不足。与之相比,TPP建立了“专业服务工作组”(Professional Services Working Group),为各方就与承认专业资质、许可或注册有关的问题开展对话,考虑基于外国专业服务提供者在其母国获得的许可或得到承认的专业机构会员身份,按步骤实施临时或针对具体项目的许可或注册等事项提供便利。[1] 具体的便利措施包括提供联络点、为召开会议提供便利以及提供缔约方领土内监管专业服务的有关信息。[2] 此外,对于工作组召开会议的频率,TPP附件10-A第13条规定,工作组应每年(或根据缔约方约定的时间)召开会议。每次开会虽说不需要所有缔约方参加,但应至少有两个缔约方参加。也就是说,工作组至少每年召开一次会议,各缔约方可以派遣代表参与其中,就承认专业资质、许可或注册等相关事项的进展和提议展开交流与沟通。

六、增加快递服务贸易规则

全球化使快递业的发展已不局限于一国范围之内,国际快递服务已经逐渐成为世界各国在经济建设中普遍关注的问题之一。GATS并没有设置相关的快递服务贸易规则。TPP虽没有针对快递服务专门设置规则,但在第五章“海关管理和贸易便利化”第5.7条“快运货物”、第十章“跨境服务贸易”之附件10-B“快递服务”中皆有这种类型的服务贸易规则。GATS对此虽没有相关的附件规范,但这种类型的服务贸易必须遵守GATS正文中一般性条款的规定,包括服务贸易的定义、最惠国待遇、市场准入、国民待遇、透明度和国内法规等内容。显而易见,在GATS的基础上,TPP除了要求快递服务贸易遵守一般性规则外,还要求缔约方遵守相应的具体规则。总体来说,TPP以负面清单的形式列举各国在服务贸易上的具体承诺,在快递服务上禁止邮政垄断、交叉补贴,

[1] 参见TPP附件10-A“专业服务”第11条。

[2] 参见TPP附件10-A“专业服务”第12条。

要求对快递服务进行独立和公正的管制，并且要维持作出承诺时的市场开放度。[1]

具体而言，TPP第5.7条规定，每一缔约方应在保持适当海关监管和选择的同时为快递货物采用或维持快速的海关程序。这些程序应该具有以下特征：

(1) 提供放行快递货物所需的信息，以便在货物到达之前提交和处理。

(2) 允许一次性提交有关快运货物的所有资料，如货单；在可能的情况下，可通过电子方式提交。

(3) 在可能的情况下，规定在放行特定货物时提交最少量单证。

(4) 在正常情况下，只要货物已经到达，规定在提交必要的海关单证后6小时内放行。

(5) 适用于任何重量或价值的货物，同时缔约方可能要求以正式的入境程序作为放行条件，包括根据货物的重量或价值进行报关，提供证明文件和缴纳关税。

(6) 在正常情况下，对价值低于或等于缔约方法律规定的固定数额的快递不征收关税。每一位缔约方应定期审查和考虑相关的因素，如通货膨胀率、贸易便利化效果、对风险管理的影响、与所征税款相比较的征税的行政成本、跨境贸易交易成本、对中小企业的影响或者其他与海关责任相关的因素。

如果一缔约方不提供上述待遇，则该缔约方应该为快递服务提供一个单独和快速的海关程序。[2]

TPP第十章"跨境服务贸易"之附件10-B"快递服务"第1条界定了"快递服务"的含义及范围，即"对文件、印刷件、包裹、货物或其他物品在快递基础上的收集、运输和交付，同时在服务提供的整个过程中对此类货物进行跟踪与保持控制。快递服务不包括航空运输服务、行使政府职权时提供的服务或海上运输服务"。此外，该附件还界定了"邮政垄断"的含义，[3]要求维持邮政垄断的缔约方基于客观标准界定垄断的范围，包括数量标准如价格、重量最低限额。[4]

---

[1] See Ian F. Fergusson, *et al.*, The Trans-Pacific Partnership (TPP): In Brief, https://digitalcommons.ilr.cornell.edu/key_workplace/1477, visited on Apr. 27th, 2019.

[2] 参见TPP第5.7条第2款。

[3] 参见TPP附件10-B"快递服务"第2条。

[4] 参见TPP附件10-B"快递服务"第3条。

TPP对邮政垄断的规定与GATS第8条关于垄断和专营服务提供者不得滥用垄断地位以及必须遵守最惠国待遇义务的规定是一致的。

TPP附件10-B规定了各缔约方的市场开放义务和非歧视性义务,要求各缔约方保证快递服务的市场开放度。如一缔约方认为另一缔约方没有维持相应的市场开放度,则可要求进行协商。在被询问后,另一缔约方应该积极回应,提供充分的协商机会,并在可能的范围内提供足够的信息,回应有关市场开放度及相关事项的质询。[1] 非歧视性义务体现为:一方面,一缔约方不能要求另一缔约方的快递服务提供者以提供基本的全球邮政服务作为授权或者获得执照的条件,也不能因为专门资助其他快递服务提供者而向其收取费用。但是,不排除各缔约方在客观合理的标准上向快递服务提供者收取非歧视性费用,也不排除各缔约方对其境内具有邮政垄断地位的快递服务提供者收取费用。[2] 另一方面,各缔约方应该确保负责监管快递服务的机构不对任何快递服务提供者负责,并确保该机构对其境内所有快递服务提供者采取的决定和程序是公正的、非歧视的和透明的。[3]

随着服务贸易在国际社会的发展,快递服务发挥着越来越关键的作用,GATS仅有一般性条款规定显然已经无法适应这一发展趋势。上述TPP关于快递服务贸易的具体规则,无论是要求各缔约方在海关程序方面使快递服务更加便捷化,还是对邮政垄断的规定,以及要求各缔约方履行市场开放义务、非歧视性义务等规定,都反映了TPP致力于促进快递服务贸易的便利化与自由化的努力。

第三节 细化相关服务贸易规则

一、细化最惠国待遇原则

最惠国待遇萌芽于11世纪,是作为市场竞争"机会均等"的一种权利形式

---

[1] 参见TPP附件10-B"快递服务"第4条。
[2] 参见TPP附件10-B"快递服务"第7条。
[3] 参见TPP附件10-B"快递服务"第8条。

出现的。[1] 18—19世纪,各国友好通商航海条约通常包括有条件或无条件的最惠国待遇条款。最惠国待遇往往是双边协定中的一项规定,要求一方保证给予任何其他国家的贸易优惠必须给予对方。当下,各国签署的国际经贸条约中均包含最惠国待遇条款。

TPP"跨境服务贸易"章中涉及最惠国待遇的条款共3条,分别为第10.4条"最惠国待遇"、第10.7条"不符措施"和第10.9条"承认"。其中,第10.4条是有关最惠国待遇的基本规定,即"各缔约方给予另一缔约方的服务和服务提供者的待遇不得低于其在相似情况下给予其他任何缔约方或非缔约方的服务和服务提供者的待遇"。第10.7条是有关最惠国待遇的例外规定,即不适用最惠国待遇的内容。第10.9条是关于最惠国待遇在承认方面的豁免问题。由此可见,TPP关于跨境服务贸易的最惠国待遇条款有以下特点:(1) 该条款仅适用于缔约方之间,非缔约方不享有该条款下的优惠措施,避免了"搭便车"的行为。(2) 该条款属于普遍义务,即最惠国待遇原则适用于跨境服务贸易的各个部门,不论缔约方是否开放这些部门,在采取有关管理措施时都必须遵守最惠国待遇原则。(3) 允许最惠国待遇有例外规定,尤其是在"承认"领域,给予缔约方较大的自主权。

相较于GATS,TPP在跨境服务贸易的最惠国待遇条款上的重构主要表现为:

第一,对公共福利的重视。与国民待遇条款相一致,TPP对最惠国待遇条款也规定了"相似情况"的条件,即在判断是否给予最惠国待遇时,应当考虑是否基于合法公共福利目标。GATS则规定"应立即和无条件"地给予其他成员最惠国待遇。

第二,例外与豁免条款不同。TPP跨境服务贸易的最惠国待遇条款虽然也适用于不符措施的例外,但是与GATS项下的例外与豁免条款不同。GATS项下的例外有两种情况:一是边境服务贸易,限于当地生产和消费的服务贸易;二是经济一体化成员相互提供的优惠。豁免是成员根据相关附件规定的条件作

---

[1] 参见赵维田:《世贸组织(WTO)的法律制度》,吉林人民出版社2000年版,第52页。

出的选择，这种豁免不得超过10年。此外，TPP将"承认在另一缔约方领土内或非缔约方领土内获得的教育或经历、满足的要求或授予的许可或证明"作为最惠国待遇的例外。例如，在TPP附件Ⅰ中，澳大利亚就专业服务最惠国待遇作出例外规定："在澳大利亚从事移民代理的必须是澳大利亚公民或是永久居民，或是拥有特类签证的新西兰公民。"

二、改变国民待遇原则的承诺方式

国民待遇原则是一项传统的自由贸易原则，最早来源于希伯来人的法律。[1] 11世纪后，意大利各城邦之间开始签订有关国民待遇的协议。[2] TPP第10.3条规定了跨境服务贸易中的国民待遇原则，该条第1款是关于国民待遇含义的总体性规定："各缔约方应给予另一缔约方的服务和服务提供者不低于其在相似情况下给予本国服务和服务提供者的待遇。"第2款具体规定："为进一步明确，缔约方根据第1款所给予的待遇，就地区政府而言，该待遇不得低于该地区政府在相似情况下对其作为一部分的缔约方的服务提供者给予的最优惠待遇。"相较于GATS，除上文提及的"相似情况"基准的改变外，TPP还涉及承诺形式的改变，即由承诺性的国民待遇变为普遍性的国民待遇。

GATS的规定是发达国家与发展中国家有关国民待遇适用范围及其标准的意见之调和与折中，将国民待遇规定为一项具体承诺义务，即允许各成员在谈判的基础上确定其承担国民待遇义务的程度和条件。[3] 换言之，成员只需遵守其在谈判中同意的条件和限制即可，是相对宽松的国民待遇义务。TPP则一改GATS项下相对宽松的国民待遇义务，采用普遍性的国民待遇义务，要求缔约方在缔结TPP之时就承担国民待遇义务。除相关缔约方在TPP附件Ⅰ和

---

〔1〕 See William Smith Culbertson, *International Economic Policies: A Survey of the Economics of Diplomacy*, D. Appleton & Co., 1925, p. 24.

〔2〕 See Michael M. Hart, The Mercantilist's Lament: National Treatment and Modern Trade Negotiations, *Journal of World Trade Law*, Vol. 21, No. 6, 1987, p. 328.

〔3〕 参见曹建明、贺小勇：《世界贸易组织》(第三版)，法律出版社2011年版，第260页。

附件Ⅱ不符措施清单中已列明的之外，任一缔约方给予其他缔约方的服务和服务提供者的待遇不得低于其在相似情况下给予本国服务和服务提供者的待遇。这实质上扩大了国民待遇义务的适用范围，要求缔约方在更大的范围内承担国民待遇义务。

三、完善航空运输服务规则

根据《联合国临时核心产品分类目录》(CPC)的规定，运输服务包括陆地运输、水路运输、空运、交通运输辅助业、邮政通信以及其他以酬金或契约为基础的运输设备修理服务。TPP和GATS都对航空运输服务作出了相应的规定，我们在这里特针对航空运输服务规则进行比较分析。

TPP并没有将航空运输服务贸易作为一个专门的章节，而是将其规定在第十章“跨境服务贸易”中。在GATS中，除了一般性条款外，对于航空运输服务贸易还有一个《关于空运服务的附件》。对比TPP的缔约方和WTO成员，可以得出TPP的缔约方同时也是WTO成员的结论，而GATS实际上是《WTO协定》的附件1B，因此TPP的缔约方也已同时接受了GATS。GATS第5条第1款规定，“本协定不得阻止任何成员参加或达成在参加方之间实现服务贸易自由化的协定”，只要这种协定满足相应的条件。TPP第1.2条指出，缔约方有意使本协定与包括《WTO协定》在内的所有缔约方均为缔约方的现行国际协定并存，并确认相互间的现行权利和义务。由此可知，TPP缔约方是在GTAS的基础上制定规则的。TPP与GATS关于航空运输服务贸易规则的规定之区别如下：

第一，TPP采用“否定例外”的形式，将航空运输服务贸易这一类型限定为明示列举的例外情形，在GATS《关于空运服务的附件》的基础上扩展了航空运输服务贸易的适用范围，将之前规定的三种航空运输服务贸易即航空器停运期间的修理和保养服务(不包括日常保养)、空运服务的销售和营销、计算机订座系统服务，扩展为六种(新增专业航空服务、机场运营服务和地面服务)。[1] 这

[1] 参见TPP第10.2条第5款。

一适用范围与目前国际上的两个区域自由贸易协定或其谈判(TTIP[1]、CETA[2])就航空运输服务贸易规则规定的航空运输服务贸易类型大体一致,说明 TPP 这一扩展适应了国际航空业发展的新趋势。

第二,TPP 在 GATS 的基础上完善了相关术语,用"国内和国际航空运输服务"取代了 GATS《关于空运服务的附件》中规定的"业务权"。同时,TPP 将 GATS 规定适用最惠国待遇和国民待遇的"同类服务和服务提供者"改为"相似情况"。对 TPP 的这一改动,有学者认为"这是 TPP 各缔约方结合实践的务实选择,最大程度上避免各成员方就差别待遇相互扯皮"[3]。我们也持相同观点。各国关于航空运输服务贸易的法律和规则各不相同,不大可能出现航空运输服务内容完全一致的情况,因此降低各国给予最惠国待遇和国民待遇的标准,有利于实现各国在航空运输服务贸易规则领域给予航空运输服务贸易提供者以平等待遇,从而更加有利于实现航空运输服务贸易自由化。

第三,相较于 GATS《关于空运服务的附件》,TPP 关于航空运输服务贸易规则的具体文本结构变化较大,具体体现在以下两个方面:其一,TPP 采用主体文本的形式作出规定,在正文第十章"跨境服务贸易"中规定适用于航空运输服务贸易的一般性规则(第一章"初始条款和一般定义"第 1.2 条"与其他协定的关系",第二十九章"例外和总则",第十章"跨境服务贸易"第 10.3 条"国民待遇"、第 10.4 条"最惠国待遇"、第 10.5 条"市场准入"、第 10.6 条"当地存在"、第 10.11 条"透明度"和第 10.12 条"支付与转移")以及单独适用于航空运输服务贸易的专门性规则(第十章"跨境服务贸易"第 10.2 条"范围"第 5—8 款、第10.13 条"其他事项"和第 10.1 条"定义"中关于航空运输专业服务术语的定义);而 GATS 采用的是主体文本加附件的形式,规定航空运输服务贸易规则。其二,相较于 GATS 采用正面清单的承诺模式,TPP 改为

---

〔1〕 参见 TTIP 中欧盟有关运输服务的文本提案,http://trade.ec.europa.eu/doclib/docs/2016/march/tradoc_154376.pdf,2019 年 2 月 26 日访问。

〔2〕 参见《综合性经济贸易协定》(Comprehensive Economic and Trade Agreement,CETA)第 9.1 条。CETA 是加拿大与欧盟于 2017 年签订的自由贸易协定。

〔3〕 高乐鑫:《自由化视阈下 TPP 航空服务贸易规则冷思考》,载《国际商务研究》2018 年第 4 期。

采用负面清单的承诺模式，并且在附件Ⅰ和附件Ⅱ中列明各缔约方保留的权利与措施。

有学者认为，TPP明确排斥国内与国际航空运输服务以及各缔约方在附件Ⅰ和附件Ⅱ中高度保留限制措施的做法，使得TPP在航空运输服务贸易规则上具有非自由化的特质。[1] 但是，我们认为，这是各缔约方利益权衡的结果，TPP对航空运输服务贸易类型范围的扩展、对相关术语的进一步明确以及采用负面清单模式都使得航空运输服务贸易规则向自由化迈了一大步。

四、促进跨境服务贸易便利化

2017年，WTO的《贸易便利化协定》正式生效，标志着货物贸易领域便利化程度的进一步提升。但是，在服务贸易领域，服务贸易便利化近些年鲜被提及。GATS第6条是有关国内规制的要求，其根本目的在于保证有关资格要求和程序、技术标准和许可要求的各项措施不致构成不必要的服务贸易壁垒，以维持跨境服务贸易的顺利进行。[2] 但是，随着数字服务贸易的普及，影响跨境服务贸易便利化推进的更多是基础设施、连接点、电子化交易、支付体系、知识产权以及数据流动障碍等。为此，TPP就通过电子方式进行的贸易措施提出了第14.5条"国内电子交易框架"、第14.6条"电子认证和电子签名"、第14.9条"无纸贸易"和第14.12条"互联网互通费用分摊"四个方面的跨境服务贸易便利化措施，要求缔约方承认电子签名的有效性、采取合理的电子认证方式以及呼吁缔约方管理机构采用无纸化操作等，以提高跨境电子交易的效率。相较于GATS，TPP极大地提升了服务贸易的便利化程度。TPP与GATS下跨境服务规则的区别如表3-1所示。

---

〔1〕 高乐鑫：《自由化视阈下TPP航空服务贸易规则冷思考》，载《国际商务研究》2018年第4期。

〔2〕 参见曾炜：《GATS第6条中的正当程序与良好管制探析》，载《海峡法学》2010年第1期。

表 3-1 TPP 与 GATS 下跨境服务贸易规则的区别

	TPP	GATS	注
定义和范围	1. 跨境服务贸易是指通过跨境提供、境外消费和自然人流动三种模式提供的服务。 2. 适用于缔约方采取或维持的、影响另一缔约方服务提供者的跨境服务贸易措施。该类措施包括下列事项：(1) 服务的生产、分销、营销、销售或交付；(2) 服务的购买、使用和支付；(3) 与服务的提供相关的分销、运输或电信网络和服务的接入和使用；(4) 另一缔约方服务提供者在一缔约方领土内的存在；(5) 作为提供服务的条件，提供保函或其他方式的财务担保。	1. 服务贸易是指通过跨境提供、境外消费、商业存在和自然人流动四种模式提供的服务。 2. 适用于影响服务贸易的措施包括：(1) 服务的购买、使用和支付；(2) 与服务提供有关的、各成员要求向公众普遍提供的服务的获得和使用；(3) 一成员的服务提供者通过在任何其他成员领土内的商业存在提供服务。	1. TPP 下的跨境服务贸易的范围排除了商业存在模式。 2. TPP 明确及扩大了影响跨境服务贸易的措施。
国民待遇	1. 各缔约方给予另一缔约方的服务和服务提供者的待遇不得低于其在相似情况下给予本国服务和服务提供者的待遇。 2. 为进一步明确，缔约方根据第 10.3 条第 1 款提供的待遇，对于缔约方地区政府而言，指不得低于在相似情况下该地区政府给予其所属缔约方的服务提供者的最优惠待遇。	1. 对于列入减让表的部门，在遵守其中所列的任何条件和资格的前提下，每一成员在影响服务提供的所有措施方面给予任何其他成员的服务和服务提供者的待遇，不得低于其给予本国同类服务和服务提供者的待遇。[1] 2. 一成员可通过对任何其他成员的服务或服务提供者给予其本国同类服务或服务提供者的待遇形式上相同或不同的待遇，满足第 17 条第 1 款的要求。 3. 如形式上相同或不同的待遇改变竞争条件，与任何其他成员的同类服务或服务提供者相比，有利于该成员的服务或服务提供者，则此类待遇应被视为较为不利的待遇。	1. CPTPP 改变了 GATS 下关于国民待遇的承诺性义务，作为一般性的义务。 2. CPTPP 改变了国民待遇的判断标准，即在“相似情况”下进行判断，并且考虑公共福利目标。

〔1〕 根据本条承担的具体承诺不得解释为要求任何成员对由于有关服务或服务提供者的外国特性而产生的任何固有的竞争劣势作出补偿。

（续表）

	TPP	GATS	注
最惠国待遇	各缔约方给予另一缔约方的服务和服务提供者的待遇不得低于其在相似情况下给予其他任何缔约方或非缔约方的服务和服务提供者的待遇。	1. 关于本协定涵盖的任何措施，每一成员对于任何其他成员的服务和服务提供者，应立即和无条件地给予不低于其给予任何其他国家同类服务和服务提供者的待遇。 2. 一成员可维持与第2条第1款不一致的措施，只要该措施已被列入《关于第2条豁免的附件》，并符合该附件中的条件。 3. 本协定的规定不得被解释为阻止任何成员对相邻国家授予或给予优惠，以便利仅限于毗连边境地区的当地生产和消费的服务的交换。	1. CPTPP改变了最惠国待遇的判断标准，即在“相似情况”下进行判断，并且考虑公共福利目标。 2. CPTPP没有给予成员方豁免的权利。
市场准入	任何缔约方不得在其一地区或在其全部领土内采取或维持如下措施：以数量配额、垄断、排他性服务提供者或经济需求测试要求的形式，限制服务提供者的数量；限制交易或资产的总价值；限制运营总量、自然人总数等。	除去对商业存在模式的限制，其他同CPTPP的规定。	采用的限制措施相同。
当地存在	任何缔约方不得要求另一缔约方的服务提供者在其领土内设立或维持企业办事处或任何形式的企业或成为居民，作为跨境提供服务的条件。	无。	CPTPP的新内容。
不符措施	列出了不符合国民待遇、最惠国待遇、市场准入和当地存在要求的措施。	无。	CPTPP采用负面清单模式，改变了GATS的模式。

（续表）

	TPP	GATS	注
国内规制	1. 每一缔约方应保证所有影响服务贸易的普遍适用的措施以合理、客观和公正的方式实施。 2. 缔约方有权引入新的管制措施。 3. 考虑相关国际组织的国际标准。 4. 授权应当符合程序性的规定。 5. 费用合理、透明。 6. 考试要求合理。 7. 存在评估另一缔约方专业人员能力的国内程序。	1. 在已作出具体承诺的部门中，每一成员应保证所有影响服务贸易的普遍适用的措施以合理、客观和公正的方式实施。 2. 行政决定救济程序要求。 3. 授权符合程序性的规定。 4. 过渡期内考虑相关国际组织的国际标准。 5. 存在评估另一缔约方专业人员能力的国内程序。	1. CPTPP没有要求成员维持或设立司法、仲裁或行政庭程序，对影响服务贸易的行政决定进行审查。 2. CPTPP增加承认缔约方有权引入新的管制措施。 3. CPTPP增加有关考试和费用的规定。
承认	1. 缔约方可以相互或自动承认在对方领土内所获的教育或经历、满足的要求或授予的许可或证明。 2. 不受最惠国待遇的约束。 3. 一缔约方可以为另一缔约方提供足够的机会以加入或证明在其领土内所获的教育或经历、满足的要求或授予的许可或证明。 4. 不得在缔约方之间构成歧视或对服务贸易的变相限制。 5. 促进专业服务贸易的发展。	1. 缔约方可以相互或自动承认在对方国领土内所获的教育或经验、满足的要求或授予的许可或证明。 2. 一缔约方可以为另一缔约方提供足够的机会以加入或证明在其领土内所获的教育或经验、满足的要求或授予的许可或证明。 3. 不得在缔约方之间构成歧视或对服务贸易的变相限制。 4. 制定和采用关于承认的共同国际标准和准则。	1. CPTPP特别规定这不受最惠国待遇的约束。 2. CPTPP要求承认在非歧视的基础上进行。 3. CPTPP重视对专业服务贸易的发展。

（续表）

	TPP	GATS	注
拒绝授予利益	1. 一缔约方可拒绝将第十章的利益给予另一缔约方的服务提供者，如该服务提供者是由非缔约方拥有或控制的企业，且拒绝给予利益的缔约方对非缔约方或该非缔约方的自然人采取或维持禁止与该企业交易的措施，或如给予该企业第十章下的利益，将会违反或规避上述措施。 2. 缔约方可拒绝将第十章的利益给予另一缔约方的服务提供者，如服务提供者是由非缔约方的人或拒绝给予利益缔约方的人拥有或控制的企业，且该人在除拒绝给予利益缔约方以外的任何缔约方领土内均无实质性商业活动。	拒绝给予利益的情况： 1. 对于一项服务的提供，如确定该服务是自或在一非成员或与该拒绝给予利益的成员不适用《WTO协定》的成员领土内提供的。 2. 海运服务。 3. 不适用《WTO协定》的成员的服务提供者。	CPTPP规定得更加详细。
透明度	1. 建立适当的答复机制。 2. 若没有及时公布相关法规，则应以适当的方式告知。 3. 最终法规公布和生效应有合理的时间间隔。	1. 除紧急情况外，迅速公布相关的措施。 2. 向服务贸易理事会通知相关的法律法规等。 3. 对于相关措施或国际协定的具体信息的请求应迅速予以答复。 4. 不要求进行机密信息的披露。	CPTPP没有就机密信息进行规定，而更加强调法规公布与生效的时间间隔。
支付和转移	1. 每一缔约方应允许所有与跨境服务提供相关的转移和支付自由、无延迟地进出其领土。	1. 除在第12条中设想的情况下外，一成员不得对与其具体承诺有关的经常项目交易的国际转移和支付实施限制。	1. CPTPP明确了可以适用的阻止或延迟转移或支付的相关法律。

（续表）

	TPP	GATS	注
	2. 每一缔约方应允许所有与跨境服务提供有关的转移和支付，使用可自由使用的货币，并按照转移时市场上的主要汇率进行。 3. 尽管有第10.12条第1款和第2款的规定，但是一缔约方可以通过公正、非歧视和善意适用下列相关法律，阻止或延迟转移或支付：(1) 破产、无偿债能力或保护债权人权利；(2) 证券、期货、期权或衍生品的发行、买卖或交易；(3) 为协助执法或金融监管机关提供财务报告或账簿转移记录；(4) 刑事犯罪；(5) 保证遵守司法或行政程序中作出的命令或判决。	2. 如发生严重国际收支和对外财政困难或其威胁，一成员可对其已作出具体承诺的服务贸易，包括与此类承诺有关的交易的支付和转移，采取或维持限制。 3. 限制：(1) 不得在各成员之间造成歧视；(2) 应与《国际货币基金组织协定》相一致；(3) 应避免对任何其他成员的商业、经济和财政利益造成不必要的损害；(4) 不得超过处理第12条第1款所指的情况所必需的限度；(5) 应是暂时的，并应随第12条第1款列明情况的改善而逐步取消。 4. 应与国际收支限制委员会进行磋商。	2. CPTPP没有要求与国际组织进行磋商。
发展中国家的更多参与	无。	考虑发展中国家的经济状况。	
经济一体化	无。	允许成员参加或达成在协定参加方之间实现服务贸易自由化的协定。	
垄断和专营服务提供者	无。	应保证垄断服务提供者在成员承诺的范围内行事。	
商业惯例	无。	取消会抑制服务贸易竞争的商业惯例。	
紧急保障措施	无。	待谈判。	
政府采购	不适用。	待谈判。	

（续表）

	TPP	GATS	注
例外条款	无。	一般例外和安全例外。	
补贴	不适用。	待谈判。	
逐步自由化	无。	包括具体承诺的谈判、具体承诺减让表以及减让表的修改。	
自然人流动	设有“商务人员临时入境”专章。	《关于本协定项下提供服务的自然人流动的附件》： 1. 适用于影响作为一成员服务提供者的自然人的措施，及影响一成员服务提供者雇用的一成员的自然人的措施。 2. 不得适用于影响寻求进入一成员就业市场的自然人的措施，也不得适用于在永久基础上有关公民身份、居住或就业的措施。 3. 不得阻止一成员实施对自然人进入其领土或在其领土内暂时居留进行管理的措施，包括为保护其边境完整和保证自然人有序跨境流动所必需的措施，只要此类措施的实施不致使任何成员根据一具体承诺的条件所获得的利益丧失或减损。	CPTPP作了更为细致的规定。
空运服务	推动促进航空运输服务自由化的合作。	《关于空运服务的附件》： 1. 适用于影响定期或不定期空运服务贸易及附属服务的措施。各方确认在本协定项下承担的任何具体承诺或义务不得减少或影响一成员在《WTO协定》生效之日已生效的双边或多边协定项下的义务。 2. 争端解决程序是其他救济程序用尽后的程序。	CPTPP和GATS的规定都较为宽泛。

（续表）

	TPP	GATS	注
金融服务	设有“金融服务”专章。	包括《关于金融服务的附件》和《关于金融服务的第二附件》两个附件。	CPTPP 作了更为细致的规定。
海运服务	无。	《关于海运服务谈判的附件》。	
电信服务	设有“电信”专章。	包括《关于电信服务的附件》和《关于基础电信谈判的附件》两个附件。	CPTPP 作了更为细致的规定。
专业服务	附件10-A“专业服务”着重规定了“工程和建筑设计服务”“对工程师的临时许可或注册”“法律服务”“专业服务工作组”。	无。	CPTPP 特别强调专业服务贸易的发展，新增相关规定。
快递服务	附件10-B“快递服务”要求允许快递服务，禁止邮政垄断。	无。	CPTPP 新增相关规定。
在线教育	澳大利亚与越南互签项目。	无。	CPTPP 新增相关规定。

第四章 TPP服务贸易规则重构之三：金融服务与电信服务贸易规则

在乌拉圭回合的服务贸易谈判中，由于各谈判方的服务业发展水平、金融实力和监管能力参差不齐，利益冲突比较明显，因此在若干重要领域没有达成永久性的服务贸易协定，如金融服务和电信服务等领域。WTO成立后，各成员就这些领域继续进行谈判，最终形成《全球金融服务贸易协定》《全球基础电信协定》等，与GATS共同构成这些领域的多边贸易规则体系。TPP重构GATS体系下的金融服务和电信服务贸易规则，分别设立专章对金融服务和电信服务进行规范。

第一节 金融服务贸易规则的重构

金融服务贸易规则是伴随着国际贸易、国际投资等跨境经济行为的出现而逐渐形成的。20世纪中期，国际社会就跨境贸易制定了统一规则（即《关税与贸易总协定》），而金融服务只是被作为国际货物贸易的辅助工具，并没有专门针对跨境金融服务贸易的国际规则。直到1986年《埃斯特角城宣言》(Punta del Este Declaration)达成之际，美国提议将服务贸易纳入乌拉圭回合谈判，并建议将金融服务置于服务贸易章节,[1]有关金融服务贸易的国际规则才逐渐被纳入多边谈判的进程之中。GATS下的金融服务谈判一波三折。在乌拉圭回合谈判结束时,虽然并未达成有关金融服务的统一规则,但是达成了《关于金融服务的附件》和《关于金融服务的第二附件》,为WTO成立后就金融服务领域进行谈判创造了条件。虽然部分成员又达成了《关于金融服务承诺的谅解》(Understanding on Commitments in Financial Services),作为乌拉圭回合最后文本的组成文件之一,[2]但是由于其开放度较高,许多成员难以接受,因而没有成为WTO一揽子协议的一部分,并不具有普遍的约束力。

GATS对金融服务贸易规则的框架性规定并不能满足发达国家的需求。从2012年《美韩自由贸易协定》的签订到2017年TPP的达成,金融服务贸易章节的重要性逐步凸显。尤其是在金融服务贸易的开放领域以及具体规则的适用方面,相较于GATS,后两者都发生了较大变化。

一、GATS项下的金融服务贸易规则

(一)《全球金融服务贸易协定》的产生

金融服务是服务贸易的重要组成部分,在GATS中被定义为包括所有保险及与保险相关的服务和所有银行及其他金融服务(保险除外)。金融服务业不仅是一个创造经济效益的普通产业部门,而且是国家执行货币政策、调控宏观经济的一个重要中介工具,在国民经济发展中发挥着重要作用。[3]

由于金融在一国经济中居于核心地位,因此关于金融服务贸易规则的争论在乌拉圭回合谈判中最为激烈。各谈判方受其发展水平、金融实力和监管能力的限制,在金融服务贸易开放方面存在着较大差距。在发展中国家,该行业是弱势行业,因此它们在谈判时不愿承担过度的金融服务贸易开放义务。发达国

---

[1] See Geza Feketekuty, *International Trade in Services: An Overview and Blueprint for Negotiations*, Ballinger Publishing Company, 1988, p. 5.

[2] 参见张若思:《WTO金融服务贸易法律制度》,载《法学研究》2000年第6期。

[3] 参见曹建明、贺小勇:《世界贸易组织》(第三版),法律出版社2011年版,第278页。

家则因有较大的行业优势而要求金融服务贸易保持较高的开放度。这一差距使得金融大国美国在乌拉圭回合谈判中拒绝在金融服务领域提供无条件的最惠国待遇。这个问题的关键就是美国提出的“免费搭车”(free-rider)观点:由于适用最惠国待遇原则,许多国家不需要在开放金融市场方面作出承诺,却可以享受其他国家给予的优惠。因此,美国主张适用对等原则,以迫使其他国家开放金融市场。这实际上是以“有条件的最惠国待遇”取代GATS中的无条件最惠国待遇,在不同国家之间实行差别待遇。[1] 受美国影响,一些国家撤回了其承诺。虽然乌拉圭回合最终达成GATS,但是在金融服务方面承担义务的谈判并没有取得各方满意的结果,也未真正解决金融服务的市场准入等问题。不过,乌拉圭回合达成的两个有关金融服务的附件(《关于金融服务的附件》与《关于金融服务的第二附件》)被纳入GATS的规则框架,为金融服务领域后续的谈判创造了条件。

《关于金融服务的附件》是GATS的组成部分,其重要意义在于:首先,将金融服务贸易纳入GATS的规则框架,并对GATS在金融服务领域适用涉及的重要概念、规则作出符合该领域特点的解释;其次,确定了GATS所调整的金融服务范围,将银行、证券、保险服务都纳入多边服务贸易规则的管辖范围;最后,允许各成员为维护金融安全而采取审慎措施。《关于金融服务的第二附件》主要是为了促使各谈判方在WTO成立后继续进行金融服务领域的谈判,内容包括:允许各谈判方在《WTO协定》生效之日起4个月后开始的60天内,修改和作出最惠国待遇豁免;允许各成员在这期间继续谈判,完善、修改或撤销原来作出的有关金融服务的具体承诺。这些为WTO成立后继续进行金融服务贸易专项谈判定下了基调。与此同时,作为一种妥协,由美国、欧盟、日本等主要发达国家和地区提出建议,在乌拉圭回合谈判结束时产生了《关于金融服务承诺的谅解》。

尽管乌拉圭回合没有结束关于金融服务业开放问题的具体谈判,但是GATS《关于金融服务的第二附件》和部长级会议关于金融服务的决议为其后的

---

〔1〕 参见〔加拿大〕温迪·多布森、〔法〕皮埃尔·雅凯:《WTO中的金融服务自由化》,彭龙译,北京出版社2000年版,第91页。

谈判铺平了道路。根据有关决议,开放金融服务业的谈判应当在 WTO 成立后的半年内,也就是 1995 年 1 月 1 日到 6 月 30 日之间进行,目的是使所有成员同意在无条件最惠国待遇的基础上缔结永久性的金融服务贸易协定,促进金融服务自由化。在谈判期间,29 个成员[1](欧盟 15 国为一成员)进一步修改了具体承诺减让表。但是,在规定的谈判期限结束前夕(1995 年 6 月 29 日),美国突然宣布降低其已经作出的承诺水平,即撤销其作出的无条件最惠国待遇承诺。为了不失去已经取得的谈判成果,经过欧盟和 WTO 原总干事雷纳托·鲁杰罗(Renato Ruggiero)的努力,除美国外的其他成员将改善后的金融服务承诺表和最惠国待遇豁免清单作为 GATS《第二议定书》,宣布其临时生效到 1997 年 12 月 31 日。

1997 年 4 月至 1997 年 12 月 13 日,WTO 成员就金融服务贸易进行了第二轮谈判,并最终达成了新的金融服务协定即 GATS《第五议定书》。美国撤销了其在金融服务贸易领域的最惠国待遇豁免清单。WTO 的 70 个成员改善或首次作出金融服务开放承诺。这些金融领域的开放承诺成为 GATS《第五议定书》的实质部分,也就是所谓的《全球金融服务贸易协定》。由此可见,《全球金融服务贸易协定》实际上是各成员承诺并被其他成员认可的金融开放承诺表。[2] 按照规定,达成协定的这些成员应当在 1999 年 2 月 28 日前完成审批程序。实际上,只有 52 个成员按时完成了审批程序。即使这样,《全球金融服务贸易协定》仍于 1999 年 3 月 1 日正式启动。其余 18 个成员应在 1999 年 6 月 15 日前完成审批程序。[3] 与此同时,随着新的成员加入 WTO,不断有新的成员加入《全球金融服务贸易协定》。《全球金融服务贸易协定》启动时,提出承诺的国家有 104 个。

---

〔1〕 这 29 个成员是:澳大利亚、巴西、加拿大、智利、捷克、多米尼加、埃及、欧盟、中国香港、匈牙利、印度、印尼、日本、韩国、科威特、马来西亚、墨西哥、摩洛哥、挪威、巴基斯坦、菲律宾、波兰、新加坡、斯洛伐克、南非、瑞士、泰国、土耳其和委内瑞拉。

〔2〕 参见曹建明、贺小勇:《世界贸易组织》(第三版),法律出版社 2011 年版,第 280 页。

〔3〕 See the WTO's Financial Services Commitments Will Enter into Force as Scheduled, http://www.wto.org/english/news_e/pres99_e/pr120_e.htm, visited on Apr. 21st, 2020.

（二）GATS关于金融服务贸易的规则

《WTO协定》关于服务贸易的总体法律安排自然适用于金融服务贸易领域。GATS关于金融服务的两个附件与《全球金融服务贸易协定》是金融服务贸易领域的具体法律制度。此外，《关于金融服务承诺的谅解》中的内容在一定条件下也是WTO金融服务贸易法律制度的重要组成部分。根据这些规定，在GATS体制下，全球金融服务贸易规则除GATS中规定的一般义务、具体义务外，还包括如下主要内容：

1. 关于金融服务贸易的种类

根据GATS《关于金融服务的附件》第5条的规定，"金融服务指一成员金融服务提供者提供的任何金融性质的服务。金融服务包括所有保险及其相关服务，及所有银行和其他金融服务（保险除外）"。其中，保险及其相关服务可以进一步细分为：(1) 直接保险（包括共同保险），包括寿险、非寿险；(2) 再保险和转分保；(3) 保险中介，如经纪和代理；(4) 保险附属服务，如咨询、精算、风险评估和理赔服务。银行和其他金融服务（保险除外）可以进一步细分为：(1) 接受公众存款和其他应偿还基金；(2) 所有类型的贷款，包括消费信贷、抵押贷款、商业交易的代理和融资；(3) 财务租赁；(4) 所有支付和货币转移服务，包括信用卡、赊账卡、贷记卡、旅行支票和银行汇票；(5) 担保和承诺；(6) 交易市场、公开市场或场外交易市场的自行交易或代客交易，又分为：货币市场工具（包括支票、汇票、存单），外汇，衍生产品（包括但不限于期货和期权），汇率和利率工具（包括换汇和远期利率协议等产品），可转认证券，其他可转让票据和金融资产（包括金银条块）；(7) 参与各类证券的发行，包括承销和募集代理（无论公开或私下），并提供与该发行有关的服务；(8) 货币经纪；(9) 资产管理，如现金或证券管理、各种形式的集体投资管理、养老基金管理、保管、存款和信托服务；(10) 金融资产的结算和清算服务，包括证券、衍生产品和其他可转让票据；(11) 提供和传送其他金融服务提供者提供的金融信息、金融数据处理和相关软件；(12) 就各种金融活动和金融辅助活动提供咨询、中介和其他附属金融服务，包括信用调查和分析、投资和资产组合的研究和咨询、收购咨询、公司重组和策略咨询。

2. 关于金融监管的审慎措施

GATS第19条第2款规定，“自由化进程的进行应适当尊重各成员的国家政策目标及其总体和各部门的发展水平。个别发展中国家成员应有适当的灵活性，以开放较少的部门，放开较少类型的交易，以符合其发展状况的方式逐步扩大市场准入”。这是GATS中一个极其重要的条款，也就是通常所说的“逐步自由化”(progressive liberalization)条款，它明确了GATS中两个关系全局的指导思想：尊重各成员在服务贸易上的政策目标；尊重各成员的不同发展水平，允许发展中国家渐进式开放金融。

如果说允许发展中国家渐进式开放金融尚无具体落实措施，在实践中主要取决于双边或多边谈判，那么尊重各成员政策目标的规定具有很强的现实意义。GATS《关于金融服务的附件》第2条(a)项规定，GATS任何规定均“不得阻止一成员为审慎原因(prudential reasons)而采取措施，包括为保护投资人、存款人、保单持有人或金融服务提供者对其负有信托责任的人而采取的措施，或为保证金融体系完整和稳定而采取的措施。如此类措施不符合本协定的规定，则不得用作逃避该成员在本协定项下的承诺或义务的手段”。审慎措施不必被列在成员的具体承诺减让表中，因为它们没有被当作对市场准入、国民待遇的限制。这是金融服务贸易规则中一条非常重要的规定，它实际上确立了处理金融服务贸易开放与保持足以防范金融危机和金融风险的措施这一对主要矛盾的指导原则。人们认识到，金融全球化既是一种历史必然趋势，也会带来或增加金融风险。近些年来发生的国际金融危机再三对此敲响警钟。要防止发生国际金融危机，防范由金融自由化和国际化带来的巨大风险，各国就要建立起对金融进行有效监管的法律制度。[1] 换言之，审慎措施虽然有与自由化进程相冲突的一面，但是GATS承认各成员拥有为维护金融稳定与安全而采取必要的防范措施的权利，只要这些措施不造成歧视性影响。

一般而言，各国政府会从以下四个方面干预金融活动：一是通过制定宏观经济政策影响金融服务，如规定货币供应量、利率、汇率等；二是在金融制度中

---

〔1〕 参见高辉清、熊亦智、胡少维：《世界金融危机及其对中国经济的影响》，载《国际金融研究》2008年第11期。

规定严格的防范性规则，主要是对金融机构的资本充足率、破产清算、信贷规模、资产质量、资金流动性以及经营范围等作出明确规定；三是通过制定非防范性法规规范金融服务，主要包括对金融机构的资格要求、注册登记程序、技术和服务质量标准等；四是一些国家尤其是发展中国家保护国内金融机构的规定，如一些国家的国内法明确规定禁止或限制外国金融机构在本国设立分支机构，或者对外国金融机构在本国的经营活动予以限制，使之不能与本国金融机构进行竞争。[1] 客观地说，这四种干预措施都可能构成金融服务贸易的壁垒或障碍。例如，采取分业经营的国家对从事混业经营的外国金融机构而言无疑是一种限制；一个国家对资本自由流动的限制无疑会直接阻碍国际金融服务贸易。

对于这些措施，GATS及其《关于金融服务的附件》都没有明确界定哪些措施属于审慎措施，即没有明确哪些措施是出于审慎目的而无须被列入减让表的国民待遇限制中，哪些措施不是出于审慎目的而需要作为国民待遇、市场准入的限制措施被列入减让表，也没有规定各成员普遍接受的规则。一般认为，保证金融市场公平竞争的纪律、有利于市场竞争的规则、保证金融体系完整和稳定的措施都属于必要的审慎监管措施；相反，如果这些措施使得外国金融服务或金融服务提供者难以进入、不能进入或进入后不能享受国民待遇，则构成金融服务活动不必要的壁垒。审慎措施包括但不限于下列措施：资本充足率要求，母国有效监管水平的要求，对风险集中度的限制，流动性要求，禁止内幕交易，对不良资产的界定与管理，对高级管理人员素质、能力的要求，透明度与信息披露的要求，特殊情况下的保障措施等。[2] 可以说，这些审慎措施既包括外国金融机构市场准入方面的监管措施，也包括准入后的功能监管方面的措施。需要特别说明的是，市场准入方面的审慎措施无须被列入减让表，这无疑为各成员特别是发展中成员在金融开放进程中增加维护金融安全的法律措施留下了回旋余地。

---

〔1〕 参见张若思：《WTO金融服务贸易法律制度》，载《法学研究》2000年第6期。

〔2〕 See Kristin Leigh Case, The Daiwa Wake-up Call: The Need for International Standard for Banking Supervision, *Georgia Journal of International & Comparative Law*, Vol. 26, No. 1, 1996, p. 220.

二、GATS金融服务贸易规则与金融服务贸易自由化的关系

早在2002年，就有学者提出未来金融服务贸易发展的五大趋势，即全球化、电子银行和技术革新、市场和监管的一体化、消费者隐私保护以及金融市场的安全和稳健，并指出GATS仅仅是一个服务贸易的指引性框架，还有许多问题尚待解决。[1] 具体来说，GATS依据的服务分类方式不利于金融服务贸易自由化的实现，跨境数据流动成为争议焦点，DSB不能有效解决金融服务争议等。

（一）服务分类方式不利于金融服务贸易自由化的实现

GATS所依据的《服务部门分类清单》（W/120）为成员编制具体承诺减让表提供了参考。但是，W/120是依据20世纪90年代的服务门类进行划分的，已经不能适应当下数字经济时代的发展。当下，许多数字产品融合新的商业模式，越来越多地将电信服务与其他服务相结合，融计算机、视听、银行、金融和广告服务等于一体。这些服务本质上是多功能的，并且使用各种形式的服务，提供全面的数字平台。例如，微信和谷歌联合电信、支付、网络地图、社交网络和云计算提供数字化服务。但是，成员在GATS具体承诺减让表中都是仅就单个部分或子部门进行承诺，一项跨境金融服务（如跨境集合投资计划服务）不可能同时被划分到金融服务、计算机服务（数据处理服务）、电信服务（在线信息与数据处理服务）和广告服务中。同时，由于这类综合性的数字化服务在GATS制定时期并没有普及，因而这类服务是否符合W/120的特定部门或者完全构成新的服务部门尚存法律上的不确定性。[2] 发展中国家认为这类服务属于"新服务"，在W/120的规制之外；而发达国家则持反对意见。[3] DSB上诉机构虽

---

[1] See Chantal Thomas, Globalization in Financial Services—What Role for GATS?, *Annual Review of Banking Law*, Vol. 21, 2002, p. 323.

[2] See Lee Tuthill & Martin Roy, *GATS Classification Issues for Information and Communication Technology Services*, Cambridge University Press, 2012, pp. 157-167.

[3] See Statement by the African Group, The Work Programme on Electronic Commerce, JOB/GC/144, Oct. 20th, 2017.

支持成员在具体承诺减让表中作出承诺并进行技术中立的解释,但没有作出明确说明。[1] 这样,就会造成基本上不存在属于"新服务"的数字化服务,从而影响部分对互联网和数字化服务实行严格监管的国家。[2]

(二)跨境数据流动成为争议焦点

跨境数据流动成为驱动当前各种交易活动的重要载体。[3] 对基于互联网的服务的限制大多不是来自关税,而是来自影响数据跨境流入和流出的监管措施,如与隐私有关的措施。[4] GATS在有限的范围内承认跨境数据流动的重要性。例如,GATS《关于电信服务的附件》承认跨境数据自由流动的重要性,并已考虑到隐私和数据保护。[5]《关于金融服务承诺的谅解》规定,禁止采用阻碍金融信息转移或处理的措施,包括通过电子方式进行的数据转移。但是,该谅解并不普遍适用于所有成员。

有学者认为,GATS中的现有规定足以规制由于各种原因而对跨境数据流动进行的限制:第一,数据本地化要求构成GATS项下的"商业存在"要求,如果WTO成员没有对模式三作出限制性承诺,则应允许数据的跨境流动;第二,数据本地化要求可以被视为对本地内容的要求,如使用本地服务器和资源。由于绝大多数WTO成员未在信息和通信技术服务中作出数据本地化的内容限制,因此GATS对其适用,并且可以将数据本地化要求纳入GATS的国内管理条

---

〔1〕 See Appellate Body Report, China—Measures Affecting Trading Rights and Distribution Services for Certain Publications and Audiovisual Entertainment Products, WT/DS363/AB/R, 21 Dec. 2009, para. 398.

〔2〕 See Ruosi Zhang, Covered or Not Covered: That Is the Question—Services Classification and Its Implications for Specific Commitments Under the GATS, WTO Staff Working Paper, No. ERSD-2015-11, Dec. 2015, pp. 14-17.

〔3〕 See Lee Tuthill & Martin Roy, *GATS Classification Issues for Information and Communication Technology Services*, Cambridge University Press, 2012, p. 49.

〔4〕 See Carla L. Reyes, WTO—Compliant Protection of Fundamental Rights: Lessons from the EU Privacy Directive, *Melbourne Journal of International Law*, Vol. 12, No. 1, 2011, p. 32.

〔5〕 参见GATS《关于电信服务的附件》第5条(c)项、(d)项。

款中。[1] 也有学者认为,GATS作出相关规定的目的在于开放语音通信而非数据转移,因此它们不能有效地适用于互联网环境下的服务贸易。[2] 同时,在非歧视性条件下,跨境数据流动的法律义务通常涉及多个服务部门的承诺,包括电信部门、计算机部门以及其他相关部门。鉴于大多数现代数字化服务的分类并不十分明确(尽管GATS在理论上适用于限制跨境数据流动的措施),各成员缺乏GATS项下跨境数据流动的横向承诺,加上数字化服务分类的复杂性,都使得对跨境数据流动作出法律承诺的性质和模式模糊不清。

(三) DSB不能有效解决金融服务争议

虽然有关数字领域的监管壁垒逐渐增多,但是DSB在这类问题的解决上相对保守。[3] 成员较少选择诉诸DSB,一方面是由于GATS本身存在不足,另一方面是由于数字经济下存在复杂的政治经济关系。通过互联网进行的跨境服务不仅影响到国际贸易,而且会触及较为敏感的内容,如网络监管等。由于WTO现有规则对于数字贸易的规制存在不确定性,因此成员也可能担心DSB的裁决会影响到国内对网络、在线服务的审查。此外,对互联网传输服务监管采取保护或干预方法的成员在考虑其国内政策问题时,往往更加警惕GATS框架本身对贸易的限制。基于上述原因,成员在GATS之外签署了众多FTA,以解决DSB不能有效解决的互联网金融服务争议问题。

---

〔1〕 See Lee Tuthill & Martin Roy, *GATS Classification Issues for Information and Communication Technology Services*, Cambridge University Press, 2012, p. 371.

〔2〕 See Hosuk Lee-Makiyama, Cross-Border Data Flows in the Post-Bali Agenda, in Building on Bali: A Work Programme for the WTO, http://citeseerx.ist.psu.edu/viewdoc/download?doi=10.1.1.654.8942&rep=rep1&type=pdf#page=173, visited on June 20th, 2019, pp. 163-168.

〔3〕 See Andrew D. Mitchell & Neha Mishra, Data at the Docks: Modernising International Trade Law for the Digital Economy, *Vanderbilt Journal of Entertainment & Technology Law*, Vol. 20, No. 4, 2018, p. 1073.

三、TPP金融服务贸易规则的重构

（一）金融服务成为单独章节

TPP第十一章就金融服务作出专门规定。不同于GATS体系下的多层次法律规范，TPP为金融服务搭建了完整的规范体系，设置了独立的章节。

TPP“金融服务”章在结构上包括正文22条，11-A、11-B、11-C、11-D、11-E共5个附件，以及附件Ⅲ《金融服务不符措施列表》。在内容上，TPP规定了金融服务的定义和范围，所涉的权利义务内容包括国民待遇、最惠国待遇、金融机构的市场准入、透明度和特定措施管理、审慎例外、后台功能运作、承认、争端解决以及金融服务的投资争端等。作为不符措施例外的TPP附件Ⅲ是专门针对金融服务的例外措施，包括现有的不符措施和未来的不符措施。此外，“金融服务”章还将第九章“投资”和第十章“跨境服务贸易”中的部分条款并入其中，包括最低待遇标准、武装冲突或内乱情况下的待遇、征收与补偿、转移、特殊手续和信息要求、利益的拒绝给予以及投资和环境、健康和其他监管目标。

TPP将金融服务作为单独的内容进行规制，具有一定的合理性。由于金融业的特殊性质导致金融服务贸易壁垒与一般的服务贸易壁垒有所不同，而且金融体系稳定对于宏观经济稳定具有重要影响，因此各国政府以各种方式对其进行干预，使得金融服务部门成为所有服务部门中受到管制最严重的部门之一。这些管制不仅包括市场准入方面的限制，还包括市场准入后业务经营方面的限制等。[1]

（二）适用范围的转变与扩大

GATS项下的金融服务延续服务贸易提供方式的定义方法，分为四种模式，即跨境提供、境外消费、商业存在和自然人流动。根据TPP第11.2条第1款的规定，“金融服务”章采用“三分法”，适用于一缔约方采取或维持的下列相关措施：(1) 另一缔约方的金融机构；(2) 另一缔约方的投资者，及此类投资者

---

〔1〕 See WTO, Financial Services: Background Note by the Secretariat, S/C/W/72, Dec. 2, 1998, p. 9.

对该缔约方领土内的金融机构的投资；(3) 跨境金融服务贸易。TPP之下的“跨境金融服务贸易”将GATS项下的跨境提供、境外消费以及自然人流动三种模式加以合并，以适应当下金融科技以及金融人员流动自由化的发展趋势。同时，TPP明确规定“金融服务”章适用于另一缔约方的金融机构及其投资者，这就使得另一缔约方的金融机构及其投资者即使本身没有从事相关的金融服务，也要受制于该章的规定，扩大了其适用范围。

此外，TPP在“金融服务”章纳入第九章“投资”和第十章“跨境服务贸易”的相关内容，最低待遇标准、征收等相应地被纳入金融服务贸易的范畴中，增强了对金融服务提供者的保护力度。

（三）增加跨境金融服务贸易的开放领域

信息技术革命推出的云计算、大数据等技术使得传统的金融服务日益电子化、网络化，电子银行、网络银行、手机银行、移动支付、网络证券公司、网络保险公司等新金融服务为跨境金融服务贸易提供了便捷的渠道，国际社会亟须扩大金融服务贸易的自由化市场。

值得注意的是，虽然GATS成员就相关领域作出了开放承诺，但是显然不能满足发达国家在跨境金融服务贸易领域打开发展中国家市场的需求。2012年，在美国诉中国影响电子支付服务的措施案(即中国电子支付服务案)中，美国认为中国在服务贸易具体承诺减让表中就模式一(跨境提供)下的电子支付服务作出了承诺，即允许其他成员通过跨境提供的形式提供电子支付服务。虽然专家组最终通过对中国具体承诺减让表的解读，否定了美国关于电子支付之跨境提供模式的诉求，但是也在有限的范围内支持美国在模式三(商业存在)下的主张。[1] 美国欲打开其他成员跨境电子支付服务贸易市场的企图虽然在GATS下没能得逞，但是后来成功将跨境电子支付纳入TPP谈判。TPP跨境电子支付卡服务条款规定，在遵守非歧视待遇原则的前提下，TPP缔约方应允许为电子支付服务的跨境提供自由化。同时，TPP限定了“电子支付卡服务”

[1] See Panel Report, China—Certain Measures Affecting Electronic Payment Services, WT/DS413/R, 16 July 2012, paras. 7.618-7.620.

的定义与范围，即此类服务仅包括在 B2B 基础上提供的、通过专用网络处理支付交易的支付网络服务，不包括向交易人账户或从交易人账户转移资金。[1]因此，跨境资金转移活动不属于 TPP 的开放范畴。除此之外，TPP 各缔约方还可根据国内法进一步界定“电子支付卡”的范围与内涵，并施加具体的限制条件和监管要求，如设置注册或授权要求，或要求在本国境内指定代理办事处或代表处。鉴于跨境电子支付的高度技术性与复杂性，TPP 明确规定，缔约方有权根据公共政策目标采取措施，包括但不限于保护个人信息、监管费用、收取相关费用等。

此外，TPP 还在 GATS 的基础之上增加了投资组合管理服务的开放。关于投资组合管理服务，TPP 附件 11-B 之 A 节第 1 条规定：“一缔约方应允许在另一缔约方领土内设立的金融机构对其领土内的集体投资计划提供下列服务：(a) 投资建议；及(b) 投资组合管理服务，不包括：(i) 信托服务；及(ii) 与管理集体投资计划无关的托管服务和执行服务。”各缔约方可根据其国内法定义“集体投资计划”，并可对投资组合管理服务的提供商设置注册和其他审慎监管要求。

（四）前瞻性地覆盖新金融服务

随着金融业的迅速发展，各类新型的金融业态层出不穷，尤其是以互联网为基础的跨境金融服务更是不断更新，如跨境信用评级服务、跨境电子支付服务等。对于新出现的金融服务，部分国家已加以规范。GATS 文本中并没有对“新金融服务”作出规定，究其原因，一方面是限于当时的技术发展并不能使金融创新得以迅速普及，另一方面是由于各成员在金融服务谈判过程中因自身发展水平不同而没有达成一致的金融服务协议。《关于金融服务承诺的谅解》中涉及“新金融服务”，规定成员应当允许其境内的其他成员的金融服务提供者提供任何新金融服务，并将“新金融服务”定义为：在一成员境内没有提供但在其他成员境内已有提供的服务，包括与现有产品和新产品有关的服务或产品交付方式。

---

〔1〕 参见 TPP 附件 11-B 之 D 节。

TPP为应对金融服务贸易的新发展,将"新金融服务"作为普遍性的义务进行规定。TPP第11.7条规定:"每一缔约方应允许另一缔约方的金融机构提供一项新金融服务,如该缔约方允许其本国金融机构在相似情况下提供该新金融服务,且无须制定新法或修改现行法律。尽管有第11.5条(b)项(金融机构的市场准入)的规定,一缔约方可决定提供新金融服务可使用的组织和法律形式,且可要求该服务提供获得授权。如一缔约方要求金融机构获得授权方能提供新金融服务,则该缔约方应在合理时间内决定是否给予授权,且仅可基于审慎原因拒绝授权。"相较于GATS,TPP允许商业存在模式下的新金融服务,同时规定了对新金融服务的审批要求。

TPP将新金融服务条款纳入普遍性的义务范围,体现了TPP缔约方接受另一缔约方提供新金融服务的强制性,即不得以国内法律处于空白状态为理由拒绝另一缔约方提供新金融服务,对于国内法律监管处于空白状态的金融服务,也必须在规定时间内给予相应的授权,拒绝授权的理由只能是基于审慎原因。[1] 这一方面体现了国际社会对于新金融服务贸易自由化的接受,另一方面也给金融发展水平较低的国家带来潜在的金融风险,因为在允许提供新金融服务的同时,尚缺少相应的监管规则。

(五)优化金融服务贸易的审慎例外条款

TPP金融服务贸易规则为金融创新创造了有利的环境,同时也给金融监管带来了压力。在跨境金融服务贸易开放领域,集体投资计划、电子支付卡服务等新兴的产品为金融创新创造了条件。在此种情况下,若没有有效的金融监管,就可能对一国金融安全构成威胁,反过来不利于金融服务贸易自由化。审慎监管是金融服务贸易体系的核心内容,旨在确保金融市场的正常运作、保护投资者以及防控金融风险。[2] 相较于GATS的审慎监管条款,TPP的重构表现为审慎监管条款的名称设置更为合理、审慎例外抗辩范围的扩大以及对审慎

---

〔1〕 参见曾辉、张薇薇:《TPP金融服务贸易条款解析及评价》,载《黑龙江金融》2017年第1期。

〔2〕 参见彭岳:《例外与原则之间:金融服务中的审慎措施争议》,载《法商研究》2011年第3期。

原因的明确。

首先,TPP审慎监管条款的名称设置更为合理。GATS《关于金融服务的附件》将审慎例外条款命名为“国内法规”(domestic regulation),与GATS第6条的名称完全相同,但是内容并不相同,极易导致两者性质的混淆。《美墨加协定》(USMCA)则将“审慎措施”列入例外条款(exceptions),明确了其法律适用的例外属性。

其次,TPP跨境金融服务贸易之审慎例外抗辩范围的扩大。在阿根廷金融服务案中,DSB上诉机构认为,《关于金融服务的附件》中的审慎例外条款可用于抗辩GATS项下的所有义务。[1] TPP第11.11条第1款规定:“尽管有本章的其他规定及本协定除第2章(货物的国民待遇和市场准入)、第3章(原产地规则和原产地实施程序)、第4章(纺织品与服装)、第5章(海关管理和贸易便利)、第6章(贸易救济)、第7章(卫生与植物卫生措施)和第8章(技术性贸易壁垒)外的其他规定,但是不得阻止一缔约方因审慎原因而采取或实施措施,包括为保护投资者、存款人、投保人、保单持有人而采取的措施,或为保护金融机构或跨境金融服务提供者对其负有信托责任的人而采取的措施,或为保证金融系统的完整和稳定而采取的措施。如上述措施不符合在本协定中的规定,且本例外适用于此类规定,则不得将其用作逃避该缔约方在此类条款下的承诺或义务的手段。”可见,TPP以负面清单的方式将不可以审慎例外条款作为抗辩理由的范围列出,而该协定中的其他领域均可援用金融服务贸易的审慎例外条款进行抗辩。

最后,TPP对审慎原因的明确。GATS没有对具体的审慎原因予以规定。TPP则在脚注中明确“审慎原因”概念包括维护单个金融机构或跨境金融服务提供者的安全、健全、完整或金融责任,以及维护支付和清算系统的安全、金融完整性和运营完整性。

(六)细化金融服务的透明度原则

透明度原则是WTO的基本原则,也被认为是保障国际贸易顺利进行的重

---

[1] See Appellate Body Report, Argentina—Measures Relating to Trade in Goods and Services, WT/DS453/AB/R, 14 Apr. 2016, para. 6.255.

要机制。[1] 尤其是在金融服务贸易领域，信息的不对称是造成金融风险出现的重要原因之一。GATS 规定了服务贸易普遍适用的透明度原则，要求成员迅速公布相关法规、至少每年向服务贸易理事会报告新的或更改的措施、设立咨询点等。TPP 就金融服务的透明度进行了细化规定，主要表现为：一是要求所有普遍适用的措施必须建立在合理、客观、公平的基础之上；二是要求缔约方在普遍适用的最终法规公布与生效之间留出一段合理的时间间隔；三是明确缔约方的监管机构应当在 120 天内作出行政决定并立即通知申请者。这些明确具体的规定为金融服务贸易的顺利进行提供了有力的保证。

（七）增设金融服务的投资争端解决机制

TPP 的一大创新之处在于增设了金融服务的投资争端解决机制，给予投资者权益较全面的保护，也提升了政府参与仲裁争端解决的能力。一缔约方投资者可根据 TPP“投资”章 B 节的规定就另一缔约方关于金融机构、市场、工具的管理或监督措施提出仲裁申请，另一缔约方可援引第 11.11 条“例外”条款进行抗辩。但是，该抗辩的正当性必须依据投资者母国和被申请人的缔约方作出的“共同决定”(joint determination)。该“共同决定”对仲裁庭具有拘束力。金融服务的投资争端解决程序不仅是金融服务贸易领域的一大创新，也是投资争端解决程序中的一大创新。由于金融服务具有较强的专业性，因此 TPP 要求在指定仲裁庭的仲裁员时，考虑特定候选人与金融服务有关的专业知识或实践。

四、USMCA 对 TPP 金融服务贸易规则的进一步更新

有必要指出的是，美国虽然退出了 TPP，但是又重新主导制定了 USMCA，取代之前已经实施长达 24 年的《北美自由贸易协定》(NAFTA)。USMCA 被认为是 21 世纪高水平的自由贸易协定，能够促进形成更加自由、公平的市场体系。研究 USMCA 金融服务贸易规则，可以发现它在 TPP 的基础上作了进一步的细化和更新，尤其是在跨境金融信息流动和金融数据本地化方面，充分彰

---

〔1〕 参见屠新泉、蒋捷媛：《透明度原则的贸易效应——以 WTO 进口许可证通报义务履行为例》，载《国际商务》2018 年第 4 期。

显了美式自由贸易协定对GATS金融服务贸易规则重构的影响。

（一）增加跨境金融信息的自由转移条款

在信息时代的大背景下，随着金融全球化以及网络技术在金融业的广泛应用，金融信息的转移与流动实际上已经构成现代金融生命的血液。尤其是对于跨境金融服务贸易而言，跨境金融信息的转移成为开展和创新金融业务的前提。[1] USMCA第17.19条首次规定了金融信息的自由转移，即当以电子方式进行跨境信息传输的活动是为了金融服务提供者进行在授权许可范围内的商业活动时，每一缔约方应当允许以电子方式进行跨境信息传输，包括个人信息。缔约方拥有采取或维持保护私人数据、个人隐私以及个人记录和账户机密措施的权利，只要该措施不会削弱其在该条款下的义务和承诺。

在GATS之前，包括NAFTA，没有对跨境提供模式下的跨境金融信息的转移作出任何普遍性的义务规定。NAFTA第1407条虽涉及金融信息的跨境处理，但只是针对“另一方的金融机构的跨境信息处理”，即“各缔约方应允许另一缔约方金融机构以电子或其他形式，将信息传入或传出该缔约方境内以进行数据处理，只要此类机构的正常业务需要此类处理”。其中，“另一方的金融机构”指的是在东道国设有商业存在的机构，即模式三下的跨境信息处理。《关于金融服务承诺的谅解》最先对跨境提供模式下的跨境金融信息的转移作了规定，即“如信息传送、金融信息处理或设备转移是金融服务提供者开展正常业务所必需的，则任何成员不得采取阻止此类信息传送或金融信息处理的措施，包括以电子方式传送数据，或在遵守与国际协定相一致的进口规则的前提下，采取阻止设备转移的措施”[2]。但是，由于《关于金融服务承诺的谅解》并非一揽子协议的一部分，因而也就没有成为国际上普遍适用的规则。TPP“电子商务”章开创性地纳入“通过电子方式跨境传输信息”条款。第14.11条第2款规定：“当通过电子方式跨境传输信息是为涵盖的人执行其业务时，缔约方应允许此跨境传输，包括个人信息。”但是，根据TPP“金融服务”章第11.2条的规定，它

---

〔1〕 参见黄伟：《个人金融信息跨境转移的法律规制——欧盟实践及其借鉴》，载《中国金融》2013年第19期。

〔2〕 WTO, Understanding on Commitments in Financial Services, Art. 8.

仅仅纳入“投资”章和“跨境服务贸易”章的部分条款,并没有纳入“通过电子方式跨境传输信息”条款,因而对跨境金融信息的转移没有作出相应的规定。

USMCA首次增加规定了金融信息的自由转移条款,作为单独的一条,并没有采取条款并入的方式。虽然USMCA第十九章(“数字贸易”章)规定了与TPP第14.11条相同的电子信息的跨境传输条款〔1〕,但是USMCA关于金融服务的第17.2条依然仅仅并入第十四章(“投资”章)和第十五章(“跨境服务贸易”章)的部分条款。这一方面反映了USMCA对金融信息转移的特别关注,另一方面也说明了金融信息的自由转移与数字贸易信息转移的规定不同。具体而言,USMCA允许缔约方出于保护私人数据、个人隐私以及个人记录和账户机密的目的而采取限制金融信息自由流动的措施。此即USMCA对跨境个人金融信息的保护。

(二)禁止金融数据存储本地化

近年来,关于数据本地化的讨论日渐增多。鉴于数据跨境自由流动会削弱经济规制效果,各国大多采用数据本地化措施,以确保本国法律的施行。〔2〕由于金融数据通常涉及个人的敏感信息且具有高度精准的识别性,因此各国对于金融数据监管的主要基调是更强的安全和更好的保护。〔3〕USMCA增加了“计算设施的位置”条款,第17.20条规定:“1.缔约方承认及时、直接、完整地获得金融服务提供者的交易和操作信息等对金融监督和管理的重要性,并需要减少潜在的获得阻碍。2.任何缔约方不得要求金融服务提供者使用位于其境内的计算设施或将计算设施置于其境内,作为在其境内从事商业行为的前提条件,只要缔约方的金融监管机构出于监督和管理的目的,能够及时、直接、完整地获得金融服务提供者的交易和操作信息等。3.在现实允许的情况下,缔约方应当在要求金融服务贸易提供者使用位于其境内的计算设施或将计算设施置于其

〔1〕参见USMCA第19.11条。

〔2〕参见彭岳:《数据本地化措施的贸易规制问题研究》,载《环球法律评论》2018年第2期。

〔3〕参见洪延青:《透析金融数据保护的美欧中立法要点和趋势》,载《中国银行业》2018年第11期。

境内之前，给予金融服务贸易提供者适当的机会修复第2款所需的信息获取渠道。4. 缔约方拥有采取或维持保护私人数据、个人隐私以及个人记录和账户机密措施的权利，只要该措施不会削弱其在该条款下的义务和承诺。”

NAFTA和GATS并未涉及有关金融数据存储的问题，跨境金融数据的存储完全由缔约国、成员自行规定。TPP虽然涉及金融数据后台功能的运行，但是对处理金融信息的计算设施的设置并没有作出明确的规定。USMCA一方面承认及时、直接、完整地获得相关信息对监管机构行使监管职能的重要性，另一方面规定成员不能以将计算设施置于其境内作为在其境内开展业务的前提条件。换句话说，USMCA并不要求跨境金融服务贸易提供者将金融信息的计算设施设置在服务接收国的境内，只要求跨境金融服务提供者在监管机构为了监管而需要获得信息时能够及时、充分、有效地提供相应的信息。USMCA通过此种规定取消了对跨境金融数据存储的本地化要求，同时赋予服务接收国监管机构随时获得信息的权利，可以说是对跨境金融服务贸易规则的一大创新。

五、金融服务贸易规则的变化趋势

信息革命的出现改变了传统的金融服务贸易模式，同时对国际金融服务贸易规则的一致性、进一步的金融开放和金融管制提出了新的诉求。全球区域贸易协定的签署以及发达国家与新兴市场对国际金融服务贸易规则主导权的博弈使得国际社会越来越关注跨境金融服务贸易，其规则也逐渐从自愿型向强制型、从概念化向可操作化、从多边平台向区域性平台转变。

（一）规则理念从完全的金融自由化到金融开放与金融管制并行

20世纪70年代兴起的金融自由化理论源于第二次世界大战后的新自由主义。在新自由主义思想的指导下，自由化、私有化和市场化成为政府管理经济的圭臬。相应地，金融资源得以在全球多元化配置，金融创新和金融资本的跨境流动使得全球的财富和资产迅速积累，同时也埋下了金融动荡甚至金融危机的祸根。[1] 从20世纪80年代的拉美金融危机到90年代的亚洲金融危机，再到2008年的全球金融危机，无不在警示“金融自由化”理念存在的弊端。早期的金融服务贸易规则一般都会着重强调“金融自由化”理念，如《罗马条约》中的金融市场一体化，NAFTA对跨境金融服务贸易逐步开放的谈判要求，以及GATS对服务贸易自由化的追求等。进入21世纪后，国际经贸规则在强调金融自由化的同时，也纳入相应的管制要求。例如，在自由化方面，TPP要求缔约方允许其领土内的人以及不论位于何地的本国国民，从位于该缔约方之外的其他缔约方的跨境金融服务提供者处购买金融服务。在金融管制方面，相对于GATS，TPP除了对审慎原因的界定更为周延和明确外，[2]还取消了对审慎例外条款之合理性标准的要求。这相当于降低了审慎例外条款的适用门槛，给予缔约方监管更大的政策性空间。

（二）规则内容从自愿型向强制型演进

在目前多边规则发展受阻的情况下，自愿约束型和协商约束型规则经各方达成共识并执行的成本较低，也更易为各方所接受，因此较先出现。然而，这些规则背后是强权国家主导的利益。随着强权国家将规则固化并扩大影响力，自愿型规则逐步向强制型规则演进。在跨境金融服务贸易领域，早期签订的协议如NAFTA中仅倡议各国逐步推进跨境金融服务贸易领域的开放，只要各国冻结NAFTA生效时已经开放的领域即可，并不要求承诺开放更多领域，这就使得缔约方拥有更大的自主权。到了GATS时期，各成员仍可自愿作出选择性承诺。但是，TPP一方面允许各国自愿在附件中列明开放的领域，另一方面又要求各国以特定承诺的方式开放投资组合管理和电子支付卡服务，由自愿型承诺向强制型承诺转变。

---

〔1〕 参见李国安：《金融自由化的危机本源性及其法律矫正》，载《国际经济法学刊》2012年第3期。

〔2〕 TPP对审慎原因的界定更为周延和明确，表现在以下两方面：其一，TPP所列的审慎原因之一是保证金融系统的完整和稳定，并未将金融系统限缩于某一缔约方，符合金融系统混业性与跨国性的客观现实。其二，依照TPP审慎条款之脚注的澄清，通常为保障金融机构和支付清算系统运营安全而设置的“资本要求”与“拨备金要求”更易为审慎例外所涵盖。参见石静霞、杨幸幸：《TPP金融服务规则评析》，载《社会科学家》2017年第11期。

（三）规则的制定从多边平台向区域性平台转变

从WTO关于金融服务贸易的谈判进程来看，多边谈判的难度较大，国际经贸规则在多边平台上得以实现的时间较长，成本较高。纵观金融服务贸易规则的演变历程可以发现，强权国家将金融服务融入区域贸易协定中，进而影响到全球经贸规则。例如，金融服务贸易开放的规则最早出现在美国主导的NAFTA中，之后出现在TPP中。后来，由于美国退出，日本主导形成了CPTPP，延续了跨境金融服务贸易方面的内容。USMCA进一步优化了跨境金融服务贸易的内容，未来必然会影响到其他区域贸易规则的谈判。因此，从区域性规则入手，推动多边规则的制定，将会是未来跨境金融服务贸易规则的发展途径。

第二节　电信服务贸易规则的重构

电信服务有两大基本问题：一是有关电信服务的双重功能，即经济活动的直接参与者和其他经济活动的基本传输手段。[1] 二是有关电信服务的分类。电信服务通常可以分为基础电信服务和增值电信服务。基础电信服务包括语音电话、分组交换数据传输、电路交换数据传输、电报、传真、租用电路等。增值电信服务是指以计算机为基础提供的电信服务，如电子邮件、语音邮件、在线数据库存储与检索、电子数据交换、在线信息处理等。[2] 除以上两大基本问题外，各国在电信产业的发展上大多有着类似的经历：在一国境内，先由一家企业自费架设、铺设线路，建立发射基站。电信服务在这个阶段被该企业垄断。随着电信市场竞争理念的逐渐普及，电信市场逐渐走向开放和自由化，经营电信的企业数量也逐渐增加。但是，新加入的经营者不可能再重新架设、铺设电路，开发基站等基础设施。因此，电信跨境服务贸易领域的规则主要需要解决的是

---

〔1〕 参见GATS《关于电信服务的附件》。

〔2〕 See Coverage of Basic Telecommunications and Value-Added Services, https://www.wto.org/english/tratop_e/serv_e/telecom_e/telecom_coverage_e.htm, visited on Apr. 14th, 2019.

新经营者和早期经营者间关于线路、基站、网络等资源的问题，以及政府如何监管两者的经营活动的问题。

TPP“电信”章的主要目的是促进缔约方的贸易增长和增进消费者福利。为了实现这两大目的，TPP针对不同的对象主要确立了三方面的义务：其一，针对缔约方，要求缔约方以市场为基础采取不同的监管手段进行监督，而且认同在存在有效竞争或属于市场上的新型服务时可能不需要进行监管。[1] 其二，针对主要电信运营商，要求缔约方对其进行监督，以确保主要电信运营商以合理条件提供网际互联、租用专线等服务，推动电信服务贸易自由化。[2] 其三，针对电信争端解决，为提高争端解决的效率，暂停TPP第13.21条第1款(d)项规定的复议条款的实施，并要求缔约方在合理时间内解决与主要电信运营商互联互通中有关条款和费率的争议。

一、GATS关于电信服务贸易的规则及案例简述

早在乌拉圭回合谈判时，电信服务谈判就开始成为服务贸易的重要内容之一。[3] 该领域集中体现了发达国家与发展中国家在开放电信市场方面的分歧。以美国为首的发达国家拥有资金和技术优势，希望推行电信服务贸易自由化。但是，电信行业在发展中国家尚属幼稚产业，市场竞争力弱，发展中国家并不愿意作出实质性承诺。因此，在乌拉圭回合结束时，基础电信服务领域的谈判并没有取得进展。不过，成员对增值电信服务市场开放作出了一些承诺。

在《WTO协定》框架体系内，涉及电信服务贸易规则的有：(1) 成员需承担的基本义务，规定在GATS及其《关于电信服务的附件》中；(2) 关于基础电信市场准入的具体承诺义务，规定在GATS《第四议定书》即《基础电信协定》及其附件《参考文件》中；(3) 关于增值电信服务具体承诺的义务。[4] 其中，《参考文

---

〔1〕 参见TPP第13.3条。

〔2〕 参见蒙英华、汪建新：《超大型自贸协定的服务贸易规则及对中国影响分析——以TPP为例》，载《国际商务研究》2018年第1期。

〔3〕 See M. C. Bronckers & P. Larouche, Telecommunication Services and the World Trade Organization, *Journal of World Trade Law*, Vol. 31, No. 3, 1997, p. 7.

〔4〕 参见李巍：《WTO电信服务贸易规则与中国电信服务市场开放》，载《中国法律》2001年第3期。

件》是《基础电信协定》的一个重要部分，其内容模仿了美国1996年《电信法》以及有关反托拉斯的法律和实践，[1]规定了成员对基础电信服务进行监管的框架原则。90%以上作出基础电信服务承诺的成员将《参考文件》作为其额外承诺。GATS项下国际电信服务贸易的四种模式如表4-1所示。

表4-1 GATS项下国际电信服务贸易的四种模式

贸易模式	含义	主要形式
跨境提供	一国的电信运营商在本国领土内向其他国家提供电信服务	国际长途电话、电子函件、数据传输
境外消费	一国的电信运营商提供电信服务给在国外旅游或是临时居住在国外的人，在国内结算费用	国际移动漫游、呼叫电话卡
商业存在	一国的电信运营商通过在其他国家设立分支机构、对国外电信运营商全部或部分控股、设立合资企业或结盟等方式，在他国直接提供电信服务	外资参与企业提供的电信服务
自然人流动	一国的电信运营商将其雇员派到国外，向国外的电信运营商提供咨询服务以及管理、技术等方面的操作指导	电信咨询活动、技术援助

墨西哥电信案是WTO框架下首个以GATS规则为主要检视对象的服务贸易争端案，[2]体现了WTO体系下对电信服务贸易的规定。2000年8月17日，美国依据DSU第4条和GATS第23条，就墨西哥对基础电信服务和增值电信服务所作的承诺和义务，请求与墨西哥进行磋商。双方经磋商未能达成满意的解决方案，因此美国请求设立专家组，审查墨西哥国内法对电信服务施加的管制措施。2004年3月12日，专家组作出最终报告。

双方的主要争议焦点在于：(1) 关于电信服务跨境提供的定义。墨西哥主张该案中涉及的服务不是电话或者任何客户提供的信息或数据，如语音或传真本身，而是与这类信息的运送或传输相关的服务。因此，墨西哥认为，在该案中并未产生GATS第1条第2款(a)项意义上的跨境提供。(2) 美国指控墨西哥

---

[1] See Taunya L. McLarty, Liberalized Telecommunications Trade in the WTO: Implications for Universal Service Policy, *Federal Communications Law Journal*, Vol. 51, No. 1, 1998, p. 48.

[2] 参见石静霞：《WTO服务贸易法专论》，法律出版社2006年版，第171页。

没有采取适当措施,保证其基础电信运营商接入和使用墨西哥境内的公共电信传输网络,违反了GATS《关于电信服务的附件》第5条(a)和(b)两项。(3)美国指责墨西哥没有根据《参考文件》第1条的承诺采取适当的措施以防止主要供应商实施或继续实施垄断行为,没有根据《参考文件》第2条保证以合理的规定、条件和以成本为基础的费率向美国基础电信运营商提供互联服务。墨西哥则认为,GATS具体承诺减让表中没有与《参考文件》第2条相关的具体承诺。

从该案的裁决来看,专家组否定了墨西哥关于系争服务不属于GATS第1条第2款(a)项意义上的跨境提供的主张。专家组认为,WTO体系下的电信服务规则并未要求单一服务提供者必须自行建设全线传输设施,也未要求服务提供者必须独立完成所有传输。[1] 尽管美国运营商所提供的服务本身在墨西哥边境被墨西哥运营商接手,但是这种传输仍应被视为美国运营商跨境提供的基础电信服务。美国提出,为接入和使用墨西哥长途电话运营商提供的网络和服务,美国运营商实际上必须支付成本的不合理费率。同时,美国认为墨西哥采取的"统一清算费率"制度不合理。根据该制度的要求,美国运营商只能与过去半年内占有呼出长途市场最大份额并拥有长途电话服务许可证的墨西哥运营商进行谈判。[2] 专家组认为,墨西哥对美国运营商收取的互联费率在很大程度上超出了以成本为导向的费率,并且在电信服务的相关市场上采取排除价格竞争的统一费率的做法,并不是按照合理条款给予美国运营商接入和使用墨西哥公共电信传输网络的服务。

关于竞争保障的问题,专家组认为,《参考文件》第1.1条包含三个要件,分别是:(1) 主要提供者;(2) 限制竞争的行为;(3) 应维持的适当措施。[3] 专家组通过《参考文件》第2条对"主要运营商"的定义,认定墨西哥Telmex公司是主要运营商。[4] 此外,由于墨西哥立法要求Telmex公司实施限制竞争的措施,因此专家组最后作出有利于美国的裁决。争端双方都接受专家组的裁决,均未向

---

〔1〕 See Panel Report, Mexico—Measures Affecting Telecommunications Services, WT/DS204/R, 2 Apr. 2004, para. 7.30.

〔2〕 Ibid., para. 7.311.

〔3〕 Ibid., para. 7.225.

〔4〕 Ibid., paras. 7.230-7.238.

上诉机构提起上诉。

二、TPP对电信服务贸易规则的重构

（一）明确电信服务相关定义及其范围

在定义方面，GATS《关于电信服务的附件》中对电信服务相关定义的规定仅有4项，TPP中作出的定义则有21项。其中，TPP有关“主要运营商”“基本设施”等的定义参考了WTO《参考文件》，对其予以吸收与保留，并删除了有关“公司内部通信”的定义。在内容方面，TPP基本保留了GATS《基础电信协定》和《参考文件》的主要内容，并在此基础上进行了细微的调整。例如，对“电信”的定义强调包括通过光子方式传输和接收信号；对“电信服务”的定义不再将其表述为“电信传输服务”，删除了电信服务中“实时传输”的要求。

在范围方面，GATS《关于电信服务的附件》和TPP都将电信服务贸易中的基础电信服务和增值电信服务包含在内，而且在后续条款中都排除了电台或电视节目的电缆、广播播送服务的相关措施。此外，TPP还增加了限制解释，即“电信”章的相关规定不得被解释为要求缔约方迫使专营电台或电视节目的企业将其广播或有线设施作为公共电信网络提供；或者阻止缔约方禁止经营私人网络的人利用其私人网络，向第三方提供公共电信网络或服务。

（二）保证他方接入和使用电信网络服务

电信服务贸易规则的首要任务是，确保其他缔约方的服务提供者能够接入和使用公共电信网络服务。由于信息传递本身的特殊性，电信运营商必须建造国际通信网络或获得现存网络的许可才能进行信息传递和电信服务的提供。[1] 这种接入遇到的关键障碍是许多国家的电信基础设施归政府或者政府控制下的公司所有并经营。[2] 缔约方的这一权利一般通过正反两方面的规定加以保障：

---

〔1〕 参见石静霞：《WTO服务贸易法专论》，法律出版社2006年版，第302页。

〔2〕 See Taunya L. McLarty, Liberalized Telecommunications Trade in the WTO: Implications for Universal Service Policy, *Federal Communications Law Journal*, Vol. 51, No. 1, 1998, p. 8.

一方面，通过正面确认的方式要求缔约方确保他方进入，并列举他方可享有的权利；另一方面，限制市场准入的附加条件，以排除不合理或者带有歧视的准入规定。

1. TPP重申缔约方确保他方服务提供者接入和使用电信网络服务的义务

GATS《关于电信服务的附件》共包含七个条款，其中所占篇幅最大的是第5条，规定了“公共电信传输网络和服务的接入和使用”。具体来说，第5条(a)项要求每一成员保证其他成员的服务提供者能够接入和使用任何公共电信传输网络和服务。(b)项具体规定了确保其他成员的服务提供者接入和使用公共电信传输网络和服务的三个分项要求。TPP第13.4条第2款共设置了五个分项要求，其中(b)和(d)两项为新增要求，以保证其他缔约方能够通过专用或自有线路向单个或多个终端使用者提供服务，以及能够执行交换、信号传输、处理和转换功能。

除了分项义务的增加外，TPP在用语方面也比GATS更加宽泛。其一，TPP扩大了他方服务提供者可购买、租用的设备范围，不再以“必需”为限。其二，TPP删除了服务提供者可以自主选择操作规程时的例外规定，使得缔约方的任何服务提供者都能够享有更广泛的自主选择权。

2. 限制接入公共电信服务的附加条件

缔约方对接入公共电信服务施加条件的原因仅限于以下两种：(1) 保证服务提供者向公众提供网络或服务的能力；(2) 保护技术完整性。在这两大原因下，GATS和TPP又分别用列举的方式规定了可附加的条件。具体来说，TPP删除了GATS关于限制转售以及限制专门线路互联互通的附加条件，其他条件被保留并作修改。

TPP删除了GATS关于转售的限制，明确缔约方不得禁止转售任何公共电信服务，并专门设置第13.9条对转售作出具体规定。第13.9条第2款规定，缔约方应保证其领土内的主要供应商以合理费率转售公共电信服务，而且不施加不合理或歧视性条件或限制。但是，第13.9条并没有彻底地要求缔约方允许转售某项电信服务，反而允许缔约方根据其国内法律确定可以由主要供应商定价而转售的电信服务。根据第13.9条第4款的规定，缔约方仍可以拒绝他方服务提供者对于转售的请求，从而实现实际上的禁止转售。可见，缔约方享有转售公共电信服务的选择权，可以根据自身情况对其他缔约方服务提供者的请求作出不同的决定，以控制公共电信服务转售的情况。

此外，在附加通知、注册和执照取得等规定上，TPP增加了“准许”作为可实施程序的种类。GATS《关于电信服务的附件》中原本仅有“通知、注册和许可”，TPP将其扩大为“许可、准许、注册或通知程序”，同时提高了对这些程序的透明度要求。

（三）TPP细化并增设公共电信服务提供者的义务

GATS《关于电信服务的电信附件》中没有规定公共电信服务提供者的义务。WTO《参考文件》第2.1条笼统地规定了公共电信服务提供者互联互通的义务。[1] TPP在《参考文件》的基础上规定了以下义务：

1. 公共电信服务提供者互联互通的义务

互联互通是指把公共电信服务提供者连接起来，实现一个提供者的用户与另一个提供者的用户之间的通信，并获得另一个提供者提供的服务。TPP要求缔约方保证其领土内的服务提供者在同一领域内通过直接或者间接的方式向其他缔约方的服务提供者提供互联互通服务。同时，缔约方需要做到以下两点：第一，缔约方可以通过授权电信监管机构的方式确保互联互通服务是基于合理费率产生的。第二，缔约方应当保护敏感的个人信息和机密的商业信息，保证此类信息只能基于互联互通的目的而提供；同时，在缔约方领土内，服务提供者基于对涉密信息的保护而审查他方服务提供者时，应当保证审查程序的合理性。

2. 允许用户携带号码、获得号码的义务

携带号码是指公共电信服务的终端用户在同类别的公共电信服务提供者之间转换时，在相同地点保有相同号码。每一公共电信服务提供者应基于非歧视性原则保证用户拥有获得号码的权利。用户平等获得号码的权利是服务提供者履行允许用户携带号码义务的前提。终端用户只有能够基于非歧视性原

---

〔1〕 WTO《参考文件》第2.1条规定：“本条适用于公共电信服务提供者按个别承诺提供服务时，使终端使用者能在网络服务间相互连接。”

则获得号码，携带号码改变其选择的服务提供者才成为可能。

（四）TPP 拓展了主要供应商的义务

主要供应商是指控制基本设施，或者利用市场地位能够实质影响公共电信服务相关市场参与条件的公共服务提供者。主要供应商往往也是指在缔约方领土内从事垄断经营业务的服务提供者。电信服务贸易规则的目标之一就是，使新的服务提供者可以通过与主要供应商的合作为消费者提供服务。

1. 互联互通义务

WTO《参考文件》要求，成员施加给主要供应商的义务包括：(1) 不低于子公司互联待遇；(2) 网络元件细分化；(3) 依成本接入网络终端点；(4) 互联协商程序、互联协议与标准互联方案的公开。这四项要求分别对应 TPP 第 13.7 条、第 13.10 条以及第 13.11 条，其中第 13.10 条包括(2)和(3)两项。

针对主要供应商的互联互通义务，TPP 在 WTO《参考文件》的概括描述基础上作了具体展开，对缔约方及其主要供应商提出了更加细致的要求。TPP 第 13.11 条对主要供应商的互联互通义务提出了三个分项要求：第一，对比普通电信服务提供者的一般条款；第二，与主要供应商互联互通的选择和条件；第三，公开互联互通报价和协议。

与一般公共电信服务提供者需要承担的互联互通义务相比，首先，主要供应商需要开放任何技术可行结点。换言之，技术缺位可以成为主要供应商不履行互联互通义务的抗辩理由。其次，主要供应商除了与一般公共电信服务提供者一样以合理费率提供服务外，还要保证服务基于非歧视性的条件（包括技术标准和规格），并要保证服务质量不低于主要供应商自身提供的同类服务。最后，主要供应商提供的服务计价需以成本为导向，采用分类计价的模式，不得出售他方服务提供者不需要的服务。此外，TPP 加强了对互联互通协议的透明度要求，缔约方需要公开其领土内的主要供应商进行互联互通谈判的程序，主要供应商与其领土内的服务提供者之间的互联互通协议，电信监管机构与主要供应商之间的费率约定、条款、条件、报价等。

值得注意的是，缔约方可以根据国内法规定主要供应商需要公开的互联互通服务，但是主要供应商不必公开所有与互联互通相关的服务。同时，在互联互通报价和协议的透明性方面，TPP并没有强制要求国民待遇，仅要求主要供应商公开报价和协议，并未要求提供价格相同的服务，也未对协议的统一性作出要求。

2. 竞争保障义务

传统理论认为，贸易政策与法律、竞争政策与法律之间存在明显界限。[1]因为贸易政策属于一国对外政策的一部分，而竞争政策传统上属于国内政策。总体而言，TPP对主要供应商施加的竞争保障义务与WTO《参考文件》的表述基本一致，仅对一处词语进行了替换。WTO《参考文件》要求，主要供应商不得"滥用"从事反竞争行为而取得的资料；而TPP规定，反竞争行为包括"使用"从竞争者处获得的、具有反竞争结果的信息。这一改动扩大了反竞争行为的范围，对主要供应商施加了更严格的要求。

（五）TPP新增针对主要供应商的义务

除了对WTO《参考文件》中有关主要供应商互联互通义务的拓展与细化外，TPP还在WTO框架外新增针对主要供应商的义务。

1. 线路租用和合理定价义务

专用线路是指为一使用者专用或可用所设，由固定电信服务供应商在两个或两个以上指定点间提供的电信设施。[2] 在电信行业初始发展阶段，主要供应商在各国领土内完成了架设或铺设线路、建立发射基站等开拓性质的业务，电信服务处于垄断中。随着电信服务行业的自由化发展，更多供应商希望加入电信服务提供者的行列。但是，由于基础建设已经完成，新的供应商无法重新铺设线路、建立发射基站，或者因重建的费用过于高昂而无法负担。这样，新的供应商无法拥有自己的线路，只能向主要供应商租用线路。WTO的相关文件中并没有就线路租用的定价作出规定。TPP第13.12条要求缔约方确保主要供应商在合理期限内根据合理和非歧视的条款、条件和费率，向他方的服务供应商提供租用线路的服务，同时定价应当基于容量和成本导向。

---

〔1〕 参见王先林：《WTO竞争政策与中国反垄断立法》，北京大学出版社2005年版，第30—38页。

〔2〕 参见TPP第13.1条。

2. 主机托管义务

主要供应商在技术可行且空间充足的情况下,应当基于合理、非歧视的条件以及成本导向的费率向他方的服务供应商提供物理主机托管服务。该服务具体是指在主要供应商所有或控股并使用的机房中,实际接入和控制空间以便安装、维护和修理设备,实现提供公共电信服务的目的。在条件无法满足的情况下,主要供应商可以提供虚拟托管服务作为物理主机托管服务的替代选择。在虚拟托管情况下,主机并不实际进入主要供应商的机房,而是由申请托管的服务提供者规定并允许主要供应商安装、维护和修理设备。

3. 接入电杆、管线、管网和路权义务

TPP第13.14条要求主要供应商将其拥有或控制的电杆、管线、管网和路权等提供给他方的服务供应商接入。同时,他方的服务供应商的接入行为必须建立在合理、非歧视和透明的基础上。但是,与前述线路租用义务和主机托管义务相比,该条并不要求主要供应商提供以成本为导向的价格。其中,路权属于稀缺电信资源,缔约方应当按照TPP第13.19条的规定,以客观、及时、透明及非歧视方式进行管理。

(六)TPP改变了电信争端解决机制

CPTPP在电信服务贸易领域的规则基本上与TPP保持一致,只是暂停实施TPP第13.21条"电信争端解决机制"中有关复议的规定,即任何企业因缔约方电信监管机构的裁定或决定导致其合法受保护利益受到不利影响时,可要求复议。该条款的搁置对电信机构会产生负面影响,而且不利于电信投资和贸易的发展,但是能够维护电信监管机构的权威,保证争端解决的效率。电信服务是谈判的重要领域,该条款的搁置可以说是电信监管机构权威与企业利益博弈的胜利,会使谈判的难度降低。[1]

WTO《参考文件》第2.5条规定,成员应确保服务提供者要求与主要运营商互联产生争端时,服务提供者得以随时或在已为公众知悉的相当一段时间内

---

〔1〕 参见白洁、苏庆义:《CPTPP的规则、影响及中国对策:基于和TPP对比的分析》,载《国际经济评论》2019年第1期。

将争端诉诸国内独立机关(主管机关)解决。TPP电信争端解决机制对WTO规则的超越主要体现在以下几个方面:

第一,扩大了争端解决的范围。WTO《参考文件》仅要求成员解决服务提供者和主要供应商因互联互通产生的争议。TPP扩大了争端解决的范围,将公共电信服务提供者的相关义务,国际移动漫游,主要供应商给予公共电信服务提供者的待遇,竞争保障,转售,主要供应商的网络元素非捆绑,与主要供应商的互联互通,主要供应商提供的租用线路服务的开通和定价,主要供应商提供的托管服务,接入主要供应商所有或控制的电杆、管线、管网和路权,国际海底电缆系统都纳入争端解决的范围。

第二,增加了缔约方电信监管机构在拒绝采取措施解决争端情况下的书面释明义务。

第三,要求缔约方在合理且公开确定的时间内解决与主要供应商互联互通的问题。但是,TPP条文中并没有具体指出"合理且公开确定的时间"具体为多久。对于合理时间的确定,可以参考《新加坡—澳大利亚自由贸易协定》第9.8条,该条规定的合理时间为180天,特别复杂的案件不受该时间的限制。

(七) TPP深化了其他相关义务

GATS《关于电信服务的附件》规定的其他义务包括透明度、技术合作;而WTO《参考文件》规定的其他措施则包括普及服务、发证程序、独立监管机关以及稀缺资源的分配与利用。TPP中并没有技术合作条款,取而代之的是对技术选择的灵活性的规定,即缔约方不得阻止公共电信服务提供者选择其为提供服务而愿意使用的技术,除非是为了满足公共政策利益的需要,而且在采取措施时需要满足透明度的要求。[1] TPP对于普遍服务义务的规定与WTO《参考文件》的规定类似,都规定了缔约方有权确定其愿意保留的普遍服务义务的类型,而且需以透明、非歧视和竞争中立的方式管理其保留的普遍服务义务。

1. 许可程序

WTO《参考文件》要求成员公开的有关发证程序的信息共有两项:(1) 签发

---

〔1〕 参见TPP第13.23条。

与审核证照的要件；（2）获得证照通常所需的时间。TPP在此基础上增加了对许可程序透明度的要求，除了要求缔约方公开电信服务领域适用的所有许可标准、程序以及申请一项许可通常所需的时间外，还要求缔约方公开所有现有的许可条款。WTO《参考文件》仅宽泛地要求成员应申请人请求说明拒绝发照的理由。TPP在此基础上增加了几种缔约方需要应申请人请求说明理由的情形：第一，不予许可；第二，特定供应商的附条件许可；第三，撤销许可；第四，拒绝更新许可。[1]

2. 透明度

透明度是自由服务贸易的基础。《牛津法律词典》将“透明度”定义为市场经营者获知市场规则的重要保证，即保证适用于所有主体的规则、规章及其背后的原因为所有主体知悉，从而保证公平公正。[2] WTO《参考文件》对透明度的基本概括是“信息公开的程度”。值得注意的是，信息公开并不等于信息透明，信息透明应当包括信息公开、信息可获得和公众参与三个维度。

基于对信息公开程度的要求，GATS第3条及其《关于电信服务的附件》第4条都规定，成员应迅速公开有关或影响GATS运用的所有普遍适用的措施，包括任何新的法律、法规、行政准则或现有法律、法规、行政准则的任何变更。具体到电信服务贸易领域，成员应保证公开的信息包括：服务的收费及其他条款和条件；与此类网络和服务的技术接口规范；负责制定和采用影响接入和使用标准的机构的信息；适用于终端连接或其他设备的条件；可能的通知、注册或许可要求。根据TPP第13.22条第2款的规定，缔约方应保证，可公开获得有关公共电信服务的措施，包括：第一，服务资费及其他条款与条件；第二，技术接口的规范；第三，终端或其他设备连接公共电信网络的条件；第四，许可、准许、注册或通知要求；第五，第13.21条（电信争端解决机制）规定的有关电信争端解决的一般程序；第六，电信监管机构的任何措施，如政府委托其他机构负责制订、修改和采取影响接入和使用标准的有关措施。

除了扩大信息公开的范围外，TPP在GATS的基础上增加了对立法透明

---

〔1〕 参见TPP第13.18条。

〔2〕 See Elizabeth A. Martin (ed.), *Oxford Dictionary of Law*, 5th ed., Oxford University Press, 2002, p. 505.

度的要求，要求缔约方建立或者维持适当的回应机制，以答复利害关系人针对电信规则提出的问询，提高利害关系人对缔约方采取边境后措施的参与度。根据第13.22条第1款的规定，缔约方的电信监管机构就一项法规提案征求意见时，该机构应：（1）公开或以其他方式使利害关系人可获得；（2）对提案的目的和理由加以说明；（3）向利害关系人提供充分的通知，使其有能力对提案进行评议，并提供合理的评议机会；（4）在可行范围内，公开所有向其提交的相关评议；（5）在最终颁布法规时，回应评议中提出的所有重大且相关的问题。

从TPP对立法透明度的要求来看，TPP试图建立起多回合的回应机制，以期最大限度地回答利害关系人对新规定的疑问。具体而言，缔约方立法者先对立法原因及目的作出阐述，再由利害关系人对立法提案作出评议。紧接着，立法者需要公布利害关系人的评议，并在最终公布新法时对重大问题予以回应。

3. 稀缺资源的配置

电信领域稀缺资源包括频率、号段、路网权等，是用于实现电信功能的重要组成部分，对电信服务经营者具有重要意义，[1]也是各国电信监管中的核心内容。TPP与GATS对于电信领域稀缺资源配置的规定基本相同，都规定缔约方需要以客观、及时、透明及非歧视方式管理稀缺电信资源；缔约方需要公开当前向各个服务提供者分配资源的情况，但可以不提供有特定政府用途的具体频率识别信息。

在电信领域稀缺资源配置方面，TPP在推动电信贸易自由化的同时，更加倾向于保护缔约方的监管权力。根据TPP第13.19条第3款，只要缔约方的行为满足TPP其他条款的要求，如第10.5条关于市场准入的要求、第10.2条第2款关于范围的规定，缔约方有权设立或使用可能具有限制公共电信服务提供者数量效果的频谱和频率管理政策。缔约方分配商业电信服务频谱时，应尽量（而非强制）适用开放和透明的程序。由此可见，TPP在稀缺资源的配置方面降低了对缔约方的透明度和禁止数量限制的要求。

---

[1] See Eric Senunas, The 1997 GATS Agreement on Basic Telecommunications: A Triumph for Multilateralism, or the Market?, http://bciptf.org/wp-content/uploads/2011/07/55-iptf-senunas.pdf, visited on Aug. 25th, 2019.

第五章　服务贸易承诺模式的重构

与GATS服务贸易具体承诺减让表采取正面清单模式不同，TPP采取的是负面清单模式。在金融服务领域，TPP根据服务贸易承诺模式的不同，分别采取正面清单与负面清单两种不同模式。此外，在负面清单模式下，TPP明确规定了冻结条款与棘轮条款，以防止服务贸易开放水平的降低。学界一般认为，负面清单模式加上冻结条款与棘轮条款，更有利于提升服务贸易的自由化水平。[1]

第一节　GATS的正面清单模式及其不足

在WTO服务贸易谈判中，各成员对服务领域的开放承诺是按照服务部门以列表形式逐项作出的，被称为"服务贸易具体承诺减让表"。服务贸易具体承诺减让表实际上是WTO成员对其服务贸易领域开放作出有法律约束力的承诺的记录表，主要内容包括：作出开放承诺的服务部门或分部门，对市场准入、国民待遇的限制，以及其他附加承诺。服务贸易具体承诺减让表与货物贸易领

---

〔1〕"在各种列表方式中，负面清单模式被认为体现了更高的自由化程度。"石静霞：《国际服务贸易规则的重构与我国服务贸易的发展》，载《中国法律评论》2018年第5期。

域的关税减让承诺表类似，构成各成员在具体服务部门的减让，同时分别构成GATS、国际服务贸易法的实质部分。GATS中的具体义务仅适用于各成员列入服务贸易具体承诺减让表中承诺开放的服务贸易部门、服务贸易模式，以及市场准入、国民待遇中的条件、限制和资格等。

一、正面清单模式的结构

GATS中各成员的服务贸易具体承诺减让表可分为两部分：

第一部分是总承诺，又称"水平承诺"，适用于有关成员承诺开放的所有服务部门。例如，《中华人民共和国服务贸易具体承诺减让表》（以下简称《中国承诺表》）有关水平承诺部分的内容为：

表 5-1 《中国承诺表》（水平承诺部分）

部门或分部门	市场准入限制	国民待遇限制	附加承诺
一、水平承诺			
本减让表中包括的所有部门	（3）在中国，外商投资企业包括外资企业（也称为外商投资企业）和合资企业，合资企业有两种类型：股权式合资企业和契约式合资企业。 …………	（3）对于给予视听服务、空运服务和医疗服务部门中的国内服务提供者的所有现有补贴不作承诺。 …………	

这种水平承诺表明，在服务贸易市场准入方面，希望以设立商业存在的方式提供中国所列开放服务部门中的服务的外国服务提供者，必须通过外商投资企业方式在中国设立商业存在，一般不能通过设立分支机构方式，除非在具体承诺中另外列明。

第二部分是具体承诺，针对具体服务部门或服务贸易模式。此处以金融服务领域银行服务具体承诺减让表为例进行说明。

表 5-2　《中国承诺表》(7. B 部分)

部门或分部门	市场准入限制	国民待遇限制	附加承诺
B. 银行及其他金融服务(不包括保险和证券) 银行服务如下所列： a. 接收公众存款和其他应付公众资金； b. 所有类型的贷款，包括消费信贷、抵押信贷、商业交易的代理和融资； c. 金融租赁； d. 所有支付和汇划服务，包括信用卡、赊账卡和贷记卡、旅行支票和银行汇票(包括进出口结算)； e. 担保和承诺； f. 自行或代客外汇交易。	(1) 除下列内容外，不作承诺： ——提供和转让金融信息、金融数据处理以及与其他金融服务提供者有关的软件； ——就(a)至(k)项所列所有活动进行咨询、中介和其他附属服务，包括资信调查和分析、投资和证券的研究和建议、关于收购的建议和关于公司重组和战略制定的建议。 (2) 没有限制。 (3) A. 地域限制 对于外汇业务，自加入时起，无地域限制。对于本币业务，地域限制将按下列时间表逐步取消：自加入时起，开放上海、深圳、天津和大连；加入后 1 年内，开放广州、珠海、青岛、南京和武汉；加入后 2 年内，开放济南、福州、成都和重庆；加入后 3 年内，开放昆明、北京和厦门；加入后 4 年内，开放汕头、宁波、沈阳和西安；加入后 5 年内，将取消所有地域限制。 B. 客户 …………	(1) 没有限制。 (2) 没有限制。 (3) 除关于本币业务的地域限制或客户限制(列在市场准入栏中)外，外国金融机构可以同外商投资企业、非中国自然人、中国自然人和中国企业进行业务往来，无个案批准的限制或需要。其他，没有限制。	对于金融租赁服务，将允许外国金融租赁公司与国内公司在相同时间提供金融租赁服务。

《中国承诺表》由四个竖栏组成：第一栏为具体承诺开放的服务部门或分部门，第二栏为市场准入限制，第三栏为国民待遇限制，第四栏为附加承诺。其中，在第二栏和第三栏中，成员根据服务贸易的四种形式即跨境提供、境外消费、商业存在、自然人流动分别作出具体承诺。对银行服务贸易形式，如境外消费，若在市场准入中没有限制，则在第二栏中(2)后注明“没有限制”(none)；若对银行业的商业存在形式的市场准入作出承诺，但附加限制条件，则在第二栏中(3)后注明所有的限制条件。

对于《中国承诺表》第一栏中具体服务贸易部门的开放承诺是采取负面清

单模式还是正面清单模式,在乌拉圭回合谈判中,各方展开了激烈争论。[1] 大多数发达国家主张采取负面清单模式界定哪些服务部门不开放,即在提交初步具体承诺减让表时,将本国不愿在市场准入方面作出减让的服务部门或分部门列入清单,把这些部门或分部门作为例外处理,并承诺在一定时期内逐步减少清单所列例外部门的数量。发展中国家则持反对态度,主张采取正面清单模式,即各成员将能够开放的服务部门列出清单,以后随着自由化谈判的进行,逐步增加开放市场的服务门类。鉴于发展中国家的管理经验和水平有限,很难预料未来会对哪些服务门类不予开放,正面清单可以使它们拥有灵活处置的主动权和回旋余地。同时,发展中国家服务贸易的开放部门有限,这也避免了以负面清单列出一大串不承诺开放的服务贸易门类的尴尬。经过发展中国家的努力,最终GATS服务贸易具体承诺减让表在服务贸易部门开放的问题上采取正面清单模式。[2]

GATS正面清单模式的确立对发展中国家有着极其重要的意义,这是因为:第一,如前所述,"服务"至今没有一个明确的定义,也没有确切的内涵与外延。GATS对"服务"的定义采取的是通过列举部门的方式,对于尚不能概括的服务用"其他服务"来概括。这样,一旦采取负面清单模式,对于一些新兴的发展中国家暂时无法概括的服务贸易部门,将会自动适用GATS规则;而采取正面清单模式后,发展中国家可以将那些自己尚不清楚的新兴服务贸易部门排除在GATS之外。第二,采取正面清单模式,发展中国家可以根据其经济发展水平逐步选择开放服务贸易部门,可以不断增加发展中国家与发达国家谈判的筹码;如果采取负面清单模式,则会一次性用完谈判筹码。

二、正面清单模式的不足

采取正面清单模式虽然对发展中国家来说意义重大,但是正面清单模式也有许多不足之处,如在推进服务贸易自由化方面存在不足;在发生争议时,就系

---

〔1〕 参见黄胜强:《国际服务贸易多边规则利弊分析》,中国社会科学出版社2000年版,第58页。

〔2〕 参见曹建明、贺小勇:《世界贸易组织》(第三版),法律出版社2011年版,第260页。

争服务贸易是否为正面清单列出的开放部门所涵盖等会产生诸多疑问。[1] 同时,如何解释成员具体承诺减让表以及表中所列的服务部门或分部门极具争议,也会影响服务贸易的开放。WTO 服务贸易争端中已经有多起涉及服务贸易具体承诺减让表解释的案件,如墨西哥电信案、美国与安提瓜赌博服务案、中美出版物市场准入案和中国电子支付服务案等。以下以中美出版物市场准入案和中国电子支付服务案为例加以说明。

(一) 中美出版物市场准入案

在美国诉中国影响出版物和视听娱乐产品贸易权和分销服务措施案(即中美出版物市场准入案)中,美国共对中国相关领域的 24 部行政法规、条例和部门规章提起诉讼。该案除了涉及对《中国承诺表》的解释外,还涉及其他多个问题,如对电影、音像制品半成品等视听娱乐产品的定性,以及中国是否可以援引 GATT 1994 第 20 条"公共道德例外"进行抗辩等。

中美出版物市场准入案涉及对《中国承诺表》2. D 项下"录音制品分销服务"[2]条目所涵盖范围的争议。换言之,该案涉及对中国在"入世"之初作出的正面清单的解释。美国认为,该条目应当涵盖物理与电子形态录音制品的分销,其中电子形态录音制品的分销包含因特网等电子方式的分销。中国则认为,该条目仅涵盖物理形态录音制品,如以 CD 为载体的音乐。[3]

2007 年 4 月 10 日,美国要求与中国就影响部分出版物和视听娱乐产品贸易权和分销服务的措施进行磋商。但是,磋商未能解决争议。当年 11 月 27 日,争端解决机构应美国请求设立专家组。专家组认为,与制品最相关的定义是"已记载内容",侧重的是被记载的内容本身,而非记载内容的载体。因此,录

---

[1] 参见李晓玲:《WTO〈服务贸易总协定〉下报复机制之实证研究》,载《国际经贸探索》2011 年第 3 期。

[2] 根据《中国承诺表》2. D 项,中国承诺对以跨境提供、境外消费形式提供的录音制品分销服务没有限制;同时,在不损害中国审查音像制品内容的权利的情况下,允许外国服务提供者与中国合资伙伴设立合作企业,从事除电影外的音像制品的分销。

[3] See Panel Report, China—Measures Affecting Trading Rights and Distribution Services for Certain Publications and Audiovisual Entertainment Products, WT/DS363/R, 12 Aug. 2009, paras. 7. 1156-7. 1159.

音制品不限于记载在物理载体上的录音。对于“分销”，专家组认为其定义为“有价值之物的散发”，涉及有形物与无形物。2009年8月12日，专家组报告裁定《中国承诺表》2.D项下包含电子分销。[1] 中国对此提出上诉。上诉机构根据《维也纳条约法公约》第31条的规定，最终认定该2.D项下包含电子分销。

（二）中国电子支付服务案

中国电子支付服务案源于中国银联股份有限公司（以下简称“中国银联”）和美国Visa公司的商业利益之争。作为中国唯一合法的银行卡清算机构，中国银联掌握了在中国发生的人民币计价和支付的支付卡交易的相关服务，Visa卡等外国卡只能进行外币交易的清算。自2004年中国银联在诸多国家铺设网络、免除外币兑换费之后，Visa卡等外国卡的海外市场有逐渐被蚕食之势。之后，中国人民银行要求在所有银行卡、POS机和ATM机上印“银联”标识，所有银行通过“银联”互联互通。除此之外，中国人民银行还要求在港澳的人民币清算和港澳卡在内地的人民币清算必须使用“银联”才能进行。[2] 2010年9月15日，美国向DSB提出与中国进行磋商的请求，指控中国对支付卡交易的电子支付服务的规定以及服务提供者规定的上述一系列限制和要求违反了GATS第16条“市场准入”和第17条“国民待遇”下的义务。

该案的首要问题是中方对系争服务是否作出了具体承诺。美方认为，涉案服务属于《中国承诺表》7.B“银行及其他金融服务”之(d)项“所有支付和汇划服务”，中方已经作出了承诺。中方则主张，《中国承诺表》7.B之(d)项的基础是GATS《关于金融服务的附件》，涉案服务的核心要素是清算和结算服务，该服务属于《关于金融服务的附件》第5条(a)项(xiv)目“金融资产的结算和清算服务”，而中国未对该服务作出任何承诺。[3] 讨论中方对涉案服务是否作出承

[1] See Panel Report, China—Measures Affecting Trading Rights and Distribution Services for Certain Publications and Audiovisual Entertainment Products, WT/DS363/R, 12 Aug. 2009, paras. 7.1244-7.1246.

[2] 参见杨国华：《“中国电子支付服务案”详解》，载《世界贸易组织动态与研究》2013年第2期。

[3] See Panel Report, China—Certain Measures Affecting Electronic Payment Services, WT/DS413/R, 16 July 2012, para. 7. 189.

诺，还必须考虑的一个因素是涉案服务本身。在涉案服务的称谓上，中方和美方产生了争议：美方认为，涉案服务是处理、促使或促成持卡人和商户之间资金转移的服务，故应称之为支付卡交易的“电子支付服务”（EPS）；中方则认为，涉案服务是网络运营商就银行间支付卡交易的授权、清分和清算而向金融机构提供的“网络服务”。[1]

专家组最后接受了美方主张的“EPS”的称谓，并认为由多种服务（如交易的授权、清分和清算）组合而成的 EPS 构成一项集成服务；就服务分类而言，EPS 应被归入一个服务分部门，而非多个分部门。对于究竟将 EPS 归为哪一服务分部门，专家组根据《维也纳条约法公约》第 31 条和第 32 条的规定，从美方主张的《中国承诺表》7. B 之（d）项“所有支付和汇划服务”出发，通过援引词典和产业资讯（如公司手册、年报等），分析（d）项的通常含义，认为“支付和汇划服务”可被界定为“处理、促使和促成支付或资金转移行为的服务”，前置的“所有”一词表明（d）项意图包括所有支付和汇划服务。然后，专家组审查了（d）项的“上下文”，包括（d）项的剩余部分、《中国承诺表》的其他部分、《关于金融服务的附件》、其他成员的承诺表和 GATS 的结构。对于（d）项的剩余部分之内容，即“包括信用卡、赊账卡和贷记卡、旅行支票和银行汇票（包括进出口结算）”，专家组认为这是一项例示清单。综上，专家组确认“所有支付和汇划服务”是指那些对处理和完成支付卡交易极其重要的服务。关于《中国承诺表》的其他部分，主要是 7. B 下之“银行服务如下所列”，专家组认为，这只表明所涉服务通常由银行提供，或过去通常由银行提供，一些服务也可由其他类型的金融实体提供，并不妨碍将（d）项解释为对处理和完成支付卡交易来说极其重要的服务。对于 GATS《关于金融服务的附件》中的“金融资产的结算和清算服务”，专家组将“金融资产”解释为具备投资属性、授予所有权并可产生投资回报的金融工具，不包括支付卡交易，从而否决了中国关于系争服务的主张。[2] 最后，专家组得出结论：系争服务，即支付卡交易的电子支付服务，属于《中国承诺表》7. B 之（d）项下服务的分部门。同时，由于根据《维也纳条约法公约》第 31 条进行解释所得

---

〔1〕 See Panel Report, China—Certain Measures Affecting Electronic Payment Services, WT/DS413/R, 16 July 2012, paras. 7. 25-7. 30.

〔2〕 Ibid. , paras. 7. 72-7. 204.

出的结论并无模糊或不合理之处，专家组决定不再根据《维也纳条约法公约》第32条继续进行解释。专家组发布报告后，中方虽对涉案服务属于"所有支付和汇划服务"的裁定保留意见，但未提起上诉。[1]

（三）小结

通过以上对中美出版物市场准入案和中国电子支付服务案的分析总结，无论是前案对于电子分销的解释，还是后案中专家组为了容纳不断变化的商业现实，在报告中首次引入"促成服务"概念，将服务部门演绎为包含"促成服务"和"最终服务"（或"核心服务"）两部分，我们都可以看出GATS正面清单模式的不足，主要表现为：

第一，正面清单模式是对既有服务贸易发展模式的开放，很少能够预见未来服务贸易业态与技术的发展。随着信息技术的发展，产生于20世纪90年代的服务分类体系已经落后于今日之商业现实，服务贸易的新技术、新业态、新模式不断涌现。即使是同样性质的服务贸易，其技术和业态也已经发生了很大的变化。比如，由物理形态的影像产品发展到无形的数字产品，其出版、分销业态与当初中国进行"入世"谈判时相比都已经大相径庭，对于其是否应被包含在中国"入世"承诺中，自然会产生较大争议。若采取负面清单的承诺模式，列出的是不开放的服务贸易部门，排除的是既有服务贸易发展模式，对于未来的新技术、新业态、新模式展现的是开放姿态。

第二，与负面清单相比，正面清单承诺的透明度较低。在GATS正面清单的承诺模式中，由于服务贸易部门分类比较抽象和复杂，因此在实践中，如在中国电子支付服务案中，对于电子支付是否属于银行业务，尚需进行复杂的解释。此外，在正面清单中列入市场准入和国民待遇的条件比较明确，未被列入其中的成员不得实施影响服务贸易的措施。但是，成员的国内法规未必能明确列出相应措施，这导致部分措施的透明度和可预期性较低。

---

〔1〕 参见李晓玲：《WTO成员减让表之服务部门的解释方法——基于中国电子支付服务案的研究》，载《国际经贸探索》2015年第2期。

第二节　TPP的负面清单模式

负面清单又称“否定清单”“消极清单”“负面列表”“否定列表”“保留条款”“例外条款”等。在国际经贸规则中，负面清单是“不符措施”的代称，即外资在市场准入阶段不适用国民待遇原则的特别管理措施的汇总。[1]

一、负面清单的含义与理论内涵

（一）负面清单的含义及发展

负面清单是禁止或限制外国投资领域的清单，包括所有针对外资与国民待遇、最惠国待遇不符的管理措施，以及有关当地存在、业绩和高管人员等要求的清单。[2] 现代意义上的负面清单最早起源于20世纪美国与其他国家签订的友好通商航海条约（FCNT），美国通常在条约中规定对通信、信托、银行、空运、水运、土地利用和其他资源的外国收购业务可以采取保留措施。事实上，对通信、金融、运输、土地利用和稀有资源的保护仍然在TPP关于不符措施的附件中占主要部分。目前，负面清单限制措施涉及的行业主要有两类：一类是国家基础行业、具有公共服务性质的行业、影响国家安全的产业，如农业、矿产业和航运服务业等；另一类是具有战略意义的产业，[3]如专业服务业、社会服务业和金融服务业等。

1994年《北美自由贸易协定》（NAFTA）中的负面清单与FCNT中的负面清单相比，实现了一次重大突破。NAFTA创设了“准入前国民待遇＋负面清单”的投资开放模式，并且对附件中涉及的名词作了界定。NAFTA实现了四点创新：第一，使用多个附件，分类列明所有的保留措施；第二，设计了列举保留

---

〔1〕 参见商舒：《中国（上海）自由贸易试验区外资准入的负面清单》，载《法学》2014年第1期。

〔2〕 参见樊正兰、张宝明：《负面清单的国际比较及实证研究》，载《上海经济研究》2014年第12期。

〔3〕 参见王中美：《“负面清单”转型经验的国际比较及对中国的借鉴意义》，载《国际经贸探索》2014年第9期。

措施的格式；第三，除了列举保留未来采取限制措施权利的行业清单外，还单独列举现存的不符措施；第四，政策空间的灵活性有所增强，保留措施不局限于国民待遇和最惠国待遇，通常还包括业绩要求、高管人员及董事会方面的规定。[1]

NAFTA负面清单的条目中需要包含的内容有：(1)部门；(2)分部门；(3)产业分类；(4)保留类型；(5)政府层级；(6)法律依据；(7)具体描述；(8)过渡期。与之相比，TPP的主要变化在于：其一，以"涉及义务"(concerned obligation)取代"保留类型"(type of reservation)的表述。虽然两大协定都规定需要缔约方列明不符措施违反了哪项条约的正面义务，但是TPP更换了表述方式，使得条目更加清晰，更容易理解。其二，删除了对过渡期的单独列明，而仅在需要有过渡期的条目中列明。

在NAFTA采取服务自由化承诺的负面清单模式后，许多FTA沿用了这一模式。目前，超过一半的FTA采取负面清单模式。[2] 同时，除了国际法层面的负面清单外，无论是欧美发达国家，还是亚洲、拉丁美洲、非洲等地区的发展中国家，都在积极推行国内法的负面清单，外资准入的负面清单已经成为"新一代投资规则"。[3]

(二) 负面清单的理论内涵

负面清单是相对于正面清单而言的。正面清单属于选择性开放模式，秉持"法无授权即禁止"的法律理念。一般情况下，正面清单都是由缔约方列明可开放的领域，同时设置严格的审批制度，执行一种严格的准入制度。[4] 负面清单

---

[1] 参见樊正兰、张宝明：《负面清单的国际比较及实证研究》，载《上海经济研究》2014年第12期。

[2] See Pierre Latrille & Juneyoung Lee, Services Rules in Regional Trade Agreements—How Diverse and How Creative as Compared to the GATS Multilateral Rules?, WTO Staff Working Paper, No. ERSD-2012-19, 31 Oct. 2012, para. 23.

[3] See Alexander Böhmer, New Generation of Foreign Investment Laws—MENA and International Good Practice, http://www.oecd.org/mena/competitiveness/39296006.pdf, visited on Aug. 10th, 2019.

[4] 参见方杰：《外资准入负面清单管理模式研究》，中国法制出版社2018年版，第3页。

则采取与正面清单相反的逻辑模式，体现的是“法无禁止即自由”的法律理念，[1]在国际司法实践中较常援引的是“国际法不禁止即为允许”。例如，在2010年国际法院发布的关于科索沃单方面宣布独立是否符合国际法的问题的咨询意见中，国际法院认为，一般国际法和联合国安理会第1244(1999)号决议都没有禁止科索沃宣布独立，因此科索沃单方面宣布独立的行为本身并不违反国际法。[2]

在私法领域，负面清单体现了私法自治原则。作为一种开放模式的承诺，负面清单既是私法自治精神的具体落实，又是私法自治精神的重要保障。[3]负面清单管理模式与私法自治的联系体现在三个方面：一是理念的一致性，两者都主张减少公权力对私人领域的过度介入；二是调整方式的一致性，从正面清单到负面清单的过渡，体现了从法定主义的调整方法转变为依赖法律行为的调整方法；三是无效事由的一致性，负面清单明确了对外开放的限制领域，无效事由的数量将大幅减少。

二、TPP服务贸易负面清单的主要内容

TPP有关服务贸易的负面清单主要规定在第九章“投资”、第十章“跨境服务贸易”中。其中，TPP第9.11条和第10.7条“不符措施”具体规定了负面清单制度。在商业存在模式(投资)和跨境服务领域，每个TPP缔约方都列有两份负面清单，即附件Ⅰ和附件Ⅱ。附件Ⅰ是各缔约方列出的中央和地方政府维持的现存的不符措施及其延续和更新，缔约方承诺未来这类不符措施的限制程度不会变得更高，只会维持不变或放松限制。附件Ⅱ是各缔约方列出的对特定行业保留采取新的限制措施的权利。在该附件中提及的特定行业，相关缔约方既可以维持现有措施，也可以采取新的限制措施而不受TPP的限制。

---

〔1〕 参见龚柏华：《中国(上海)自由贸易试验区外资准入“负面清单”模式法律分析》，载《世界贸易组织动态与研究》2013年第6期。

〔2〕 See International Court of Justice, Accordance with International Law of the Unilateral Declaration of Independence in Respect of Kosovo, https://www.icj-cij.org/case/141, visited on Aug. 10th, 2019.

〔3〕 参见王利明：《负面清单管理模式与私法自治》，载《中国法学》2014年第5期。

（一）负面清单的措施内容

商业存在模式（投资）和跨境服务的负面清单主要包括以下几个方面的内容：

1. 不符措施涉及的义务

根据附件Ⅰ和附件Ⅱ相关注释的规定，不符措施涉及的义务包括：(1) 国民待遇（第9.4条、第10.3条）；(2) 最惠国待遇（第9.5条、第10.4条）；(3) 业绩要求（第9.9条）；(4) 高级管理人员和董事会（第9.10条）；(5) 市场准入（第10.5条）；(6) 当地存在（第10.6条）。缔约方需要在负面清单中列明不符措施涉及的义务。

2. 限制性行业及分部门

限制外资进入的行业清单是整个负面清单的重要组成部分，它具体阐明了缔约方外商投资准入的限制领域及其子领域。从各国负面清单的实践来看，被列入负面清单的服务贸易行业主要包括运输、通信等基础行业以及专业服务、教育、旅游、建筑、经销、社会服务、环境、金融、娱乐等行业。

3. 政府层级

根据TTP第9.11条第1款(a)项的规定，缔约方负面清单中的不符措施可由三级政府采取或维持，分别是中央政府、地区政府和地方政府。缔约方需要在负面清单中标示采取或维持各项不符措施的政府层级。

4. 不符措施的国内法依据

大部分缔约方会在负面清单中列出现存的不符措施的所有国内法依据。但是，也有部分缔约方未列出或未列出所有国内法依据。根据政府层级的不同，国内法依据包括缔约方立法机关制定的宪法及法律，以及各级政府、外商投资管理部门等制定的其他规范性文件。

5. 不符措施的具体描述

缔约方在不符措施的附件中会指明负面清单针对的领域，然后具体描述相关规定。具体而言，在投资领域，不符措施主要包括禁止性措施、股权限制、投资总额限定、高级管理人员和董事会要求、国籍限定、业绩要求等；在跨境服务领域，不符措施主要包括专业人员流动等。

（二）负面清单所涉服务贸易部门

根据TPP缔约方的负面清单承诺表，附件Ⅰ和附件Ⅱ所涉服务贸易部门具有如下规律或特点：[1]

第一，负面清单所涉服务贸易部门主要有运输、电信、商业、分销、教育、社会服务、旅游、娱乐、体育等部门。其中，运输、电信、商业是所有缔约方都涉及的部门。特别是运输和电信部门，所涉限制措施较多，说明了这两个部门对各缔约方经济发展、国家安全的重要性。商业部门的限制措施也比较多，这可能与商业部门涉及的分部门较多有关。商业部门包括法律服务、咨询服务、管理服务、计算机服务、审计服务、房地产服务等细分领域。同时，这些服务贸易部门被列入负面清单也表明，TPP各缔约方的不符措施存在高度的相似性和规律性，比较集中。

第二，相对于发达缔约方而言，发展中缔约方对文化、教育、娱乐等服务部门进行更多的保护。例如，对于影视行业，越南规定了电影制作、分销、放映等各个环节的外资比例；墨西哥规定国产电影需保持至少10%的放映时间；秘鲁规定无线电及广播电视公司必须将10%的节目留给民间创作、国内音乐以及依据国内文化和历史创作的作品；智利规定从事发掘、研究、探索以及收集人类学、考古学、古生物学资料须获得授权，且须与其国内机构开展合作。对于教育行业，越南禁止外资进入初等教育、中等教育领域，同时对外资进入高等教育领域进行相关限制；马来西亚规定学前教育、小学教育、实践教育领域禁止外资进入。对于娱乐业，越南规定了外资进入电子游戏以及戏剧、现场乐队、马戏团的股权限制；秘鲁对经营现场表演的外商投资股权比例进行了限制。[2]

第三，附件Ⅱ针对所有行业规定了六十多条不符措施，远多于附件Ⅰ中的不符措施，表明各缔约方在对待未来可能采取的限制措施方面持更加谨慎的态度，作出了更加宽泛的承诺，保留了未来可采取限制措施的政策空间。对于附

---

〔1〕参见杨荣珍、陈雨：《TPP成员国投资负面清单的比较研究》，载《国际商务》2017年第6期。

〔2〕参见邓珊：《对越南国际直接投资法律政策问题研究》，载《东南亚纵横》2017年第6期。

件Ⅰ中不符措施数量较多的商业、电信、金融和运输服务，各国在附件Ⅱ中仍然作出了较多保留。此外，社会服务、娱乐服务的不符措施也较多，原因可能在于这两个服务类型与各国的文化传统、社会公序良俗相关，因此各国在对外开放的过程中普遍持谨慎态度。总体而言，发达缔约方在附件Ⅰ中列出的不符措施较少，而在附件Ⅱ中列出的不符措施则较多。附件Ⅱ负面清单中列出的不符措施旨在保留在某领域维持或采取任何措施的权利，且无须列出限制措施的具体内容，这为未来的政策制定保留了较大的政策空间，似乎更受到发达缔约方的青睐。[1]

第四，TPP的缔约方包括日本、加拿大、新西兰、澳大利亚、新加坡五个发达国家和马来西亚、文莱、智利、秘鲁、越南、墨西哥六个发展中国家，这些国家的经济发展水平各异，经济发展模式多元。从现存的不符措施数量来看，发达国家较发展中国家而言普遍拥有更少的不符措施。在五个发达国家中，日本在附件Ⅰ中列出的不符措施数量最多，这在一定程度上表明日本服务贸易领域的对外开放水平较低。新加坡、新西兰在附件Ⅱ中列出的不符措施也较多，表明这两个国家对服务贸易领域的开放持较为谨慎的态度。此外，就负面清单的规范程度而言，发达缔约方所列的负面清单的格式相对规范。发达缔约方大多会在负面清单中列出其国内法依据，并且往往会指出具体的法律名称、章节、条款等。相反，越南、文莱等发展中缔约方在负面清单中的有些表述比较模糊，有的甚至笼统表述为“行政管理措施、发展规划、计划、指南等”。[2]

第三节 金融服务贸易的特殊承诺模式

在新一代自由贸易协定中，不论是双边还是多边自由贸易协定，都将“金融服务”作为其中独立的章节或者附件，凸显出对金融服务的高度重视。金融服务业作为现代服务业的支持性力量，是各种社会资源以货币形式实现优化配置

〔1〕 参见杨荣珍、陈雨:《TPP成员国投资负面清单的比较研究》，载《国际商务》2017年第6期。

〔2〕 参见CPTPP附件Ⅰ中加拿大、越南等国的承诺清单。

的重要领域，对经济发展有着极为重要的作用。[1] 由于金融服务对经济发展的重要作用，因此各国在双边或多边经贸协定中通常都采取较为审慎的态度。

TPP 在金融服务领域采取混合清单模式制作承诺表，在跨境金融服务领域延续了 GATS 的正面清单模式，具体规定在第十一章附件 11-A 中；而在商业存在模式下采取负面清单模式，规定在附件Ⅲ中。

一、跨境金融服务中的正面清单

在 TPP 第十一章第 11.1 条“定义”中，“金融服务”被界定为“任何具有金融性质的服务”，具体包括保险及其相关服务、银行和除保险外的其他金融服务以及其他具有金融性质的服务。

TPP 第 11.6 条第 1 款明确规定：“每一缔约方在给予国民待遇的条款和条件下，应允许另一缔约方的跨境金融服务提供者提供附件 11-A（跨境贸易）列明的金融服务。”例如，对于保险及其相关服务而言，澳大利亚在附件 11-A 中列举的承担国民待遇义务的范围包括：(1) 有关海运、商业航空、航天发射和搭载（包括卫星）的风险保险，涵盖运输的货物、运输货物的交通工具及由此产生的任何责任，国际货物运输的相关风险保险。(2) 再保险和转分保。(3) 附属服务的保险，如咨询、精算、风险评估和理赔服务。(4) 保险中介，如经纪和代理。对于银行和其他金融服务（保险除外）而言，澳大利亚在附件 11-A 中列举的承担国民待遇义务的范围包括：(1)其他金融服务供应商提供和转移金融信息、金融数据处理及相关软件；(2) 与银行和其他金融服务有关的咨询和其他附属服务，不包括中介业务。

可以看出，TPP 下跨境金融服务采取的是正面清单的承诺模式，这是 TPP 对 GATS 的延续。究其原因，这是因为各国对于金融服务贸易的开放尤为谨慎，而采取正面清单的承诺模式有利于各国严格控制跨境金融服务领域的开放范围和开放程度。

---

[1] 参见杨嬛、赵晓雷：《TPP、KORUS 和 BIT 的金融负面清单比较研究及对中国（上海）自由贸易试验区的启示》，载《国际经贸探索》2017 年第 4 期。

二、商业存在模式下的金融负面清单

就负面清单而言，TPP附件Ⅲ分为A节、B节两个部分，分别列明了缔约方现存的不符措施和未来可能采取的不符措施。在商业存在模式下的负面清单中，各缔约方原则上应当开放所有的金融服务行业，履行市场准入、国民待遇、最惠国待遇等一般性义务，除非缔约方在TPP附件Ⅲ中作出了保留。具体来说，TPP下金融服务领域负面清单的条目内容与附件Ⅰ和附件Ⅱ的条目内容相同，都包含所违反的正面义务、不符措施的国内法依据和具体描述等内容。

根据各个国家金融负面清单中不符措施条款的内容，不符措施可以分为准入限制、业务限制、董事会成员限制、针对本国的特殊政策、其他保留条款、地方政府以及其他。其中，准入限制条款最多。根据准入限制所采取的手段还可以进一步细分为本地化、股权限制、资质要求、机构数量、机构形式以及代理要求等几个类别。业务限制是指负面清单中缔约方对某些敏感业务禁止外商投资者进入的特殊条款。与准入限制的有限限制相比，业务限制更彻底地限制外商投资者进入某些行业或领域。但是，也有国家在完全限制的基础上有所保留，提出了有条件的进入方式，即带豁免的限制和带门槛的限制。[1] 针对本国的特殊政策主要涉及国有资产、关键产业和其他三种类型。例如，澳大利亚、马来西亚、墨西哥都在负面清单的B节列出对国有企业提供补贴或优惠政策的措施。[2]

此外，在商业存在模式下的金融服务负面清单中，大多数条款都是由中央政府规定的，也有部分条款是由地方政府规定的。例如，澳大利亚、加拿大就对地方政府采取的不符措施作出了保留。

---

〔1〕 参见杨嫚、赵晓雷：《TPP、KORUS和BIT的金融负面清单比较研究及对中国(上海)自由贸易试验区的启示》，载《国际经贸探索》2017年第4期。

〔2〕 参见TPP附件Ⅲ中澳大利亚、马来西亚、墨西哥的承诺清单。

第四节　冻结条款与棘轮条款

一、冻结条款与棘轮条款的含义

所谓冻结条款，是指添加任何新的不符措施之后的待遇不得低于协定生效时既有措施提供的待遇。棘轮条款比冻结条款更进一步，将自由化的措施转化为一定的约束义务。棘轮条款要求各缔约方未来采取的单边自由化措施成为具有约束效力的承诺，即现有承诺表中列举的不符措施一旦被取消，便不得恢复。换言之，棘轮条款的比较基础并不是协定生效时存在的措施，而是措施本身的优惠程度是否受到减损。[1]

对于冻结条款与棘轮条款的差异，可以下例予以说明：假设 A 国承诺表记载电信服务领域外资持股上限为 49%。协定生效后，A 国将持股比例提高至 70%，后又降至 50%，因为二者均高于协定生效时 49%的标准，所以未违反冻结条款。但是，A 国的持股比例变动违反了棘轮条款。因为最后 50%之限制是否减损自由化程度的比较基础是 70%，而非承诺表记载的 49%。冻结条款与棘轮条款的主要目的都在于锁定现有状态，促使缔约方逐渐打开服务贸易市场，实现服务贸易更高程度的自由化。但是，由于各国经济发展水平不同，TPP 制定的高标准规则有时很难在发展中国家一步到位。例如，在 TPP 第十一章“金融服务”附件 11-C 中，对于冻结条款与棘轮条款，越南作出了保留，有 3 年的过渡期。在协定生效后的 3 年内，如果越南对其列明的不符措施进行修正并比之前的措施更为优惠，则不会自动适用国民待遇、最惠国待遇和市场准入等核心义务；如果越南对其列明的不符措施进行修正并比之前的措施更加严格，则应该至少在修正前 90 天内向其他 TPP 缔约方提供相关修正的细节。

二、TPP 引入冻结条款与棘轮条款

关于 GATS 是否包含冻结条款与棘轮条款，目前有三种说法：第一种说法

---

〔1〕 参见李墨丝：《区域服务贸易自由化的新趋向——基于 GATS 和 NAFTA 类型协定的比较》，载《上海对外经贸大学学报》2015 年第 3 期。

认为GATS有冻结条款,但是没有棘轮条款。[1] 第二种说法认为冻结条款与棘轮条款只适用于国民待遇,而不适用于市场准入承诺。[2] 第三种说法是基于在GATS下,每个成员根据第21条的规定,在承诺生效后的3年内,可在任何时候修改或撤销具体承诺减让表中的任何承诺。修改成员应将其根据该条修改或撤销某一项承诺的意向,至迟在其准备实施该修改或撤销承诺之日前3个月通知服务贸易理事会。若修改或撤销建议影响了任何成员在该协议下的利益,则应受影响成员请求,修改成员应与其进行谈判,以期就必要的补偿性调整达成协议。在这种谈判和协议中,有关成员应尽力维持互利承诺的总体水平,使其不低于谈判前具体承诺减让表中对贸易提供的有利条件。同时,补偿性调整应在最惠国待遇的基础上作出。有学者认为,规定各国对具体承诺减让表中的承诺有修改权的条款是棘轮条款,GATS采用棘轮条款的目的是减轻发展中国家成员在GATS中作出进一步承诺的担忧。同时,在该条规定下,GATS成员单边修改的国民待遇或者市场准入义务将通过最惠国待遇延伸到其他成员。但是,相关学者未提及GATS中是否有冻结条款。[3]

此外,有学者认为,如果成员对市场准入的逐步改善缺乏灵活性与法律约束力,即使GATS有冻结条款与棘轮条款,也不会促进服务贸易自由化。[4]

GATS采用正面清单的列表方式,成员无须将实际开放程度作为承诺基础,导致许多WTO成员的多边承诺在承诺时有所保留,或者因事后的单边自由化政策,导致其具体承诺减让表的开放程度远低于实际开放承诺。这种现象类似于关税上拘束关税与实际关税的关系,可以称为“拘束落差”(binding overhang)或者“承诺水分”。这一落差问题的存在,除导致无法确定实际开放程度外,也可能出现成员在落差部分调整开放程度,却没有违反义务的问题。

---

〔1〕 参见李墨丝:《区域服务贸易自由化的新趋向——基于GATS和NAFTA类型协定的比较》,载《上海对外经贸大学学报》2015年第3期。

〔2〕 See Harold Godsoe, The Depth of the Trade in Services Agreement, *Brigham Young University International Law & Management Review*, Vol. 10, No. 1, 2014, p.4.

〔3〕 参见陈立虎、刘芳:《服务贸易协定(TiSA)对WTO法律规则的超越》,载《上海对外经贸大学学报》2015年第6期。

〔4〕 See Harold Godsoe, The Depth of the Trade in Services Agreement, *Brigham Young University International Law & Management Review*, Vol. 10, No. 1, 2014, p.5.

除了采用负面清单的开放承诺模式外，TPP 在第 10.7 条“不符措施”中引入冻结条款与棘轮条款。第 10.7 条第 2 款规定：“第 10.3 条（国民待遇）、第 10.4 条（最惠国待遇）、第 10.5 条（市场准入）和第 10.6 条（当地存在）不得适用于缔约方对附件 2 不符措施清单列明的部门、分部门或活动所采取或维持的措施。”根据该条第 1 款（c）项的规定，任何对前述不符措施的修正都不能降低已经存在的不符措施的开放程度。

无论 GATS 是否采取冻结条款与棘轮条款，TPP 在采用负面清单的开放承诺模式的基础上引入冻结条款与棘轮条款无疑是对 GATS 的一大超越。负面清单模式本身就具有开放范围广、集约化程度高的特点和优势，列举不符措施清单原则上就意味着缔约方没有列入清单的内容应该向其他缔约方开放。同时，冻结条款的加入减少了缔约方承诺的“水分”，而自动锁定单边自由化措施的棘轮条款更是发挥着类似于自动修订具体承诺减让表的作用。[1] 负面清单的高透明度提高了政策的可预期性，有利于营造稳定的营商环境。在此基础上，冻结条款确定了缔约方之间的贸易关系，能够帮助服务提供者更好地理解缔约方服务规则的体系和性质，而设置棘轮条款的目的在于防止缔约方自主推行的政策变革出现倒退。总之，冻结条款与棘轮条款有利于促进缔约方形成具有更高开放水平的观念，积极推动服务贸易自由化向更深层次发展。

第五节　TPP 服务贸易采取负面清单模式的价值

一、负面清单模式体现了更为开放的理念

采取负面清单模式，除了已经明确不向其他缔约方开放的领域外，其他领域都是充分开放的。负面清单表现为一系列不符措施和禁止措施，本质上是采用否定的形式扩大东道国的开放领域，推动跨境服务和投资自由化。负面清单列表的发展趋势是逐步削减不符措施，使负面清单不断缩短，不符措施和禁止措施逐渐减少，以此推动服务贸易自由化。TPP 附件Ⅰ和附件Ⅱ中列明了缔约

[1] 参见石静霞、杨幸幸：《TPP 金融服务规则评析》，载《社会科学家》2017 年第 11 期。

方现存的不符措施和针对特定行业保留的可能采取的新限制措施。

采取负面清单的开放模式，能够有效改善因GATS采取正面清单模式而产生的服务贸易进程缓慢的问题。这是因为，在GATS的正面清单模式下，假定的前提是政府对服务贸易原则上是控制的，开放是例外。因此，需要开放的部门才列出来，没有列出的部门则不予开放。服务贸易涉及12大部门、150多个分部门，若是原则上都开放，那么正面清单将会很长。此外，正面清单具有特定适用性，清单列表对未作出承诺的服务部门不具有拘束力，而且对未作出承诺的服务部门可能运用的例外措施也不作列举的要求。例如，在GATS模式下，贸易自由化的义务仅限于清单中列举的部门。同时，即使是在这些特定的例外部门，自由化也是存在限制条件的，而且这些限制条件并没有区分现存的措施和将来的措施，因而较为模糊。但是，在TPP负面清单模式下，假定的前提是政府原则上对所有的服务贸易部门都是开放的，履行市场准入、国民待遇、最惠国待遇、跨境自由贸易等一般性义务，将不开放的特定的例外部门列入负面清单。既然是特定的例外，那么负面清单就不能太长。在负面清单的谈判模式下，除非在承诺表中明确列明保留，否则所有的服务部门、分部门都要履行市场准入、国民待遇和最惠国待遇义务。同时，对于承诺表中列明的保留措施，TPP的负面清单模式要求各缔约方针对现有的不符措施和将来的不符措施分别列明保留，并且保留的不符措施要通过协商或者定期谈判逐步自由化。

此外，负面清单的承诺模式保证了相关规则能覆盖所有的服务部门和服务提供模式。在负面清单模式下，协定缔约方将自动给予新服务以市场准入机会，除非缔约方也可对此进行宽泛的排除。[1] 总之，负面清单模式具有开放范围广、集约化程度高的特征与优点。

二、负面清单的透明度更高

在正面清单的承诺模式下，缔约方没有义务公开其国内法依据。即便是在缔约方允许外资进入的领域，跨境服务提供者及投资者仍然需要通过检索找到

---

〔1〕 参见石静霞：《国际服务贸易规则的重构与我国服务贸易的发展》，载《中国法律评论》2018年第5期。

东道国的国内法规定。同时,东道国的国内法往往仅有单一语言版本,鲜有官方发布的外语版本。缔约方即使可以获得东道国的国内法信息,也无法及时理解信息的内容。信息搜寻成本是交易成本的重要组成部分,贸易政策透明度的缺乏会给贸易参与者造成额外的成本。[1] 相反,在负面清单的承诺模式下,不符措施的条目中包括相关缔约方的国内法依据以及不符措施的具体描述,减少了跨境服务提供者及投资者的交易成本,有利于提高跨境服务贸易的自由化程度。

对于提高透明度的问题,此处以美国与安提瓜赌博服务案为例。在该案中,申诉方安提瓜和被诉方美国争议的一个焦点问题是美国在GATS项下的服务贸易具体承诺减让表是否包含对赌博服务的承诺。美国在其具体承诺减让表10.D之"体育和其他休闲服务(体育除外)"条目中作了承诺,对于跨境提供没有限制。安提瓜认为美国该项承诺包括跨境提供的赌博服务。美国则提出两点反驳意见:(1) 美国承诺中的"体育除外"包含赌博服务除外的意思;(2) 美国根本没有对赌博服务作过承诺。由此可见,双方争议的焦点取决于如何解释美国的具体承诺减让表。

在专家组认为不能判断美国承诺中的"体育除外"是否包含赌博服务除外后,美国重申其具体承诺减让表根本没有对赌博服务作过承诺。的确,通观美国的具体承诺减让表,没有出现"赌博服务"的字眼。那么,这是否意味着美国对该项服务没有作过承诺?对该问题的解释,必然要参照各成员作出服务贸易承诺时涉及的两个文件:《1993年承诺表指南》和GATT《服务部门分类清单》(W/120)。

《1993年承诺表指南》第16段明确指出,服务贸易具体承诺减让表的法律属性和评估承诺开放程度都要求在描述每个部门和分部门时具有最大限度的明确性。一般而言,部门与分部门的划分应当以W/120为基础,该文件中的每个部门都与《联合国临时核心产品分类目录》(CPC)编码相对应。如果成员不

[1] See Carl-Sebastian Zoellner, Transparency: An Analysis of an Evolving Fundamental Principle in International Economic Law, *Michigan Journal of International Law*, Vol. 27, No. 2, 2006, p.589.

能使用上述分类，则必须给出足够详细的定义，以避免其承诺的范围有含糊之处。[1] 在W/120中，10.D为“体育和其他休闲服务”，与之相对应的CPC编码为CPC964。CPC964项下包括CPC9641“体育服务”和CPC9649“其他休闲服务”，其中CPC9649项下又包括CPC96492“赌博服务”。根据W/120，赌博服务应被归类于“其他休闲服务”部门，而非“体育服务”部门。问题在于，美国主张其在服务贸易具体承诺减让表中没有援引CPC，因此在解释美国的服务贸易具体承诺减让表时不能援引W/120或CPC。对此，专家组认为，根据《维也纳条约法公约》第31条“条约应按其词语在文本上下文中所具有的通常含义”之规定，由于W/120和《1993年承诺表指南》构成“上下文”，因此尽管CPC并不是GATS文本的组成部分，但是可以作为解释各成员的服务贸易具体承诺减让表的依据。据此，专家组认为，将W/120和《1993年承诺表指南》作为上下文解释美国的服务贸易具体承诺减让表中的用语，可以认定美国的服务贸易具体承诺减让表依据W/120的分类；在美国没有明确表示将偏离该分类以及另外给出具体定义的情况下，其他成员有理由相信美国的服务贸易具体承诺减让表中的服务部门10.D的范围和W/120以及相对应的CPC编码所体现的范围是一致的。因此，美国的服务贸易承诺包括对赌博服务的承诺，尽管美国没有使用CPC编码。[2]

上诉机构则认为专家组裁定W/120和《1993年承诺表指南》构成“上下文”是错误的，不能仅仅因为乌拉圭回合谈判方要求准备和散发这些文件，并在准备服务贸易承诺的提议中使用了这些文件，就把这些文件作为解释服务贸易具体承诺减让表的“上下文”。这两份文件之所以能够作为解释各成员的服务贸易具体承诺减让表的文件，不是因为它们具备《维也纳条约法公约》第31条规定的“上下文”的地位，[3]而是因为它们具备《维也纳条约法公约》第32条规定

---

〔1〕 See Appellate Body Report, United States—Measures Affecting the Cross-Border Supply of Gambling and Betting Services, WT/DS285/AB/R, 20 Apr. 2005, para. 202.

〔2〕 See Panel Report, United States—Measures Affecting the Cross-Border Supply of Gambling and Betting Services, WT/DS285/R, 10 Nov. 2004, para. 6.110.

〔3〕 上诉机构之所以认为W/120和《1993年承诺表指南》不能构成“上下文”，主要理由是这些文件尚不足以构成当事国间“与条约有关之任何协定”或者“经其他当事国接受为条约有关文书之任何文件”。

的"解释的辅助手段"的地位。不过,上诉机构与专家组的结论相同,即美国的服务贸易具体承诺减让表中的分部门 10. D"体育和其他休闲服务"的范围和 W/120 以及相对应的 CPC 编码所体现的范围一致,应当包括对赌博服务的承诺。[1]

美国大概是吸取了该案中正面清单不够明确具体的教训,因此在 TPP 谈判中特意在负面清单附件Ⅱ中将其列明。也就是说,在正面清单的承诺模式下,DSB 裁定认为美国对于赌博的跨境服务贸易是开放的;而在 TPP 中,美国将网上赌博列入不符措施即负面清单,明确其是不开放的。

综上所述,在各种列表方式中,负面清单模式被认为是体现更高自由化程度的模式,因为不符措施的易读性更强,服务提供者更容易理解。同时,各项不符措施列明了相关的法律法规,使负面清单模式具有更高的透明度。由于缔约方给出的负面清单总是会受到他方要求缩减清单的压力,因此缔约方必须在谈判前对其服务部门进行全面的梳理和检查,以便能够准确列表。在此意义上,负面清单模式有助于促进服务贸易自由化。当然,更关键的还是缔约方开放服务贸易市场的意愿与态度。[2] 不可否认,相较于正面清单,负面清单的透明度更高,交易成本更低,更能促进服务贸易自由化。

---

〔1〕 See Appellate Body Report, United States—Measures Affecting the Cross-Border Supply of Gambling and Betting Services, WT/DS285/AB/R, 20 Apr. 2005, paras. 195, 213.

〔2〕 参见石静霞:《国际服务贸易规则的重构与我国服务贸易的发展》,载《中国法律评论》2018 年第 5 期。

第六章　关于中国应对 TPP 服务贸易规则重构的建议

全球价值链的深入发展以及信息技术带来的贸易成本降低使服务业成为国际经贸发展的重心。TPP 服务贸易规则通过加大对服务与服务贸易提供者的保护、采取负面清单等多种新型模式，对服务贸易规则进行了重构。与 GATS 相比，TPP 服务贸易规则更有利于扩大服务贸易自由化。长期以来，中国在服务贸易国内立法以及国际谈判中主要是以 GATS 为基准，所采用的服务贸易规则与 TPP 服务贸易规则相比存在一定的差距。中共十九大报告明确提出要“扩大服务业对外开放”，更大程度的服务贸易自由化是中国从贸易大国向贸易强国转变的必由之路。目前，服务业的发展已经成为中国推动形成全面开放新格局的重要内容，中国已逐步由以制造业为核心的对外开放阶段进入以服务业为核心的对外开放新阶段。[1] 因此，在服务贸易规则领域，中国有必要与 TPP 服务贸易规则相衔接。具体来说，中国可以从国内服务贸易规则体系完善、FTA 服务贸易规则谈判以及 WTO 电子商务规则谈判等方面加以考虑和推进。

---

〔1〕 参见赵瑾：《以高水平开放促进服务贸易发展》，载《经济日报》2018 年 11 月 22 日第 15 版。

第一节　关于中国完善国内服务贸易规则体系的建议

虽然中国已经形成了较为完备的国内服务贸易规则体系，在服务贸易的开放程度、开放领域以及具体的管理措施方面取得了较大的进步与发展，但是与中共中央、国务院的要求以及国际服务贸易新规则相比，还有进一步完善的空间。中国国内服务贸易规则需要更具开放性和可预期性，并且亟须完善跨境服务贸易规则体系，实现由行政驱动向立法驱动的转变。

一、中国国内服务贸易规则体系的现状

目前，中国已基本形成以《中华人民共和国对外贸易法》(以下简称《对外贸易法》)、《中华人民共和国外商投资法》(以下简称《外商投资法》)为核心的服务贸易规则体系，包括服务贸易规则的框架性制度、商业存在模式的框架性制度、各具体服务领域的法律法规、国务院促进服务贸易发展的规范性文件以及针对自贸试验区服务贸易发展的特殊规则等。

(一) 服务贸易规则的框架性制度

《对外贸易法》第四章规定了国际服务贸易的相关规则。该章共五条，分别规定中国对国际服务贸易规则的遵守、有关部门执法的依据、限制或者禁止有关的国际服务贸易的原因、国家安全问题和市场准入问题。从法律层级及内容上看，《对外贸易法》对国际服务贸易规则作了基础性规定，属于中国服务贸易规则的框架性制度。

(二) 商业存在模式的框架性制度

GATS 框架下的服务贸易模式三即商业存在模式在 TPP 中被纳入“投资”章。尽管在 GATS 中以服务贸易规则规制商业存在，但是从本质上而言，商业存在与投资行为有与生俱来的紧密联系，在国内法中也往往表现为投资问题。2019 年 3 月公布的《外商投资法》通过借鉴通行的国际投资规则，确立了外商投资促进、投资保护、投资管理等方面的制度，成为中国外商投资领域的基础性法

律。该法第4条第1款明确规定:“国家对外商投资实行准入前国民待遇加负面清单管理制度。”该条规定自然适用于以商业存在模式提供的服务贸易,这也在后续颁布的法规、文件中得以体现。例如,2019年6月30日,国家发改委和商务部联合发布《自由贸易试验区外商投资准入特别管理措施(负面清单)(2019年版)》(以下简称《2019年版自贸试验区负面清单》),以准入前国民待遇加负面清单的方式列出了服务贸易领域对外商投资的商业存在实施的特别管理措施。

(三)各具体服务领域的法律法规

根据WTO的分类,服务贸易共分为12大类。对于这12大类服务贸易,中国均制定了相应的法律或者行政法规。具体来说,《商业银行法》《外资银行管理条例》等调整金融服务领域;《国际海运条例》《国际海运条例实施细则》《民用航空法》等调整运输服务领域;《注册会计师法》《律师法》《外国律师事务所驻华代表机构管理条例》等调整专业服务领域;《旅游法》《旅行社管理条例》调整旅游服务领域;《电信条例》《广播电视管理条例》《电影产业促进法》《电影管理条例》等调整通信服务领域;《出版管理条例》《文物保护法》《文物保护法实施条例》等调整文化服务领域;《教育法》《中外合作办学条例》等调整教育服务领域;等等。[1]

(四)国务院促进服务贸易发展的规范性文件

虽然国务院发布的一系列促进服务贸易发展的规范性文件在中国法律法规体系中的地位仍存在一定的争议,但是它们对中国服务贸易的发展和管理均有着不可否认的作用。这类规范性文件的数量较多、内容各异,既有针对整体服务贸易提出指导性意见的,也有针对某一服务部门提出指导性意见的,还有针对服务贸易中某一环节提出指导性意见的。这类规范性文件的适用范围也有所不同,既有适用于全国范围的,也有仅适用于自贸试验区的。当然,这类规

〔1〕 此处的相关法律法规皆用其简称形式,如《中华人民共和国商业银行法》简称《商业银行法》,不一一说明。

范性文件的共同点也是显而易见的：其一，在内容上，其规则条款均较为宏观，原则性较强，操作性较弱，主要是为服务贸易、服务行业的发展提供理论指引和方向指引。其二，采用的语言模式都较为模糊，如对于某些措施予以落实与深化、对于某些产业予以促进之类的表述较多。一直以来，这类规范性文件对中国服务贸易的运作和发展起着重要作用，是中国服务贸易规则体系的重要组成部分。这类规范性文件中比较代表性的有《国务院关于加快发展服务贸易的若干意见》《国务院关于同意全面深化服务贸易创新发展试点的批复》《国务院关于同意开展服务贸易创新发展试点的批复》等。

（五）针对自贸试验区服务贸易发展的特殊规则

设立自贸试验区是中国顺应全球经贸发展新趋势，实行更加积极主动开放战略的一项重大举措。因此，各地自贸试验区方案中都会涉及服务贸易的开放问题。

为进一步支持上海自贸试验区服务贸易的开放，国务院先后四次为上海自贸试验区进行有关行政法规、国务院文件和经国务院批准的部门规章规定的调整适用，涉及金融、保险、航运、文化、旅游、教育、医疗领域的行政法规、国务院文件和经国务院批准的部门规章十余部。[1]

根据上述调整，上海市相关政府机构及时对相关规范性文件进行了相应调整，以建立与进一步扩大开放相适应的管理制度，如《关于简化中国（上海）自由贸易试验区内相关机构和高管准入方式的实施细则（试行）》《关于本市进一步促进资本市场健康发展的实施意见》《进一步推进中国（上海）自由贸易试验区金融开放创新试点　加快上海国际金融中心建设方案》《中国（上海）自由贸易试验区金融服务业对外开放负面清单指引（2017 年版）》《中国（上海）自由贸易

---

〔1〕 参见《国务院关于在中国（上海）自由贸易试验区内暂时调整有关行政法规和国务院文件规定的行政审批或者准入特别管理措施的决定》（国发〔2013〕51 号）、《国务院关于在中国（上海）自由贸易试验区内暂时调整实施有关行政法规和经国务院批准的部门规章规定的准入特别管理措施的决定》（国发〔2014〕38 号）、《国务院关于在自由贸易试验区暂时调整有关行政法规、国务院文件和经国务院批准的部门规章规定的决定》（国发〔2016〕41 号）、《国务院关于在自由贸易试验区暂时调整有关行政法规、国务院文件和经国务院批准的部门规章规定的决定》（国发〔2017〕57 号）。

试验区跨境服务贸易特别管理措施(负面清单)(2018年)》等。

二、中国国内服务贸易体系的特点

与GATS相比,TPP框架下的服务贸易规则在开放程度、保护水平、监管机制等方面都有了较大的发展。与此同时,中国服务贸易规则体系在二十多年间也有了相当大的进步,主要表现如下:

(一)服务贸易开放程度逐渐提高

《外商投资法》第1条规定:"为了进一步扩大对外开放,积极促进外商投资,保护外商投资合法权益,规范外商投资管理,推动形成全面开放新格局,促进社会主义市场经济健康发展,根据宪法,制定本法。""扩大对外开放"被放在整部法律的首要位置,明确了该法最重要的理念与态度,即扩大对外开放程度。

关于开放领域,非常重要的制度之一是负面清单管理模式。《外商投资法》第4条规定了负面清单管理模式。与《外商投资法》相呼应,《2019年版自贸试验区负面清单》共涉及13大类、37小类特别管理措施,对于被列入清单的外商投资进行特别管理,不在此清单内的项目则享有与中国投资者一致的待遇。据此,中国在全国范围内实现了商业存在模式下服务贸易的负面清单管理模式。这种负面清单管理模式代表着更高水平的市场开放程度,与TPP等新一代大型自贸协定实现了有效衔接。在各自贸试验区层面,上海自贸试验区更是同时完成对于商业存在模式负面清单和跨境服务贸易负面清单的编制,率先实现了对于商业存在和跨境服务贸易的双重负面清单管理模式。

(二)提出竞争中立原则

国际通行的竞争中立原则的内涵是,任何企业不因所有权不同而处于有利或不利的地位,特别是国有企业相对于民营企业不应存在竞争优势。[1] 从具体措施来看,国际上的竞争中立原则主要包括监管政策中立、税收中立、融资中

---

〔1〕 参见倪萍、朱明鹏:《竞争中立对我国国有企业的影响及法制应对》,载《天水行政学院学报》2015年第1期。

立等。中国 2019 年《政府工作报告》指出:“按照竞争中性原则,在要素获取、准入许可、经营运行、政府采购和招投标等方面,对各类所有制企业平等对待。”[1]《外商投资法》对于竞争中立原则作了相应的规定。该法第 16 条规定:“国家保障外商投资企业依法通过公平竞争参与政府采购活动。政府采购依法对外商投资企业在中国境内生产的产品、提供的服务平等对待。”

(三)全方位涵盖服务贸易领域

在 GATS 达成时,中国的服务贸易规则体系涉及的领域远不如现在丰富。在法律法规层面,一些重要的服务行业尚没有相关立法,直到近些年才逐步进行立法。例如,2013 年《旅游法》的颁布填补了旅游服务贸易行业的立法空白。目前,中国服务贸易领域的法律法规体系已基本建成,涵盖服务贸易的绝大多数领域。但是,仍有一些重要领域尚未制定相应的法律,如电信、出版领域,至今只有相应的行政法规。

(四)由边境措施向边境后措施转变

影响服务贸易开放的,不仅仅是边境措施的市场准入,更为重要的是边境后的服务贸易管理措施。为了维护本国的服务贸易秩序,各国都会根据自己的国情和政策目标,制定各种管理其境内服务贸易的法律法规。为了使这些法律法规不至于妨碍 GATS 服务贸易自由化目标的实现,GATS 第 6 条对于成员管理国际服务贸易的法律法规规定了一般纪律。TPP 在 GATS 的基础上,通过增加透明度、促进监管一致性的方式进行规制,[2]以确保边境后措施的公平和合理。有学者指出:“影响我国下一步开放水平和质量的主要因素,除了市场准入问题外,更重要的是边境内措施问题。当前,全球开放的主攻方向,已经由关

---

[1] 李克强:《政府工作报告——2019 年 3 月 5 日在第十三届全国人民代表大会第二次会议上》,http://www.gov.cn/premier/2009-03/16/content_5374314.htm,2019 年 8 月 10 日访问。

[2] See Raj Bhala, Trans-Pacific Partnership or Trampling Poor Partners? A Tentative Critical Review, *Manchester Journal of International Economic Law*, Vol. 11, No. 1, 2014, p. 26.

税、股比限制等准入的'边境'领域逐渐转向产业政策、知识产权政策、环境政策、投资政策等'边境后'领域。从TTIP、TTP、美韩FTA、日本—欧盟FTA和CPTPP的谈判内容看,'边境后'政策的内容均超过了'边境'政策。"[1]当前,国家强调服务贸易政策的透明度、加大对知识产权的保护、实施内外资一致的市场准入负面清单、内外资一致适用服务贸易标准等措施,就是从制度层面更多地规范边境后措施。

三、中国国内服务贸易规则体系存在的问题及完善建议

从上述总结可以看出,中国国内服务贸易规则体系的框架已基本完整,既有起到引领作用的基本法,又有各行业法律法规作为规则体系的主体;既有全国统一适用的服务贸易规则,也有自贸试验区等特殊经济区域更具开放性的规则。但是,从建设全面开放新格局的要求看,中国国内服务贸易规则体系在商业存在模式的规则开放度与可预期性、跨境服务贸易负面清单的建立与完善等方面有待进一步发展。

(一)商业存在模式的规则要更加开放

长期以来,中国在服务贸易领域存在较大的贸易逆差,在某种程度上说明中国服务贸易的竞争力不强,一个重要原因是服务贸易的开放力度不够。OECD 2019年服务贸易限制性指数(STRI)显示,在22个行业中,中国只有3个行业的限制性指数得分低于44个国家的平均值,对服务业的限制程度普遍高于国际水平,进一步扩大开放的空间较大。[2] 相对于货物贸易而言,中国服务贸易存在很多显性和隐性壁垒,包括准入限制、股比限制、业务限制、法律形式限制、业绩要求等。这些显性和隐性壁垒显著降低了中国服务业的对外开放水平,不利于服务业竞争力的提升。对于服务贸易领域的开放,我们有

---

〔1〕 叶辅靖:《进一步扩大开放要革新边境内措施》,载《经济参考报》2018年7月18日第5版。

〔2〕 See OECD Services Trade Restrictiveness Index (STRI): The People's Republic of China 2019, http://www.oecd.org/trade/topics/services-trade/documents/oecd-stri-country-note-china.pdf, visited on Feb. 28th, 2020.

以下几点建议：

1. 对于有利于提高人民对美好生活需求的服务贸易领域，要加大开放度

在养老、医疗、教育等有利于提高人民对美好生活需求的领域，虽然目前中国允许外资以独资或者合资的形式进入，但是实际开放效果尚不明显。2018 年 11 月 5 日，国家主席习近平在首届中国国际进口博览会开幕式上提出："中国正在稳步扩大金融业开放，持续推进服务业开放，深化农业、采矿业、制造业开放，加快电信、教育、医疗、文化等领域开放进程，特别是外国投资者关注、国内市场缺口较大的教育、医疗等领域也将放宽外资股比限制。预计未来 15 年，中国进口商品和服务将分别超过 30 万亿美元和 10 万亿美元。"[1]《外商投资法》第 30 条规定："外国投资者在依法需要取得许可的行业、领域进行投资的，应当依法办理相关许可手续。有关主管部门应当按照与内资一致的条件和程序，审核外国投资者的许可申请，法律、行政法规另有规定的除外。"

在这些领域，国家领导人已提出了原则性的要求，基本法也作出了明确的规定，接下来的关键是进一步细化和落实开放政策。比如，在医疗和教育领域，股比限制依然存在。根据《2019 年版自贸试验区负面清单》，外商投资医疗机构"限于合资、合作"。事实上，早在 2013 年国务院印发的《中国（上海）自由贸易试验区总体方案》中，就已经"允许设立外商独资医疗机构"。[2] 同样，在教育领域，也存在股比限制。因此，我们建议也允许外资设立独资医疗、教育机构。此外，即使放宽股比限制，若这些领域的外资进入涉及的行业许可问题没有得到解决，开放度依然存疑。根据《外商投资法》第 30 条的规定，涉及行业许可的，除法律、行政法规另有规定外，内外资标准一致。但是，由于审批程序复杂、审批层级集中于国家层面，往往可能导致这些领域的开放效果不明显。因此，可将涉及高等教育中外合作办学的审批权、药品进口的审批权等通过一揽子授权的方式，由国务院下放给一些自贸试验区所在地的地方省级政府行使，进行

〔1〕 习近平：《共建创新包容的开放型世界经济——在首届中国国际进口博览会开幕式上的主旨演讲》，http://www.xinhuanet.com/politics/leaders/2018-11/05/c_1123664692.htm，2019 年 8 月 2 日访问。

〔2〕 参见《国务院关于印发中国（上海）自由贸易试验区总体方案的通知》（国发〔2013〕38 号）。

压力测试,先行先试。对于养老机构的设置,可由审批制修改为备案制,加强事中、事后监管。

2. 投资领域的负面清单需要更加准确

虽然《2019年版自贸试验区负面清单》进一步表达了中国实施更加开放的外商投资政策的立场,但是该负面清单的内容与TPP中的负面清单、《外商投资法》的要求相比仍存在一些问题,尚需加以改进。其中,该负面清单的准确性问题尤其显著。TPP“投资”章将国民待遇作为一般原则,负面清单则被作为不符措施列入附件。TPP第9.4条“国民待遇”规定,一缔约方在投资的设立、获取、扩大、管理、经营、运营、出售或其他处置方面给予其他缔约方的投资者及其投资以国民待遇;第9.11条“不符措施”规定,国民待遇、最惠国待遇、业绩要求、高级管理人员和董事会不适用于被列入附件Ⅰ、附件Ⅱ的相关管理措施。也就是说,TPP与国际通行的投资协定一致,其负面清单是有关国民待遇、最惠国待遇、业绩要求和高管要求的例外。《外商投资法》第4条第2款规定,“负面清单,是指国家规定在特定领域对外商投资实施的准入特别管理措施。国家对负面清单之外的外商投资,给予国民待遇”。根据该条的规定,《外商投资法》下的负面清单是国家实施的国民待遇例外的特别管理措施。同时,《外商投资法》是国内法,不存在最惠国待遇问题。至于业绩要求和高管要求,若与国民待遇不符,也可将其列入国民待遇例外的负面清单。综上,无论是TPP投资领域的负面清单还是中国《外商投资法》规定的负面清单,有一点是相同的,即商业存在模式的负面清单至少是国民待遇的例外。

那么,中国目前的负面清单是不是国民待遇的例外?此处以开放度较大的自贸试验区外商投资准入特别管理措施(负面清单)为例进行讨论。《2019年版自贸试验区负面清单》在“说明”中明确指出其统一列出的是“股权要求、高管要求等外商投资准入方面的特别管理措施”。由此可见,《2019年版自贸试验区负面清单》将国民待遇例外的范围缩至股权要求和高管要求。但是,实际上,国民待遇例外的范围远大于此。比如,股东的资格限制、注册资本要求、营业范围、分配比例要求等,只要内外资要求不一致,都属于国民待遇的例外。《自由贸易试验区外商投资准入特别管理措施(负面清单)(2017年版)》(以下简称《2017年版自贸试验区负面清单》)规定:“投资石油、天然气、煤层气的勘探、开发,须通过与中国政府批准的具有对外合作专营权的油气公司签署产品分成合同方式进行。”这实际上属于国民待遇的例外，但是既不属于股权限制例外，也不属于高管例外，在《2019 年版自贸试验区负面清单》中自然不会被列出。但是，若根据《2019 年版自贸试验区负面清单》就直接得出在石油、天然气、煤层气的勘探、开发方面内外资待遇一致的结论，恐怕就太轻率了。换言之，《外商投资法》和通行的 BIT 中的负面清单的国民待遇例外在《2019 年版自贸试验区负面清单》中被简化为股比限制与高管例外两项，其内涵、外延都远不如法律要求的负面清单丰富。

需要指出的是，自 2013 年至今，自贸试验区负面清单历经 2013 年版、2015 年版、2017 年版、2018 年版、2019 年版和 2020 年版。其中，2013 年版、2015 年版和 2017 年版自贸试验区负面清单在“说明”中都明确指出，列出的是不符合国民待遇等原则的外商投资准入特别管理措施。[1] 但是，2018 年版之后，不符合国民待遇变成了股权要求、高管要求等外商投资准入方面的特别管理措施。我们建议，以后制定负面清单时，还是要准确到不符合国民待遇等原则的外商投资准入特别管理措施，否则与《外商投资法》第 4 条规定相比，既不准确，也不完整；既不符合国内法要求，也与国际通行规则的负面清单有差距。

（二）服务贸易规则的开放更需可预期性

提升服务贸易规则开放的可预期性是一个相当重要的问题。稳定性和可预期性是法律与政策不同的重要特质：法律一旦实施，将在一段时间内保持稳定，不会随意更改；而政策则不同，会因国际国内形势的变化而变化。如前文所述，提高规则开放度是目前服务贸易开放的重要举措，但是真正的开放不仅要有更为开放的规则作为支撑，更要有较高的稳定性和可预期性作为后盾。如果服务贸易规则的开放度提高，但是其可预期性不足，不仅对服务贸易开放无益，反而会伤及外国投资者对于中国开放性规则的信心，大大降低中国服务贸易领域的开放水平。

---

[1] 参见《中国（上海）自由贸易试验区外商投资准入特别管理措施（负面清单）（2013 年）》《国务院办公厅关于印发自由贸易试验区外商投资准入特别管理措施（负面清单）的通知》。

以上海自贸试验区为例，作为中国先进规则先行先试的前沿阵地，自2013年设立起便在商业存在领域采取负面清单的管理模式，制定了《中国（上海）自由贸易试验区条例》（以下简称《上海自贸试验区条例》）以及负面清单，在规则的开放度方面处于前列。但是，上海自贸试验区开放规则的可预期性或多或少存在一些问题，这也意味着其开放度仍然需要提高。上海自贸试验区涉及投资贸易便利化、金融开放创新、资本项目可兑换等事项，国家要求其在这些领域进行改革试点。但是，这些事项的管理权恰恰都是通过《中华人民共和国立法法》（以下简称《立法法》）与其他部门法赋予国务院部委的。国务院部委根据部门法的抽象规定，制定了大量的规则或规范性文件，对贸易、投资、金融、外汇等领域进行管理。上海在制定《上海自贸试验区条例》时，碰到的非常困惑的问题就是如何处理地方立法与部委规章的关系。[1] 按照《立法法》的规定，发生此类冲突时，应由国务院裁决。但是，在现行体制下，上海不可能挑战国务院部委制定的规范性文件。从《上海自贸试验区条例》来看，上海采取的是“政策入法”模式，即将各部委以及金融监管“一委一行两会”等对上海自贸试验区的支持政策进行概括抽象并选择入法。政策具有天然的易变性，而法律具有较强的稳定性，对于如何确保《上海自贸试验区条例》出台后不会因政策发生变化而显得滞后，上海地方立法采取“政策变，我也变”的策略。《上海自贸试验区条例》第46条第2款规定：“国家规定的自贸试验区投资、贸易、金融、税收等改革试点措施发生调整，或者国家规定其他区域改革试点措施可适用于自贸试验区的，按照相关规定执行。”这种规定虽能确保《上海自贸试验区条例》与国家政策相衔接，但问题在于：若国家相关措施发生逆向调整，那么上海自贸试验区怎么办？上海自贸试验区还要不要坚持已有的开放成果？[2] 显然，上海自贸试验区仍应坚持已有的开放成果，否则之前的开放措施将会没有意义，服务贸易进一步开放发展的目标和初衷将难以实现。针对这种问题，我们建议，参考TPP等自贸协定的冻结条款和棘轮条款，即除特殊领域如金融领域的汇率、利率、货币兑换

---

〔1〕 参见丁伟：《〈中国（上海）自由贸易试验区条例〉立法透析》，载《政法论坛》2015年第1期。

〔2〕 参见贺小勇：《上海自贸试验区法治深化亟需解决的法律问题》，载《东方法学》2017年第1期。

等外,其他服务贸易领域只能不断地开放,禁止在开放后出现某种程度的倒退。

（三）跨境服务贸易规则体系的建构

在 TPP 服务贸易规则中,跨境服务贸易规则是核心内容。然而,跨境服务贸易规则体系在中国远没有商业存在规则体系完善,主要表现为:

第一,中国跨境服务贸易规则体系没有自己的框架性规则,跨境提供、自然人流动、境外消费的服务模式缺乏指导性法律。《外商投资法》的制定使服务贸易商业存在模式的规则有了重大发展,确立了准入前国民待遇加负面清单的管理模式,与 TPP“投资”章的理念一致。但是,该法仅限于规制商业存在模式,并不涉及境外消费、自然人流动、跨境提供模式,对后三种模式仍缺乏基本法律的规定。TPP 则将“跨境服务贸易”单独作为一章,使其成为服务贸易的核心章节。因此,我们建议,在未来修改《对外贸易法》时,将第四章“国际服务贸易”修改为“跨境服务贸易”,制定跨境服务贸易的框架性规则,以便与其商业存在模式的基础性规制相对应。

第二,跨境服务贸易并没有统一采取负面清单的管理模式,没有本领域的负面清单。在全国范围内,随着《外商投资法》的颁布与《2019 年版自贸试验区负面清单》的出台,负面清单的管理模式在商业存在模式下正式确立(尽管如上文所述,这不是准确完整的负面清单),大幅提高了商业存在模式下服务贸易的开放度。然而,跨境服务贸易领域仍然没有全国范围内的负面清单,继续采取正面清单的管理模式,开放度较低。这与 TPP 在商业存在和跨境提供模式下均采取负面清单管理模式的做法是不同的,衔接度较差。不过,上海自贸试验区已经发布了全国第一份自贸试验区跨境服务贸易负面清单,为全国范围内跨境服务贸易负面清单的制定作出示范。因此,我们建议,以上海自贸试验区跨境服务贸易负面清单作为范本,结合中国整体的跨境服务贸易发展情况,制定在全国范围内实行的跨境服务贸易负面清单。

2018 年 9 月,上海市人民政府发布《中国(上海)自贸试验区跨境服务贸易特别管理措施(负面清单)》,率先实施跨境服务贸易管理模式,具有引领性的意义,但是依然存在以下问题:

第一,没有实质性地扩大跨境服务贸易的开放领域。我们经过对比发现,该清单仅对现行有关跨境服务贸易的法律规范进行了梳理，以负面清单的模式进行编排，并没有实现真正的开放。

第二，存在部分“按有关规定”条款，即以某些行业的开放由某一法律法规另行规定为内容的条款。此类条款具有相当大的不确定性，会给投资者、服务提供者造成一定的从业风险，即投资者、服务提供者明明从事负面清单并未明确限制的行业活动，却因其他法律法规的规定而可能陷入违法的境地。

第三，部分行业虽然允许外资进入，但是施加一定的限制，如要求外国投资者通过国内代理机构进行注册、审批等活动。然而，国内代理机构数量众多、分工混乱，不同的注册、审批活动所要求的代理机构又有所不同。此种情况使外国投资者通过国内代理机构提供相关服务受到严重阻碍，不利于服务贸易的发展。

第四，大量涉及自然人从事服务贸易的资格考试的参加者被限定为中国公民，而从事服务贸易的资格能力与国籍并没有直接关系。

对此，我们建议：

第一，实质性地缩减跨境服务贸易负面清单，扩大服务贸易的开放度。应当深入贯彻国家各项建设方案以及相关会议中有关服务贸易开放的重要精神，对于应当开放的部门，要在负面清单中作出相应的规定并予以落实。

第二，加强立法，以更高层级的法律赋予负面清单的规定以正当性，从而解决其法律依据层级较低的问题。

第三，尽可能将“按有关规定”条款取消。如果对某些行业确有必要进行限制，则应当在负面清单中明确指出其需要遵守的规则，以确保投资者和服务提供者不会面临难以预料的法律风险。

第四，对于规范性文件设立的限制措施，原则上予以删除。这类措施往往涉及自然人参加资格考试的规定，要求参加考试的人为中国公民。通过规范性文件对考试资格加以限制不符合正当性要求。除涉及国家主权、安全外，应当允许境外人士在新片区内申请参加中国相关资格考试。

第二节　关于中国参与FTA服务贸易规则谈判的建议

当前，由于美国对DSB之上诉机构成员遴选的阻挠，WTO谈判陷入困境。国际经贸规则的谈判主要围绕FTA展开。如前所述，TPP中的服务贸易规则体现了经济全球化深入发展对服务贸易进一步开放的需要。随着准入前国民待遇加负面清单管理模式的推行，上海自贸试验区已经制定国内第一份跨境服务贸易负面清单，中国在未来的 FTA 中采用 TPP 中具有更高自由化标准的服务贸易规则的条件已经成熟。

一、中国目前的 FTA 服务贸易规则的主要特点

（一）服务贸易种类及清单模式完全采用 GATS 模式

自 2001 年以来，中国采取积极、稳妥的自由贸易推进策略，逐渐加大缔结 FTA 的力度，积极组织与其他国家和地区之间的 FTA 谈判。目前，中国正与多个国家和地区商签 FTA，其中已签署的 FTA 达到 18 个，涉及的国家和地区多达 24 个。[1]

中国在国际服务贸易规则的谈判上大多承接 GATS 的体例和内容。例如，GATS 根据提供服务的方式界定服务贸易，将其划分为四种模式，即跨境提供、境外消费、商业存在以及自然人流动。在中国签署的 FTA 中，服务贸易规则普遍效仿 GATS 体例，部分 FTA 的定义等条款甚至直接照搬 GATS 规则，而且在开放模式上普遍采用正面清单模式。[2] 不论是体例划分还是主要内容，中国签署的 FTA 都与 GATS 十分近似。

近年来，考虑到中国的经济发展水平，部分 FTA 采纳了其他高标准的区域贸易协定中的规定，新设了一些专门章节。例如，中国—韩国 FTA 将“金融服务”“电信”等作为独立章，也是目前中国签署的覆盖议题范围较广的 FTA，涉及电子商务、竞争政策、知识产权、环境与贸易等 21 世纪经贸新议题。[3] 相比于

---

〔1〕 此数量包含升级版 FTA[中国—智利、中国—东盟（“10＋1”升级）、中国—巴基斯坦、中国—新加坡]，并将内地与港澳《关于建立更紧密经贸关系的安排》（Closer Economic Partnership Arrangement，CEPA）、《海峡两岸经济合作框架协议》（Economic Cooperation Framework Agreement，ECFA）作为一个计算。该统计数据的截止日期为 2020 年 6 月 15 日。

〔2〕 参见董哲：《服务贸易商业存在 FTA 规制研究——以贸易投资规则融合为视角》，载《上海对外经贸大学学报》2018 年第 5 期。

〔3〕 参见伏军：《中国与 TPP 有多远？——中国 FTA 协定与 TPP 比较分析》，载《暨南学报》（哲学社会科学版）2016 年第 9 期。

中国之前签订的包含服务贸易规则的FTA，不论是服务贸易开放的部门还是部门的开放度，中国—韩国FTA均体现了服务贸易逐步走向自由化的特点。中国商务部原部长高虎城曾高度夸赞："中韩自贸区无论从体量和所涉及的内容来说，都是一个高水平、利益大致平衡的自贸协定。"[1]

（二）在服务贸易规则与投资规则的关系问题上呈现多元化

在国际经济活动中，贸易与投资是极为接近的两个领域，而且二者能够相互补充和促进。正因如此，将贸易规则与投资规则纳入统一体系并充分协调适用的理念得以提出，构建世界贸易与投资组织的提议也应运而生。[2] 商业存在作为服务贸易的传统模式之一，兼具服务贸易与投资的特点，极为直观地展现了服务贸易与投资的融合现象。[3] 具体而言，服务贸易的开展高度依赖商业存在的建立，而商业存在又是投资的表现形式之一。因此，当外国投资者通过商业存在的方式提供服务时，该行为具有双重属性。针对这类具有双重属性的行为的规制也出现了几种不同的形式。中国早期签署的FTA中不包含投资规则，因此普遍将商业存在纳入服务贸易规则的规制范围。随着中国FTA也开始对投资规则作出规定，服务贸易商业存在的规制形式逐渐受到关注，服务贸易规则与投资规则之间的联系逐渐凸显。

我们以中国签订的FTA作为样本，分析服务贸易规则与投资规则在商业存在领域的关系，如表6-1所示。[4]

---

〔1〕 搜狐财经综合报道：《高虎城：中澳自贸协定与西方国家几乎完全一致》，http://business.sohu.com/20150307/n409452534.shtml，2019年3月23日访问。

〔2〕 参见杨国华：《论世界贸易与投资组织的构建》，载《武大国际法评论》2018年第1期。

〔3〕 参见石静霞：《国际贸易投资规则的再构建及中国的因应》，载《中国社会科学》2015年第9期。

〔4〕 详见中国自由贸易区服务网公示的信息：http://fta.mofcom.gov.cn，2019年5月4日访问。

表 6-1　服务贸易规则与投资规则在商业存在领域的关系

FTA	服务贸易种类与模式	投资规则	服务贸易规则与投资规则的关系
中国—格鲁吉亚	采用 GATS 四分法；采用正面清单管理模式	无投资规则章	GATS 单独模式[1]—无投资规则的单独章
中国—马尔代夫			停滞
中国—澳大利亚	采用 GATS 四分法；采用正面清单管理模式	有投资规则，但明确规定不适用于服务贸易所涵盖措施[2]	GATS 单独模式二 有投资规则，但商业存在模式仅受到服务贸易规则调整
中国—韩国	采用 GATS 四分法；采用正面清单管理模式	有投资规则，但规定只有部分投资规则同时适用于商业存在模式的服务贸易[3]	GATS 为主模式[4] 商业存在领域既受到服务贸易规则调整，也受到部分投资规则调整
中国—瑞士	采用 GATS 四分法；采用正面清单管理模式	有投资规则章，但仅为框架性规定	GATS 与投资规则关系未明模式 虽有投资规则，但未明确提及对商业存在模式进行规制
中国—冰岛	采用 GATS 四分法；采用正面清单管理模式[5]	有投资规则章，但仅为框架性规定	GATS 与投资规则关系未明模式 虽有投资规则，但未明确提及对商业存在模式进行规制
中国—哥斯达黎加	采用 GATS 四分法；采用正面清单管理模式；明确服务贸易内容不适用该协定中的投资者—东道国争端解决程序[6]	将投资规则与服务贸易规则合并为一章，投资规则中引述了《投资促进和保护协定》	GATS 为主模式(反向排除型) 商业存在领域既受到服务贸易规则调整，也受到部分投资规则调整，以服务贸易规则为主

〔1〕“GATS 单独模式”指仅以服务贸易规则进行规制。

〔2〕参见《中国—澳大利亚自由贸易协定》第九章第 2 条“适用范围”。

〔3〕参见《中国—韩国自由贸易协定》第 12.18 条“服务贸易和投资”。

〔4〕“GATS 为主模式”指除以服务贸易规则进行规制外，还有部分投资规则加以规制。

〔5〕参见《中国—冰岛自由贸易协定》第七章“服务贸易”。

〔6〕参见《中国—哥斯达黎加自由贸易协定》第九章第一节“投资”、第二节“服务贸易”。

（续表）

FTA	服务贸易种类与模式	投资规则	服务贸易规则与投资规则的关系
中国—秘鲁	采用GATS四分法；采用正面清单管理模式	将投资规则单独设立为一章，原则上不适用于商业存在，其中部分规则适用于商业存在模式[1]	GATS为主模式 商业存在领域既受到服务贸易规则调整，也受到部分投资规则调整，以服务贸易规则为主
中国—新西兰	采用GATS四分法；采用正面清单管理模式	将投资规则单独设立为一章，原则上不适用于商业存在，其中部分规则适用于商业存在模式[2]	GATS为主模式 商业存在领域既受到服务贸易规则调整，也受到部分投资规则调整，以服务贸易规则为主
中国—新加坡	采用GATS四分法；采用正面清单管理模式	单独设立“投资”章，但仅为框架性规定	GATS与投资规则关系未明模式 虽有投资规则，但未明确提及对商业存在模式进行规制
中国—智利升级	采用GATS四分法；采用正面清单管理模式	在缔约另一方境内已设立商业存在的服务提供者应得享受补充协定所提供的一切权利和保护[3]	GATS为主模式：GATS+投资规则模式 根据服务贸易规则和投资规则的内容，升级后的《中国—智利自由贸易协定》下，商业存在受到二者的共同保护，不再是部分投资条款适用于商业存在[4]

〔1〕 参见《中国—秘鲁自由贸易协定》第十章“投资”第127条“适用范围”第2、3款。

〔2〕 参见《中国—新西兰自由贸易协定》第十一章“投资”第137条“范围”第2、3款。

〔3〕 参见《中国—智利自由贸易协定关于投资的补充协定》第二节“投资”。

〔4〕 参见《中国—智利自由贸易协定关于投资的补充协定》脚注5：“为进一步明确，在缔约另一方境内已设立商业存在的服务提供者应得享受本协定所提供的一切权利和保护，只要依据第一条（定义）该服务提供者被视为投资者。”

（续表）

FTA	服务贸易种类与模式	投资规则	贸易规则服务与投资规则的关系
中国—巴基斯坦	采用 GATS 传统四分法;采用正面清单管理模式。	商业存在在投资规则规制范围内,但协定没有明确规定二者之间的关系[1]	GATS 与投资规则关系未明确模式 虽有投资规则,但未明确提及对商业存在模式进行规制(中国—巴基斯坦自由贸易第二阶段议定书已经于 2019 年 4 月 28 日签署,尚未公布。根据商务部国际司负责人介绍,在投资领域仅增加了未来工作计划条款)[2]
中国—东盟 中国—东盟("10+1")升级	采用 GATS 四分法;采用正面清单管理模式	投资规则原则上不适用于服务贸易领域,但部分规则适用于商业存在领域[3]	GATS 为主模式 商业存在领域既受到服务贸易规则调整,也受到部分投资规则调整,以服务贸易规则为主
CEPA	采用 GATS 四分法;采用正面清单管理模式	采用反向排除方式规定了不适用于服务贸易商业存在领域的规则[4]	GATS 为主模式(反向排除型) 商业存在领域既受到服务贸易规则调整,也受到部分投资规则调整,以服务贸易规则为主
ECFA	采用 GATS 四分法;采用正面清单管理模式	无规定	GATS 单独模式一 无投资规则章

由上表可知,目前中国签订的 FTA 中对于商业存在领域的规制主要有三种模式:第一种为 GATS 单独模式,第二种为 GATS 为主模式,第三种为

〔1〕 参见《中国—巴基斯坦自由贸易协定》第九章"投资"第 46 条。

〔2〕 参见商务部:《商务部国际司负责人介绍中巴自贸协定第二阶段议定书相关情况》,http://www.mofcom.gov.cn/article/ae/sjjd/201904/20190402858362.shtml,2019 年 4 月 29 日访问。

〔3〕 参见《中国—东盟全面经济合作框架协议投资协议》第 3 条"适用范围"第 4、5 款。

〔4〕 参见《内地与香港关于建立更紧密经贸关系的安排》第 1 条。

GATS与投资规则关系未明模式。

根据具体规制方式，GATS单独模式又可分为两种。其中，GATS单独模式一主要以中国—格鲁吉亚、中国—智利（升级前）FTA以及ECFA为代表。上述协定（议）中均未单独设立投资章，因此商业存在领域完全由服务贸易规则进行规制。GATS单独模式二以中国—澳大利亚FTA为代表。这种规制模式的特点是，虽然FTA中有投资章，但是投资规则中明确规定不适用于商业存在领域。

GATS为主模式又可细分为三种：第一种模式是“正向规定”，即在投资章中规定部分条款适用于服务贸易章中的商业存在模式。此时，商业存在领域既受到服务贸易规则调整，也受到投资规则调整，但仅是在投资章中规定部分条款适用于商业存在领域。这种规制模式以服务贸易规则规制为主，以投资规则规制为辅。中国签署的FTA中采纳这种规制模式的有中国—韩国FTA、中国—新西兰FTA、中国—秘鲁FTA、中国—东盟FTA。第二种模式是“反向规定”，即通过反向排除的方式，将不适用于服务贸易领域的投资措施列明；未列出的商业存在受服务贸易规则与投资规则的共同规制。第三种模式是“共同规制”，以GATS为主。例如，中国—智利FTA。

至于GATS与投资规则关系未明模式，可以中国—冰岛FTA、中国—新加坡FTA、中国—巴基斯坦FTA和中国—瑞士FTA为例。上述FTA中，除服务贸易章节外，有的有投资章节以及相应的投资规则；有的虽有投资章节，但内容并不详细。例如，中国—冰岛FTA在“投资”章中提及“双方签署的《关于促进和相互保护投资协定》在为双方投资创造良好条件方面发挥的重要性”〔1〕。在此类FTA中，商业存在属于投资规则的规制范围，但是并没有特殊条款对投资规则是否适用于商业存在作出明确规定。因此，投资规则对商业存在是否适用在条文中尚不明确。但是，对于服务贸易，仍旧采用传统的GATS四分法以及正面清单管理模式，因此也可以将其归为GATS为主模式。

由此可见，在中国已经签订的FTA中，对于服务贸易商业存在的规制，仅以GATS规制或者GATS为主模式占绝大部分，具体形式多样，与投资规则之

〔1〕 参见《中国—冰岛自由贸易协定》第八章“投资”第92条“双边投资协定”。

间的关系也摇摆不定，尚未形成 TPP 中的固定规制模式。

二、关于中国参与 FTA 服务贸易规则谈判的建议

（一）框架建议

GATS 将服务贸易分为跨境提供、境外消费、商业存在和自然人流动四种模式提供。TPP 将“跨境服务贸易”单独作为一章，包括跨境提供、境外消费和自然人流动；将商业存在完整纳入“投资”章。在中国目前签订的 FTA 中，商业存在既是服务贸易规则中的内容，因为同时有投资章节的存在，所以又不可避免地与其发生联系。这些 FTA 处理服务与投资规则的模式不一，有的将投资章节的部分条款适用于商业存在模式，有的干脆排除投资章节的所有条款，有的则不予明确。如何协调二者在商业存在领域的关系也成为学者们争论的重要议题之一。有的学者主张“双重规制模式”，即投资规则与服务贸易规则同时适用于商业存在领域。[1] 有的学者主张适用 GATS 模式，即仅由服务贸易规则对商业存在领域进行调整。[2] 还有的学者认为应当将商业存在划入投资规则规制领域，仅由投资规则进行调整。[3]

GATS 之所以用贸易规则调整商业存在模式，是因为 WTO 框架下没有投资规则。由前文的分析可以看出，用投资规则调整商业存在模式提供的服务贸易，一方面体现了商业存在的本质属于投资的属性，另一方面对服务贸易提供者的保护水平远远高于适用贸易规则的调整模式。对中国而言，进一步开放服务贸易是构建对外开放新格局的重要举措。《外商投资法》确立了对外商投资领域实行负面清单管理制度，这为在未来 FTA 谈判中参照 TPP 的框架，将商业存在纳入投资章节奠定了良好的国内法基础。此外，上海自贸试验区已制定

---

〔1〕 参见董哲：《服务贸易商业存在 FTA 规制研究——以贸易投资规则融合为视角》，载《上海对外经贸大学学报》2018 年第 5 期。

〔2〕 See Gary Clyde Hufbauer & Sherry Stephenson, Services Trade: Past Liberalization and Future Challenges, *Journal of International Economic Law*, Vol. 10, No. 3, 2007, p. 613.

〔3〕 参见慕亚平、陈晓燕：《CEPA 协议实施中的法律问题研究》，载《暨南学报》（哲学社会科学版）2006 年第 3 期。

跨境服务贸易的负面清单。服务贸易领域两份负面清单的制定与确立，为未来在 FTA 谈判中参照 TPP 的架构奠定了坚实的基础。因此，我们建议，在未来 FTA 谈判中，走出现行的以 GATS 为主的模式，转向 TPP 服务贸易规则模式，即将服务贸易规则划分为商业存在模式和跨境提供模式，将商业存在纳入投资章节，在服务贸易章节突出规定跨境服务贸易。

（二）采取负面清单模式

中国参与的 FTA 深受 GATS 确立的服务贸易承诺模式的影响，在服务贸易规则等多个方面采用 GATS 标准。例如，对于服务贸易市场准入，采取正面清单管理模式对具体部门作出承诺。截至目前，在中国签订的区域贸易协定中没有一起是采取负面清单模式的，[1]仅在 FTA 谈判中作为承诺，如“中韩、中澳 FTA 承诺，未来将以负面清单方式开展第二阶段服务贸易和投资谈判”[2]。事实上，经济发展水平与中国相当甚至低于中国的一些国家已经采取负面清单管理模式，如 TPP 的成员国中就包含马来西亚等发展中国家。

对于负面清单模式的益处，中国也已逐渐意识到。但是，负面清单制度迟迟未能得到适用，主要原因是中国的服务贸易规则发展受 GATS 的影响较大。无论是服务贸易规则章节编排还是规则内容，均以 GATS 为模版加以适当修改，鲜有创新之处。同时，中国此前的国内立法以正面清单模式为主，也不足以支撑在对外谈判中采取负面清单的开放模式。

随着国内立法的进步与完善，在国际服务贸易规则谈判中采取负面清单模式的机会已经成熟。第一，从商业存在的角度看，《外商投资法》第 4 条第 1 款明确规定：“国家对外商投资实行准入前国民待遇加负面清单管理制度。”第二，从跨境提供服务贸易的角度看，上海市人民政府于 2018 年 9 月发布《中国（上海）自由贸易试验区跨境服务贸易特别管理措施（负面清单）（2018 年）》，为国家参与国际经贸规则谈判提供了实践基础。

---

〔1〕 在中国—澳大利亚 FTA 的服务贸易规则下，澳大利亚对中国单方面采取了负面清单模式。

〔2〕 观察者网综合报道：《中国加速推动八大 FTA 谈判　正梳理服务贸易负面清单》，https://www.guancha.cn/economy/2016_11_24_381694.shtml，2019 年 6 月 15 日访问。

（三）增设不符措施冻结条款或棘轮条款

在保障高水平服务贸易自由化的目标下，TPP 中采用了不符措施棘轮机制。相较于 GATS，TPP 更进一步地对服务贸易自由化给出了实质性保障。具体来说，根据 TPP 第 10.7 条的规定，任何不符措施的修正，与修正前相比，未降低该措施与国民待遇、最惠国待遇、市场准入、当地存在的相符程度。在 TPP 缔约方中，仅越南将不符措施棘轮机制的适用时间规定为协议生效 3 年后。由此可知，大部分国家愿意接受不符措施棘轮机制。因此，将该制度运用到未来中国签订的 FTA 中并不会带来巨大的谈判成本和难度。同时，棘轮条款保证了各缔约方对于服务贸易市场的开放自由度不因政府行为而随意改变，对于缔约方来说具有重要的保护意义。

在中国签订的 FTA 中，并没有设立类似的保护机制以固定现有的推进逐步开放的相关规则。缔约方可能因政治、全球经济形势、外交关系等多种因素而对相关 FTA 的规则作出倒退式修改，从而导致 FTA 的开放度缺乏一定的保障。在多个重大场合，中国国家领导人强调"中国开放的大门不会关闭，只会越开越大"。从政策导向看，不符措施棘轮机制更符合中国未来 FTA 的发展趋势。为了落实这一机制，中国可以考虑在未来签订的 FTA 中设置棘轮条款，进一步保障开放的大门"越开越大"。

第三节 关于中国参与 WTO 电子商务规则谈判的建议

早在 1998 年，WTO 就制定了《关于电子商务的工作计划》，讨论与贸易有关的全球电子商务议题。2013 年，WTO 部长级会议授权秘书处研究电子商务问题，重点关注如何更新和澄清现有承诺，包括 GATS、TRIPS 协定和《技术性贸易壁垒协定》(Agreement on Technical Barriers to Trade，TBT)等。2019 年 1 月 25 日，在瑞士达沃斯举行的电子商务非正式部长级会议上，76 个 WTO 成员共同签署了《关于电子商务的联合声明》(Joint Statement on Electronic

Commerce)，就努力实现高水平的与贸易有关的电子商务规则达成一致。[1] 重启电子商务规则谈判表明WTO希望在制定21世纪新规则上有所作为。欧盟、美国、日本、巴西、俄罗斯等均提交了提案。中国也于2019年4月提交了首份提案。2019年6月，在二十国集团(G20)大阪峰会期间举行的领导人数字经济特别会议上，中国、美国、日本等国领导人共同见证了《大阪数字宣言》的发布。该宣言称，各方决心进一步努力，尽快取得实质性成果。中国在电子商务领域拥有较大的优势，应当在该谈判中进一步发挥积极主动的作用，推动WTO电子商务规则谈判的成功。

一、WTO成员一致同意的电子商务规则

数字贸易的便利化类似于贸易便利化，均是通过程序和手续的简化、适用法律和规定的协调、基础设施的标准化和改善，促进数字贸易的发展。事实上，WTO成员在数字贸易的便利化和消费者权益保护方面已达成部分一致意见，具体表现为：(1) 确保相关法律制度允许以电子方式订立合同，并且不得否认以电子方式订立的合同具有法律效力、有效性以及可执行性。(2) 承认电子认证与签名、电子发票的效力。(3) 推动实现无纸化贸易。(4) 在消费者权益保护方面，采取和保持透明、有效的措施，以保护消费者在数字贸易中免受误导和欺骗性商业活动侵害；保护数字贸易用户个人信息的经济效益和社会效益，提升消费者对数字贸易的信心；对非应邀商业电子信息进行规制，如企业在发送广告信息前应依法获得消费者的同意，允许消费者阻止接受此类信息，或者把非应邀商业电子信息的数量降到最少，并且建立对滥发商业信息企业的追溯机制；允许消费者访问与使用互联网。已有的实践加上各成员的迫切需求使得在上述领域极易形成统一的国际规则。

二、WTO成员分歧较大的电子商务规则

电子商务规则的涉及面较广，既涉及货物贸易又涉及服务贸易，既涉及投资又涉及知识产权，特别是涉及国家对信息安全的管理主权问题。因此，在谈

---

[1] See Joint Statement on Electronic Commerce, WT/L/1056, 25 Jan. 2019.

判中，存在不少分歧较大的议题，如电子商务的定义及其归类、电子商务的市场准入、跨境数据流动、源代码等。在这里，我们以跨境数据流动和源代码为例加以分析。

（一）跨境数据流动

由于认识到数据的跨境流动对于推动全球电子商务发展的重要性，因而很多 WTO 成员在提案中提及应当允许数据的跨境流动以及禁止数据本地化存储。但是，鉴于数据的跨境流动会削弱经济规制效果，成员往往会纳入部分限制性或例外措施，以确保本国法律的施行。[1] 这些措施大致可以分为美国型、欧盟型以及其他类型。

美国型跨境数据流动通常出于贸易利益的驱动，认为贸易规则应当确保公司不在其所服务的任何辖区内建立或租用特有的资本密集型数字基础设施，并且成员应当以程度最轻的贸易限制措施实现合法的公共政策目标。[2] 日本也持相同的态度。[3]

欧盟一改以往在这方面的保守做法，在同样坚持应最大限度地维护个人权利的基础上，也积极推动数据的跨境流动，并且列出了不得采取的数据限制措施：(1) 不得要求使用成员国境内的计算设施或网络元素进行数据处理，包括强制使用在成员国境内经过认证或批准的计算设施或网络元素；(2) 不得要求在成员国境内推行数据存储或处理本地化；(3) 不得禁止在其他成员国境内存储或处理数据；(4) 不得依据成员国境内的计算设施、网络元素或本地化要求进行跨境数据传输。[4]

其他类型的做法对可流动的数据进行了分类，并且设置了例外规则。例

---

〔1〕 参见彭岳：《数据本地化措施的贸易规制问题研究》，载《环球法律评论》2018 年第 2 期。

〔2〕 See Joint Statement on Electronic Commerce Initiative, Communication from the United States, INF/ECOM/5, 25 Mar. 2019.

〔3〕 See Joint Statement on Electronic Commerce Initiative, Proposal for the Exploratory Work by Japan, INF/ECOM/4, 25 Mar. 2019.

〔4〕 See Joint Statement on Electronic Commerce, Communication from the European Union, INF/ECOM/22, 26 Apr. 2019.

如,新加坡、加拿大、巴西等国均在确认自身监管需求的基础上,允许出于商业目的的跨境信息转移,有关商业行为的规定将普通的互联网用户以及信息的非金钱交易行为排除在外。同时,出于商业目的的跨境信息转移也受到合法的公共政策例外规定的限制,只要该例外规定不构成任意性或不合理的歧视、变相的贸易限制。相较于GATT/GATS下的例外规定,该例外规定显然减少了限制数据跨境流动的抗辩理由。从维护网络安全和数据主权的角度看,允许更多的例外规定有利于成员施行本国的法律。[1]

(二)源代码

电子商务更多涉及的是数字化的内容,如线上书籍、音频和软件等,这些内容的知识产权保护直接关系到成员的经济利益和发展水平,对于发达国家而言尤其如此。2017年,知识产权密集型产业给美国提供了约1/5的就业机会。[2]因此,美国极其重视对于电子商务源代码的保护。在WTO的相关谈判中,主要是发达国家在推动此项保护规则的确立,具体表现为:禁止强制公开源代码,保证信息和通信技术(information and communication technology, ICT)产品加密技术的完整性。美国认为,将披露源代码作为市场准入的条件会危及企业的商业模式,尤其是当所披露信息转移到竞争对手那里时。同时,强制使用某种合法的替代技术或标准会削弱企业选择适用最佳技术的能力。成员虽不得以企业公开源代码、商业秘密或算法作为市场准入的条件,但可以保留实现合法监管目标的能力。此外,加密技术是保证数字领域隐私和安全的重要工具。贸易规则应当确保供应商能够使用创新和安全的加密技术,同时为政府提供符合所适用法律的数据访问途径。美国还认为,鉴于整个数字生态系统中加密的普遍性,限制其使用或强制执行特定国家的加密标准可能严重阻碍数字贸易发

---

〔1〕 See Joint Statement on Electronic Commerce, Communication from Singapore, INF/ECOM/25, 30 Apr. 2019; Joint Statement on Electronic Commerce, Communication from Canada, INF/ECOM/29, 9 May. 2019; Exploratory Work on Electronic Commerce, Non-Paper from Brazil, INF/ECOM/3, 25 Mar. 2019.

〔2〕 参见漆苏:《知识产权密集型产业对美国经济的贡献——〈知识产权与美国经济:2016更新版〉研究报告述评》,http://nipso.cn/onews.asp? id=37458,2019年7月17日访问。

展。虽然网络安全威胁降低了人们对数字贸易的信心，但是保护网络安全的过度努力可能扼杀数字经济，甚至降低安全性。我们建议，可以通过贸易规则，采用基于风险的方法减轻威胁，避免贸易限制和贸易扭曲的结果，从而确保政府建立预防机制和应对网络安全事件的能力。

发展中国家成员的提案中较少涉及源代码。一些发达国家和地区，如加拿大、新加坡和欧盟等，虽然同样支持对于源代码的保护以及数字安全的维护，但是相较于美国，它们设置了部分例外规定，为自身及其他成员预留了缓和的余地。例如，新加坡出于维护国家安全的需要，将禁止转移源代码的主体限于大众市场软件以及包含此类软件的产品，也不适用于关键基础设施的软件；同时，充分尊重双方当事人的意思自治，即允许贸易双方在商业谈判合同中包含或实施与提供源代码有关的条款和条件，或修改源代码以遵守相关法律法规。[1]欧盟也作出了类似的规定，并且特别提到 GATS《关于金融服务的附件》中的一般例外和审慎例外可以适用于电子商务认证程序中采取或维持的措施，但不适用于自然人或法人在商业基础上自愿转让或准许获取源代码的行为。[2]

三、关于中国参与 WTO 电子商务规则谈判的建议

中国信息通信研究院发布的白皮书显示，2018 年，中国数字经济规模达到 31.3 万亿元，占 GDP 的比重为 34.8%。[3] 中国互联网络信息中心（CNNIC）发布的统计报告显示，截至 2018 年 12 月，中国网民规模达 8.29 亿，普及率达 59.6%；网络购物用户规模达 6.10 亿，年增长率为 14.4%，网民使用率为

〔1〕 See Joint Statement on Electronic Commerce, Communication from Singapore, INF/ECOM/25, 30 Apr. 2019.

〔2〕 See Joint Statement on Electronic Commerce, Communication from the European Union, INF/ECOM/22, 26 Apr. 2019.

〔3〕 参见中国信息通信研究院：《中国数字经济发展与就业白皮书发布：2018 年我国数字经济规模达 31.3 万亿元》，http://www.caict.ac.cn/xwdt/hyxw/201904/t20190419_198046.htm，2019 年 7 月 26 日访问。

73.6%。[1] 由此可见，支持数字经济发展，制定高水平的国际电子商务规则也是中国所需要的。积极推动WTO电子商务规则谈判符合中国利益，中国应当在谈判中进一步发挥积极主动的作用。

（一）在国内层面，中国应加快落实国际一致性电子商务规则

国际法与国内法在实践中相互发挥作用，在本质上是利益协调的关系，[2] 因此国内层面立法的完善对于促进国际法的达成具有积极的作用。2016年11月，中国政府向WTO提交电子商务发展议案，建议当时的讨论聚焦于促进网络驱动的跨境货物贸易的发展和便利化，以及直接支持该货物贸易的服务贸易，如支付和物流等，并就一些具体业务的细节问题进行了列举。[3] 相对于发达国家，中国的比较优势集中在基于电商平台的数字货物贸易上。所以，对于WTO各成员一致同意的电子商务便利化以及消费者权益保护，中国是赞同的。但是，在国内的具体实践上，中国亟待进一步完善和落实。

1. 在电子商务便利化方面

早在2005年，中国就施行《中华人民共和国电子签名法》（以下简称《电子签名法》），承认电子签名与认证、电子发票以及电子合同的效力。2012年8月，中国在全国海关试点进行通关作业无纸化改革。到2014年4月，中国通关作业无纸化实现了对所有海关通关业务现场和业务领域的全覆盖。[4] 同时，中国积极推动建立国际贸易“单一窗口”等便利电子商务发展的举措。2019年，《电子商务法》的实施进一步促进了电子商务便利化。但是，在世界银行《2019

---

〔1〕 参见中国互联网络信息中心：《第43次〈中国互联网络发展状况统计报告〉》，http://www.cnnic.net.cn/hlwfzyj/hlwxzbg/hlwtjbg/201902/t20190228_70645.htm，2019年7月26日访问。

〔2〕 参见肖永平：《全面依法治国的新阶段：统筹推进国内法治与国际法治建设》，载《武大国际法评论》2018年第1期。

〔3〕 参见李晓龙、王健：《eWTP倡议下构建国际贸易新规则的探索》，载《国际经贸探索》2018年第11期。

〔4〕 参见汪瑾：《中国签署〈亚太跨境无纸贸易便利化框架协定〉》，http://www.xinhuanet.com/world/2017-08/29/c_1121565646.htm，2019年7月25日访问。

年营商环境报告》中，中国跨境贸易列第 65 位，[1]相对落后。《电子商务法》第 47 条规定："电子商务当事人订立和履行合同，适用本章和《中华人民共和国民法总则》《中华人民共和国合同法》《中华人民共和国电子签名法》等法律的规定。"中国相关法律承认以数据电文作为订立合同的书面形式，也认可以电子手段发出的邀约和承诺的法律效力。但是，在实践中，出于合同安全的考虑，交易双方通常仍然会签订纸质版本的确认书。同时，《中华人民共和国民事诉讼法》虽然承认电子证据的效力，但是尚未给予其独立的法律地位。《电子签名法》虽然确立了电子签名的效力，规范了电子签名的行为，明确了认证机构的法律地位和认证程序，但是仍然将交易安全作为考虑因素，与《联合国国际贸易法委员会电子商务示范法》尚存在一定的差距。

2. 在消费者权益保护方面

目前，WTO 成员对于在线消费者保护、个人信息保护、非应邀商业电子信息以及互联网的访问与使用达成了一致意见。中国已就非应邀商业电子信息作了规定，即 2012 年通过的《全国人民代表大会常务委员会关于加强网络信息保护的决定》第 7 条规定："任何组织和个人未经电子信息接收者同意或者请求，或者电子信息接收者明确表示拒绝的，不得向其固定电话、移动电话或者个人电子邮箱发送商业性电子信息。"但是，在消费者权益保护的其他方面，WTO 成员之间还存在一定的差距。

在个人信息保护方面，《电子商务法》第 23—25 条规定应当保护个人信息，《电信和互联网用户个人信息保护规定》《信息安全技术公共及商用服务信息系统个人信息保护指南》等也对个人信息保护设定了标准。但是，实践中还是频频出现垃圾邮件、骚扰电话、个人信息泄露等问题。这是由于个人信息保护规范的层级较低，部分层级较高的规范散落在《中华人民共和国刑法》《中华人民共和国消费者权益保护法》中。欧盟 2016 年 4 月通过的《通用数据保护条例》(GDPR)涉及基本概念、个人数据处理原则、数据主体的权利、控制人和处理人、向第三国或国际组织传输个人数据、独立监管当局、合作与一致性、救济、责任

[1] See Doing Business 2019: Training for Reform, A World Bank Group Flagship Report, p. 163.

及处罚、授权法案及实施细则等，对个人信息的保护较为全面，值得中国借鉴。

在个人信息跨境流动方面，从《中华人民共和国网络安全法》(以下简称《网络安全法》)以及《中国人民银行关于银行业金融机构做好个人金融信息保护工作的通知》《人口健康信息管理办法(试行)》《网络预约出租汽车经营服务管理暂行办法》等的相关条款可以看出，中国禁止个人信息的跨境流动。

在管辖权方面，《电子商务法》第2条第1款规定："中华人民共和国境内的电子商务活动，适用本法。"然而，对于跨境电子商务是否适用该法，则存在质疑。例如，阿里巴巴2019年7月宣布允许美国小企业入驻Alibaba. com。[1]《电子商务法》定义的"电子商务经营者"包括平台内经营者，而中国对于入驻的美国小企业是否具有管辖权以及如何行使(如果有)则尚待明确。

(二) 在国际层面，对于分歧较大的规则提出中国方案

由上文分析可知，中国对于成员间的争议问题并未发表实质性意见。在中国目前签订的FTA中，与韩国、澳大利亚的协定中都包含"电子商务"专章，而对于禁止当地存在、数据本地化以及数据跨境自由流动等方面的规则均未涉及，这些也是中国与美国等发达国家间存在较大分歧的领域。因此，在WTO谈判中，对于跨境数据流动、源代码的保护是电子商务得以顺利发展的关键，中国理应在此领域掌握主动权，提出中国版的电子商务规则。

第一，安全可控原则下的跨境商业数据自由流动。数据流动是货物/服务贸易流动的基本前提。据联合国贸易和发展会议(UNCTAD)估计，所有交易服务中约50%是在技术领域(包括通过跨境数据流动)实现的。[2] 中国《网络安全法》第37条规定，"关键信息基础设施的运营者在中华人民共和国境内运营中收集和产生的个人信息和重要数据应当在境内存储"。该法并没有完全限制跨境信息和数据的流动，而是出于安全的考虑对重要数据予以规制，非个人信息和重要数据还是可以流动的。但是，关于安全的考虑并不取决于数据存储

[1] 参见新浪财经:《阿里巴巴将允许美国小企业入驻Alibaba. com》，http://finance.sina. com. cn/roll/2019-07-24/doc-ihytcerm5793746. shtml，2019年7月25日访问。

[2] 参见〔美〕丹尼尔·卡斯特罗、艾伦·麦奎因:《〈跨境数据流动可实现所有行业的增长〉(摘译)》，刘梦婕整理，载《汕头大学学报》(人文社会科学版)2017年第5期。

地点或“一刀切”的网管措施，而是取决于数据存储技术和有效的分类管理。因此，我们认为，应当在安全可控原则下实施跨境商业数据自由流动。一方面，随着中国互联网企业特别是跨境电商的蓬勃发展，跨境数据流动成为中国企业与其他国家开展贸易的重要一环。另一方面，一些发展中国家如巴西虽未提出如美国、日本那样以壁垒最少化为目标的数据跨境流动方案，但也将商业行为中的跨境数据自由流动纳入其中。

第二，有条件的数据本地化存储。数据本地化存储与跨境数据自由流动紧密相关。发达国家一般禁止将数据本地化存储作为市场准入的条件之一，而发展中国家通常要求将计算设施置于本国境内以限制数据的流动。例如，中国要求外国手机生产商把中国用户的数据留在中国的服务器上，否则它们会面临审查。2014 年，苹果手机首次把中国用户的个人数据存储在中国电信的服务器上。除个人数据存储本地化外，中国还要求网络出版服务[1]、互联网地图数据[2]等存储本地化。我们认为，完全的数据本地化存储和数据非本地化存储都不利于电子商务的发展。互联网数据中心（Internet Data Center，IDC）2019 年 8 月发布的《全球云计算 IT 基础设施市场预测报告》显示：2019 年，全球“云”上的 IT 基础设施占比超过传统数据中心，成为市场主导者。[3] 也就是说，云服务为全球企业所青睐。然而，如果要求企业在每个服务提供国都建立昂贵的计算存储设施，将有违“云”的灵活性，并且会极大地增加服务成本。因此，各国可设立数据本地化存储的负面清单，清单之内与个人隐私、国家安全有关的数据必须本地化存储，而清单之外的数据则允许自由跨境流动。

第三，维护源代码和数字安全。源代码非强制本地化和保护加密的完整性是发达国家尤其是美国主推的。新加坡和欧盟提出了有条件的源代码非强制本地化。中国在此方面虽尚未提出意见，但《网络安全法》第 23 条以及《信息安全技术 移动应用网络安全评价规范》第 7 条已要求对网络关键设备和网络安

---

[1] 参见《网络出版服务管理规定》第 8 条。

[2] 参见《地图管理条例》第 34 条。

[3] See James Wang, Cloud Computing Services Security Assessment Measures Released, China's Cybersecurity Supervision Continues to Be Strengthened, https://www.idc.com/getdoc.jsp? containerId=lcCHE45392319, visited on July 26th, 2019.

全专用产品进行安全审查。根据《中华人民共和国密码法》第27条的规定，关键信息基础设施的运营者采购涉及商用密码的网络产品和服务，可能影响国家安全的，应当按法律的规定接受国家安全审查。其中，国家安全审查和评估难免会涉及获取软件源代码的需求。我们认为，支持有条件的源代码非强制本地化和保护加密的完整性对于促进本国创新企业的发展具有积极的作用。正如习近平指出的："必须坚持走中国特色自主创新道路，面向世界科技前沿、面向经济主战场、面向国家重大需求，加快各领域科技创新，掌握全球科技竞争先机。"[1]中国企业正努力加速科技创新。2018年，中国综合创新能力的国际排名升至第17位。[2] 同时，诸如华为领先世界的5G技术等中国技术走出国门，理应受到保护。

总之，TPP对服务贸易规则的重构既是对经济全球化深入发展的回应，也是进一步推动服务贸易自由化的重要举措。推动服务贸易深入开放与自由化，是中国构建全面开放新格局的重要战略。TPP服务贸易规则总体上符合中国的发展方向。《外商投资法》的颁布，为与TPP服务贸易规则相衔接奠定了国内法基础。今后，在国内服务贸易规则体系的完善、FTA服务贸易规则谈判以及WTO电子商务规则谈判中，中国可以根据本国的实际情况以及国际经贸规则的新发展作出相应的调整。

---

〔1〕 习近平：《为建设世界科技强国而奋斗——在全国科技创新大会、两院院士大会、中国科协第九次全国代表大会上的讲话》，http://www.xinhuanet.com//politics/2016-05/31/c_1118965169.htm，2019年7月26日访问。

〔2〕 参见中国科学技术发展战略研究院：《国家创新指数报告2018》，科学技术文献出版社2018年版，第21页。

主要参考文献

一、中文著作类(含译著)

1. 〔美〕阿迪特亚·马图等主编:《国际服务贸易手册》,陈宪主译,格致出版社、上海人民出版社 2012 年版。

2. 曹建明、贺小勇:《世界贸易组织》(第三版),法律出版社 2011 年版。

3. 陈立虎:《当代国际贸易法》,法律出版社 2007 年版。

4. 陈咏梅、陈雨松主编:《世界贸易组织法律实务》,厦门大学出版社 2017 年版。

5. 方杰:《外资准入负面清单管理模式研究》,中国法制出版社 2018 年版。

6. 房东:《WTO〈服务贸易总协定〉法律约束力研究》,北京大学出版社 2006 年版。

7. 弓永钦:《个人信息保护问题研究:基于跨境电子商务》,人民日报出版社 2018 年版。

8. 郭鹏:《国家利益冲突与国际电子商务法律制度构建》,暨南大学出版社 2013 年版。

9. 韩立余:《既往不咎——WTO 争端解决机制研究》,北京大学出版社 2009 年版。

10. 韩立余主编:《〈跨太平洋伙伴关系协定〉全译本导读》,北京大学出版社 2018 年版。

11. 韩龙:《国际金融法前沿问题》,清华大学出版社 2010 年版。

12. 韩龙:《WTO 金融服务贸易的法律问题研究》,湖南人民出版社 2004 年版。

13. 何志鹏:《国际法哲学导论》,社会科学文献出版社 2013 年版。

14. 黄建忠主编:《服务贸易评论》(2018 年·第 1 辑),厦门大学出版社 2019 年版。

15. 黄胜强:《国际服务贸易多边规则利弊分析》,中国社会科学出版社 2000 年版。

16. 江小涓等:《服务全球化与服务外包:现状、趋势及理论分析》,人民出版社 2008

年版。

17. 李俊主编:《全球服务贸易发展指数报告(2018)——数字贸易兴起的机遇与挑战》,社会科学文献出版社2018年版。

18. 廖凡:《国际金融法学的新发展》,中国社会科学出版社2013年版。

19. 漆彤:《“一带一路”国际经贸法律问题研究》,高等教育出版社2018年版。

20. 〔葡〕若昂·阿马多尔、〔意〕菲利波·迪毛罗编著:《全球价值链时代:测算与政策问题》,陶翔等译,上海人民出版社2017年版。

21. 沈玉良、李墨丝等:《国际服务贸易新规则研究》,对外经济贸易大学出版社2014年版。

22. 石静霞:《WTO服务贸易法专论》,法律出版社2006年版。

23. 陶立峰:《国际投资规则视角下的上海自贸区外资管理法律制度研究》,法律出版社2018年版。

24. 王灵桂主编:《国外智库看TPP》,社会科学文献出版社2015年版。

25. 王先林:《WTO竞争政策与中国反垄断立法》,北京大学出版社2005年版。

26. 杨国华:《WTO的理念》,厦门大学出版社2012年版。

27. 杨国华:《WTO中国案例评析》,知识产权出版社2015年版。

28. 余劲松主编:《中国涉外经济法律问题新探》,武汉大学出版社1999年版。

29. 〔美〕约翰·H.杰克逊:《世界贸易体制——国际经济关系的法律与政策》,张乃根译,复旦大学出版社2001年版。

30. 张茉楠:《大变革:全球价值链与下一代贸易治理》,中国经济出版社2017年版。

31. 赵瑾等:《国际服务贸易政策研究》,中国社会科学出版社2015年版。

32. 赵维田:《世贸组织(WTO)的法律制度》,吉林人民出版社2000年版。

33. 中国信息通信研究院互联网法律研究中心、腾讯研究院法律研究中心:《网络空间法治化的全球视野与中国实践》,法律出版社2016年版。

34. 周念利:《区域服务贸易自由化分析与评估》,对外经济贸易大学出版社2013年版。

35. 朱榄叶主编:《世界贸易组织法经典案例选编》,北京大学出版社2018年版。

36. 左海聪主编:《国际经济法》(第二版),武汉大学出版社2014年版。

二、中文论文类

1. 白洁、刘庆林:《TPP中跨境服务贸易条款的文本解读与政策建议》,载《山东社会科学》2016年第9期。

2. 白洁、苏庆义:《CPTPP的规则、影响及中国对策:基于和TPP对比的分析》,载《国际经济评论》2019年第1期。

3. 白清:《生产性服务业促进制造业升级的机制分析——基于全球价值链视角》,载《财经问题研究》2015 年第 4 期。

4. 蔡从燕:《风险社会与国际争端解决机制的解构与重构》,载《法律科学(西北政法学院学报)》2008 年第 1 期。

5. 车丕照:《双边投资协定的规则谈判重于减让谈判》,载《国际经济法学刊》2015 年第 1 期。

6. 陈超凡、刘浩:《全球数字贸易发展态势、限制因素及中国对策》,载《理论学刊》2018 年第 5 期。

7. 陈琛:《TPP 投资协定中冲突条款的适用困境与突破》,载《广西社会科学》2014 年第 11 期。

8. 陈立虎、刘芳:《服务贸易协定(TiSA)对 WTO 法律规则的超越》,载《上海对外经贸大学学报》2015 年第 6 期。

9. 陈卫东:《美国禁止通过互联网提供赌博服务的贸易争端评述》,载《国际商务》2006 年第 1 期。

10. 陈正健:《国际最低待遇标准的新发展:表现、效果及应对》,载《法学论坛》2015 年第 6 期。

11. 陈志阳、安佰生:《多双边贸易谈判中的国内规制问题》,载《国际贸易》2014 年第 10 期。

12. 程诚、李晓郛:《新时期全球金融服务新规则及自贸区的应对——以 TPP 和 TiSA 协定为视角》,载《龙岩学院学报》2017 年第 3 期。

13. 荻夫:《国际投资贸易新规则下福建自贸试验区强化对台特色探析》,载《现代台湾研究》2017 年第 5 期。

14. 东艳:《全球贸易规则的发展趋势与中国的机遇》,载《国际经济评论》2014 年第 1 期。

15. 董哲:《服务贸易商业存在 FTA 规制研究——以贸易投资规则融合为视角》,载《上海对外经贸大学学报》2018 年第 5 期。

16. 樊正兰、张宝明:《负面清单的国际比较与实证研究》,载《上海经济研究》2014 年第 12 期。

17. 高乐鑫:《自由化视阈下 TPP 航空服务贸易规则冷思考》,载《国际商务研究》2018 年第 4 期。

18. 葛成:《跨太平洋伙伴关系协定(TPP):美日战略的分与合》,载《亚太经济》2015 年第 3 期。

19. 龚柏华:《论跨境电子商务/数字贸易的"eWTO"规制构建》,载《上海对外经贸大学学报》2016年第6期。

20. 龚柏华:《中国(上海)自由贸易试验区外资准入“负面清单”模式法律分析》,载《世界贸易组织动态与研究》2013年第6期。

21. 国世平、荣亚平:《国际服务贸易规则改变对我国消费的影响》,载《消费经济》2017年第5期。

22. 国世平、魏伟:《未来国际服务贸易标准和规则变化对金融安全的冲击》,载《武汉金融》2017年第7期。

23. 韩剑、王灿:《自由贸易协定与全球价值链嵌入:对FTA深度作用的考察》,载《国际贸易问题》2019年第2期。

24. 韩立余:《TPP协定的规则体系:议题与结构分析》,载《求索》2016年第9期。

25. 韩立余:《构建国际经贸新规则的总思路》,载《经贸法律评论》2019年第4期。

26. 韩立余:《国际经贸投资规则对履行要求的规制》,载《法学家》2017年第6期。

27. 韩龙:《市场准入与国内规制在WTO法中应如何合理界分》,载《政法论坛》2006年第4期。

28. 韩龙:《试析GATS国民待遇规定中的立法技术问题》,载《云南大学学报》(法学版)2005年第4期。

29. 贺小勇、陈瑶:《“求同存异”:WTO改革方案评析与中国对策建议》,载《上海对外经贸大学学报》2019年第2期。

30. 贺小勇:《上海自贸试验区法治深化亟需解决的法律问题》,载《东方法学》2017年第1期。

31. 洪延青:《透析金融数据保护的美欧中立法要点和趋势》,载《中国银行业》2018年第11期。

32. 胡建国:《安提瓜诉美国赌博案评析》,载《武大国际法评论》2007年第2期。

33. 黄宁:《数据本地化的影响与政策动因研究》,载《中国科技论坛》2017年第9期。

34. 黄伟:《个人金融信息跨境转移的法律规制——欧盟实践及其借鉴》,载《中国金融》2013年第19期。

35. 李冬冬:《“21世纪贸易协定”技术性壁垒规则:内容、特征及启示》,载《国际经贸探索》2016年第11期。

36. 李国安:《金融自由化的危机本源性及其法律矫正》,载《国际经济法学刊》2012年第3期。

37. 李俊:《建设服务贸易强国的战略思考》,载《国际贸易》2018年第6期。

38. 李墨丝:《区域服务贸易自由化的新趋向——基于GATS和NAFTA类型协定的比较》,载《上海对外经贸大学学报》2015年第3期。

39. 李巍:《WTO电信服务贸易规则与中国电信服务市场开放》,载《中国法律》2001年6月号。

40. 李伍荣、冯源:《〈国际服务贸易协定〉与〈服务贸易总协定〉的比较分析》,载《财贸经济》2013年第12期。

41. 李晓玲:《WTO〈服务贸易总协定〉下报复机制之实证研究》,载《国际经贸探索》2011年第3期。

42. 李晓玲:《WTO成员减让表之服务部门的解释方法——基于中国电子支付服务案的研究》,载《国际经贸探索》2015年第2期。

43. 李晓龙、王健:《eWTP倡议下构建国际贸易新规则的探索》,载《国际经贸探索》2018年第11期。

44. 刘恩媛:《论GATS下自然人流动的承诺与发展》,载《上海财经大学学报》2003年第6期。

45. 刘建昌:《TPP服务贸易规则与中国应对》,载《亚太经济》2016年第3期。

46. 刘笋:《对GATS主要缺陷的剖析》,载《法学评论》2001年第1期。

47. 蒙英华、汪建新:《超大型自贸协定的服务贸易规则及对中国影响分析——以TPP为例》,载《国际商务研究》2018年第1期。

48. 倪萍、朱明鹏:《竞争中立对我国国有企业的影响及法制应对》,载《天水行政学院学报》2015年第1期。

49. 倪月菊:《TPP与国际服务贸易新规则及中国的应对策略》,载《深圳大学学报》(人文社会科学版)2016年第1期。

50. 聂平香:《国际投资规则的演变及趋势》,载《国际经济合作》2014年第7期。

51. 彭德雷:《多边服务贸易规则的重构及其应对》,载《北京理工大学学报》(社会科学版)2015年第5期。

52. 彭岳:《例外与原则之间:金融服务中的审慎措施争议》,载《法商研究》2011年第3期。

53. 彭岳:《数据本地化措施的贸易规制问题研究》,载《环球法律评论》2018年第2期。

54. 邱玲、王晶:《全球价值链视角下中国服务贸易存在的问题及对策》,载《价格月刊》2015年第11期。

55. 任靓、林桂军、赵绍全:《如何应对美国推动服务贸易自由化的挑战》,载《国际贸易》2016年第6期。

56. 商舒:《中国(上海)自由贸易试验区外资准入的负面清单》,载《法学》2014年第1期。

57. 尚庆琛:《"一带一路"倡议下中国服务贸易发展策略研究》,载《国际贸易》2017年第

9 期。

58. 沈铭辉:《“竞争中立”视角下的 TPP 国有企业条款分析》,载《国际经济合作》2015 年第 7 期。

59. 沈铭辉:《美国双边投资协定与 TPP 投资条款的比较分析——兼论对中美 BIT 谈判的借鉴》,载《国际经济合作》2014 年第 3 期。

60. 沈玉良、金晓梅:《数字产品、全球价值链与国际贸易规则》,载《上海师范大学学报》(哲学社会科学版)2017 年第 1 期。

61. 盛斌、陈帅:《全球价值链如何改变了贸易政策:对产业升级的影响和启示》,载《国际经济评论》2015 年第 1 期。

62. 盛斌、高疆:《透视 TPP:理念、特征、影响与中国应对》,载《国际经济评论》2016 年第 1 期。

63. 盛斌:《迎接国际贸易与投资新规则的机遇与挑战》,载《国际贸易》2014 年第 2 期。

64. 石静霞、杨幸幸:《TPP 金融服务规则评析》,载《社会科学家》2017 年第 11 期。

65. 石静霞:《国际服务贸易规则的重构与我国服务贸易的发展》,载《中国法律评论》2018 年第 5 期。

66. 石静霞:《国际贸易投资规则的再构建及中国的因应》,载《中国社会科学》2015 年第 9 期。

67. 石静霞:《新一轮服务贸易谈判若干问题》,载《法学研究》2006 年第 3 期。

68. 史晓丽、崔宇航:《东道国受外国控制公司在国际投资争端解决中的法律地位》,载《天津法学》2018 年第 1 期。

69. 宋锡祥:《TPP 关于商标权的最新规制及其对中国的影响》,载《东方法学》2015 年第 4 期。

70. 孙玉红、李芳:《透视 TPP 框架下美国“高标准”的服务贸易自由化机制》,载《对外经贸》2014 年第 9 期。

71. 屠新泉、蒋捷媛:《透明度原则的贸易效应——以 WTO 进口许可证通报义务履行为例》,载《国际商务》2018 年第 4 期。

72. 王丹:《全球自贸协定中的“监管一致性原则”与中国的因应》,载《河北法学》2017 年第 5 期。

73. 王衡:《WTO 服务贸易承诺减让表之解释问题研究——以“中美出版物和视听产品案”为例》,载《法商研究》2010 年第 4 期。

74. 王利明:《负面清单管理模式与私法自治》,载《中国法学》2014 年第 5 期。

75. 王晓红、柯建飞:《全球服务贸易形势分析及展望》,载《国际贸易》2018 年第 1 期。

76. 王毅:《WTO 国民待遇在服务贸易和知识产权领域的适用》,载《法学研究》2004 年第3期。

77. 王中美:《"负面清单"转型经验的国际比较及对中国的借鉴意义》,载《国际经贸探索》2014年第9期。

78. 夏先良:《中国"一带一路"与美国TPP在全球贸易规则上的博弈》,载《安徽师范大学学报》(人文社会科学版)2015年第5期。

79. 肖永平:《全面依法治国的新阶段:统筹推进国内法治与国际法治建设》,载《武大国际法评论》2018年第1期。

80. 杨国华:《"中国电子支付服务案"详解》,载《世界贸易组织动态与研究》2013年第2期。

81. 杨国华:《论世界贸易与投资组织的构建》,载《武大国际法评论》2018年第1期。

82. 杨荣珍、陈雨:《TPP成员国投资负面清单的比较研究》,载《国际商务》2017年第6期。

83. 杨荣珍、高天昊:《外商投资负面清单模式的国内外经验比较研究》,载《山东大学学报》(哲学社会科学版)2016年第5期。

84. 杨嬛、赵晓雷:《TPP、KORUS和BIT的金融负面清单比较研究及对中国(上海)自由贸易试验区的启示》,载《国际经贸探索》2017年第4期。

85. 姚战琪:《全球价值链背景下中国服务业的发展战略及重点领域——基于生产性服务业与产业升级视角的研究》,载《国际贸易》2014年第7期。

86. 尹伟华:《中、美两国服务业国际竞争力比较分析——基于全球价值链视角的研究》,载《上海经济研究》2015年第12期。

87. 俞顺洪:《美国TPP战略动因及对中国的影响分析》,载《对外经贸》2015年第6期。

88. 曾辉、张薇薇:《TPP金融服务贸易条款解析及评价》,载《黑龙江金融》2017年第1期。

89. 张柏莹:《浅析应对国际经贸新规则的策略研究》,载《时代金融》2018年第5期。

90. 张萍:《服务贸易规则重构对中国的影响及应对》,载《国际经济合作》2017年第6期。

91. 张瑞萍:《〈服务贸易总协定〉基本原则评析》,载《当代法学》1998年第3期。

92. 张若思:《WTO金融服务贸易法律制度》,载《法学研究》2000年第6期。

93. 张生:《CPTPP投资争端解决机制的演进与中国的对策》,载《国际经贸探索》2018年第12期。

94. 张幼文:《贸易投资融合原理与全球化收益的国民属性》,载《世界经济研究》2018年第2期。

95. 张悦、崔日明:《服务贸易规则演变与中国服务贸易的发展》,载《现代经济探讨》2017

年第5期。

96. 张悦、崔日明:《中国在国际服务贸易规则演进中的角色变迁》,载《贵州社会科学》2018年第3期。

97. 张悦、李静:《国际服务贸易规则演变新趋势与我国的对策》,载《经济纵横》2017年第5期。

98. 张悦、李静:《中印服务贸易竞争力比较及对我国的启示》,载《经济体制改革》2017年第4期。

99. 赵瑾:《全面认识全球价值链的十大特点及其政策含义》,载《国际贸易》2014年第12期。

100. 朱榄叶:《论WTO争端解决机制程序设计缺陷的技术性修正》,载《国际经济法学刊》2013年第3期。

101. 庄芮、杨亚琢、姜舰:《TPP的美国审批程序及其生效前景分析》,载《国际商务》2015年第6期。

102. 左海聪:《WTO专家组和上诉机构可适用的法律》,载《法学评论》2005年第5期。

三、英文著作类

1. Aaditya Mattoo & Pierre Sauvé (eds.), *Domestic Regulation & Service Trade Liberalization*, Oxford University Press, 2003.

2. Aaditya Mattoo, Robert M. Stern & Gianni Zanini (eds.), *A Handbook of International Trade in Services*, Oxford University Press, 2007.

3. Bernard M. Hoekman & Michel M. Kostecki, *The Political Economy of the World Trading System: The WTO and Beyond*, 2nd ed., Oxford University Press, 2001.

4. Christopher Arup, *The New World Trade Organization Agreements: Globalizing Law Through Services and Intellectual Property*, Cambridge University Press, 2000.

5. David Steven, Emily O'Brien & Bruce D. Jones (eds.), *The New Politics of Strategic Resources: Energy and Food Security Challenges in the 21st Century*, Brookings Institution Press, 2014.

6. Edward D. Mansfield & Helen V. Milner, *Votes, Vetoes, and the Political Economy of International Trade Agreements*, Princeton University Press, 2012.

7. Geza Feketekuty, *International Trade in Services: An Overview and Blueprint for Negotiations*, Ballinger Publishing Company, 1988.

8. Ioannis Lianos & Okeoghene Odudu (eds.), *Regulating Trade in Services in the EU and the WTO: Trust, Distrust and Economic Integration*, Cambridge University Press, 2012.

9. Laszlo Bruszt & Gerald A. McDermott (eds.), *Leveling the Playing Field: Transnational Regulatory Integration and Development*, Oxford University Press, 2014.

10. Masahiro Kawai, *Multilateralizing Regionalism*, Cambridge University Press, 2012.

11. Masahisa Fujita, Ikuo Kuroiwa & Satoru Kumagai (eds.), *The Economics of East Asian Integration: A Comprehensive Introduction to Regional Issues*, Edward Elgar Publishing, 2011.

12. Nicolas F. Diebold, *Non-Discrimination in International Trade in Services: "Likeness" in WTO/GATS*, Cambridge University Press, 2010.

13. Peter Van den Bossche & Werner Zdour, *The Law and Policy of the World Trade Organization: Text, Cases and Materials*, Cambridge University Press, 2013.

14. Pierre Sauvé & Martin Roy (eds.), *Research Handbook on Trade in Services*, 2nd ed., Edward Elgar Publishing, 2016.

15. Richard Baldwin, *The Great Convergence: Information Technology and the New Globalization*, Harvard University Press, 2016.

16. Sacha Wunsch-Vincent, *The WTO, the Internet and Trade in Digital Products: EC-US Perspectives*, Hart Publishing, 2006.

17. Stefan Griller, Walter Obwexer & Erich Vranes (eds.), *Mega-Regional Trade Agreements: CETA, TTIP, and TiSA: New Orientations for EU External Economic Relations*, Oxford University Press, 2017.

四、英文论文类

1. Andrew D. Mitchell & Neha Mishra, Data at the Docks: Modernising International Trade Law for the Digital Economy, *Vanderbilt Journal of Entertainment & Technology Law*, Vol. 20, No. 4, 2018.

2. Bernard Hoekman & Richard Newfarmer, Preferential Trade Agreements, Investment Disciplines and Investment Flows, *Journal of World Trade*, Vol. 39, No. 5, 2005.

3. Bregt Natens, Some Thoughts on Unlocking the Potential of Existing Trade in Services Rules, *Global Trade and Customs Journal*, Vol. 13, No. 11-12, 2018.

4. Carla L. Reyes, WTO—Compliant Protection of Fundamental Rights: Lessons from the EU Privacy Directive, *Melbourne Journal of International Law*, Vol. 12, No. 1, 2011.

5. Carl-Sebastian Zoellner, Transparency: An Analysis of an Evolving Fundamental Principle in International Economic Law, *Michigan Journal of International Law*, Vol. 27,

No. 2, 2006.

6. Danny Kotlowitz & Tania Voon, Telecommunications Services in the Trans-Pacific Partnership: Will the Mobile Roaming Provisions Benefit Tourists and Traders?, *Melbourne Journal of International Law*, Vol. 17, No. 2, 2016.

7. Deepak Nayyar, Some Reflections on the Uruguay Round and Trade in Services, *Journal of World Trade Law*, Vol. 22, No. 5, 1988.

8. Duy-Khuong Dinh, The Standstill of Rules of Origin for Services: Towards a "Substantial Transformation" Approach, *Journal of International Economic Law*, Vol. 19, No. 4, 2016.

9. Filippo Fontanelli & Giuseppe Bianco, Converging Towards NAFTA: An Analysis of FTA Investment Chapters in the European Union and the United States, *Stanford Journal of International Law*, Vol. 50, No. 2, 2014.

10. Gary P. Sampson & Richard H. Snape, Identifying the Issues in Trade in Services, *The World Economy*, Vol. 8, No. 2, 1985.

11. Giovanni Di Lieto & David Treisman, Regulatory Implications of Multilateral Trade Liberalisation for the Global Services Market: The Case of the Trade in Services Agreement (TiSA), *World Economy Brief*, Vol. 8, No. 33, 2018.

12. Henry S. Gao, Regulation of Digital Trade in US Free Trade Agreements: From Trade Regulation to Digital Regulation, *Legal Issues of Economic Integration*, Vol. 45, No. 1, 2018.

13. Jagdish N. Bhagwati, Trade in Services and the Multilateral Trade Negotiations, *The World Bank Economic*, Vol. 1, No. 4, 1987.

14. Jon Truby, International Investment Law, Trade in Services and Customs: Legislative Strategies for States Hosting International Competitive Events, *Global Trade and Customs Journal*, Vol. 12, No. 1, 2017.

15. Jonathan Bonnitcha, International Investment Law and the Global Financial Architecture, *Journal of International Economic Law*, Vol. 21, No. 2, 2018.

16. Lucian Cernat & Zornitsa Kutlina-Dimitrova, Thinking in a Box: A "Mode 5" Approach to Service Trade, *Journal of World Trade*, Vol. 48, No. 6, 2014.

17. Marina Trunk-Fedorova, Regulatory Autonomy and International Trade in Services: The EU Under GATS and RTAs, *World Trade Review*, Vol. 16, No. 4, 2017.

18. Mark Robbins, Internet, Industry and International Trade: Digital Tradability in Services, *Journal of World Trade*, Vol. 52, No. 2, 2018.

19. Mary E. Footer, The International Regulation of Trade in Services Following Completion of the Uruguay Round, *The International Lawyer*, Vol. 29, No. 2, 1995.

20. Matteo Fiorini & Bernard Hoekman, Trade Agreements, Regulatory Institutions and Services Liberalization, *Global Policy*, Vol. 9, No. 4, 2018.

21. Michael M. Hart, The Mercantilist's Lament: National Treatment and Modern Trade Negotiations, *Journal of World Trade Law*, Vol. 21, No. 6, 1987.

22. Neha Mishra, The Role of the Trans-Pacific Partnership Agreement in the Internet Ecosystem: Uneasy Liaison or Synergistic Alliance?, *Journal of International Economic Law*, Vol. 20, No. 1, 2017.

23. Peter Yeoh, Innovations in Financial Services: Regulatory Implications, *Business Law Review*, Vol. 37, No. 5, 2016.

24. Rachel Thrasher & Kevin P. Gallagher, 21st Century Trade Agreements: Implications for Development Sovereignty, *Denver Journal of International Law & Policy*, Vol. 38, No. 2, 2010.

25. Raj Bhala, Trans-Pacific Partnership or Trampling Poor Partners? A Tentative Critical Review, *Manchester Journal of International Economic Law*, Vol. 11, 2014.

26. Rodrigo Polanco Lazo & Sebastian Gomez Fiedler, A Requiem for The Trans-Pacific Partnership: Something New, Something Old and Something Borrowed?, *Melbourne Journal of International Law*, Vol. 8, No. 2, 2017.

27. Rudolf Adlung & Hamid Mamdouh, How to Design Trade Agreements in Services: Top Down or Bottom Up?, *Journal of World Trade*, Vol. 48, No. 2, 2014.

28. Rudolf Adlung, International Rules Governing Foreign Direct Investment in Services: Investment Treaties Versus the GATS, *The Journal of World Investment & Trade*, Vol. 17, No. 1, 2016.

29. Sidonie Descheemaeker, Ubiquitous Uncertainty: The Overlap Between Trade in Services and Foreign Investment in the GATS and EU RTAs, *Legal Issues of Economic Integration*, Vol. 43, No. 3, 2016.

30. Siqing Li, Convergence of WTO Dispute Settlement and Investor-State Arbitration: A Closer Look at Umbrella Clause, *Chicago Journal of International Law*, Vol. 19, No. 1, 2018.

31. Tania Voon, Balancing Regulatory Autonomy with Liberalisation of Trade in Services: An Analytical Assessment of Australia's Obligations Under Preferential Trade Agreements, *Melbourne Journal of International Law*, Vol. 18, No. 2, 2017.

32. Taunya L. McLarty, Liberalized Telecommunications Trade in the WTO: Implications for Universal Service Policy, *Federal Communications Law Journal*, Vol. 51, No. 1, 1998.

33. Timothy Meyer, Free Trade, Fair Trade, and Selective Enforcement, *Columbia Law Review*, Vol. 118, No. 2, 2018.

34. Zdziślaw W. Puslecki, Current Trends in Foreign Trade Theory and Policy, *Polish Political Science Yearbook*, Vol. 46, No. 2, 2017.

35. Zine Homburger, Restricting Access to Services or Information Systems in Light of Trade in Services Commitments, *Temple International & Comparative Law Journal*, Vol. 32, No. 2, 2018.

后　记

乌拉圭回合谈判达成的GATS是WTO第一部多边服务贸易规则。WTO成员深知，随着技术与经济的发展，GATS必须与时俱进。因此，GATS第19条第1款规定，“为推行本协定的目标，各成员应不迟于《WTO协定》生效之日起5年开始并在此后定期进行连续回合的谈判，以期逐步实现更高的自由化水平”。2001年11月，WTO第四次部长级会议通过《多哈部长宣言》，明确提出将服务贸易谈判纳入多哈回合，并要求谈判在促进各成员经济增长以及促进最不发达成员发展的基础上进行。此次部长级会议认可自2000年1月按照GATS第19条第1款规定开始的新一轮谈判，以及各成员提交的有关服务部门、水平承诺和自然人流动的提案；同时，将2001年3月28日服务贸易理事会通过的《服务贸易谈判指导原则和程序》作为继续谈判的基础。由于业界周知的原因，WTO关于服务贸易规则的谈判因多哈回合谈判的停滞而无果。换言之，在信息技术迅猛发展、全球价值链深入发展的情势下，面对国际经济发展对全球经贸规则变革的呼唤，WTO显得无能为力。以TPP为代表的新服务贸易规则应运而生，对GATS在以下几方面进行了重构：

第一，从服务贸易规则的框架结构角度看，在GATS中，服务贸易被分为四种模式，即跨境提供(模式一)、境外消费(模式二)、商业存在(模式三)、自然人流动(模式四)。尽管商业存在具有投资属性，与其他三种模式存在很大的差异,但是 GATS 仍然以脱胎于 GATT 的贸易规则对其予以规制。传统的 WTO 框架体系下并没有专门规范国际投资的国际准则,《与贸易有关的投资措施协定》(TRIMs)本质上还是属于货物贸易协定,不属于投资规则。因此,将以商业存在为表现形式的投资纳入 GATS 实属无奈之举。近些年来,随着国际投资形式的转变(由对生产最终产品的投资转向对生产中间产品的投资),传统贸易与投资相互替代的关系也变为互补关系,跨国公司在全球价值链中发挥着主导作用,所以有必要对以商业存在模式出现的投资进行统一规制。可见,将跨境服务贸易模式与商业存在模式相分离是当下服务贸易规则的发展趋势,是对全球价值链深入发展的回应。TPP 服务贸易规则对 GATS 进行了重构,将商业存在纳入"投资"章。因此,在 TPP 框架下,国际服务贸易指的是跨境服务贸易,即跨境提供、境外消费和自然人流动。此外,金融服务、电信服务等重点服务贸易领域在 GATS 框架下是以附件方式存在的;而在 TPP 框架下,这些重要的服务贸易领域独立成章,单独制定规则。

第二,从投资规则与服务贸易规则对比的角度看,将商业存在纳入投资章节,通过投资规则保护服务贸易提供者与相应的服务,比服务贸易规则更能提供高标准的保护,更能促进服务贸易自由化。这是因为,相比贸易规则,在国民待遇、最低标准、征收与补偿、高管要求、业绩要求、争端解决等方面,TPP 投资规则有的是对 GATS 的补充和完善,有的则是新增加的保护条款和内容。例如,商业存在模式下的服务提供者在 GATS 下享有的国民待遇是具体承诺义务,而 TPP 将国民待遇由具体承诺义务上升为一般性的普遍义务。TPP 新增了对服务提供者的最低待遇标准。GATS 对商业存在采取正面清单管理模式,而 TPP 采取的是负面清单管理模式。GATS 下的争端解决机制为政府间争端解决机制,而 TPP 下的服务提供者可以寻求通过投资者—国家争端解决机制维护自身权益。TPP 下的服务提供者能受到未被 GATS 包含在内的投资规则保护,包括:(1) 限制东道国政府对涵盖投资的直接或间接征收,并在征收发生时给予投资者及时、充分、有效的补偿;(2) 禁止缔约方对外国投资者施加不合理的业绩要求、高管要求等;(3) 禁止东道国政府要求通过商业存在提供服务的外国投资者以使用东道国境内的计算设施或将计算设施置于东道国境内为从事商业行为的前提。

第三，从 TPP 规则适应跨境服务贸易新需求的角度看，在 TPP 框架下，跨境服务贸易规则是服务贸易的核心规则，体现了缔约方对跨境服务贸易的重视。其实，自 WTO 成立以来，涉及服务贸易的争端绝大多数与跨境服务贸易有关。随着信息技术的发展，跨境服务贸易成为越来越重要的服务贸易模式。这与其说是 TPP 对跨境服务贸易规则的重视，毋宁说是法律规则对经济社会需求的回应。与 GATS 相比，TPP 跨境服务贸易规则在非歧视待遇原则、市场准入等方面有较大的变化。此外，由于技术水平的限制，GATS 制定时期对数据及互联网领域的规则关注不够，而 TPP 通过“电子商务”章的相关规定，将数据流动与互联网的使用条款适用于跨境服务贸易。由此可见，通过服务贸易涵盖范围、规则框架、非歧视待遇原则的变化以及数据流动和互联网使用规则的增加，TPP 在跨境服务贸易规则领域对 GATS 进行了重构。

第四，从服务贸易承诺模式的角度看，TPP 与 GATS 正好相反。GATS 服务贸易具体承诺减让表采取正面清单模式，而 TPP 服务贸易规则，不论是商业存在（包括金融服务的商业存在）还是跨境服务贸易（金融跨境服务贸易除外），均采取负面清单模式。大多数研究成果表明，负面清单模式更有利于推动服务贸易自由化。在 TPP 文本中，负面清单涉及的条款主要包含市场准入、国民待遇、最惠国待遇、当地存在等。相比 GATS 服务贸易具体承诺减让表仅涉及市场准入限制和国民待遇限制，TPP 文本的规定更加明确和细化。同时，随着全球价值链的深入发展，负面清单模式已经逐渐成为全球服务贸易谈判的重点或开放模式。

研究 TPP 对服务贸易规则的重构，落脚点在于它对中国的启示以及相应的对策和建议。扩大服务业开放度已经成为构建全面开放新格局的重要组成部分。但是，中国服务贸易法律体系的构建以及中国参与的 FTA 中的服务贸易规则都深受 GATS 影响，开放度滞后于经济发展需要。TPP 服务贸易规则对 GATS 的重构，基本上代表了更高水平的服务贸易自由化标准，也符合中国服务业进一步开放的既定方向。因此，中国服务贸易法律体系的构建，包括国内立法以及 FTA 服务贸易规则谈判，应注意与 TPP 服务贸易规则的衔接。《外商投资法》的颁布，正式确立了服务贸易的外商投资领域（商业存在）的负面清单管理模式。上海自贸试验区跨境服务贸易清单的制定，是对跨境服务贸易领域的负面清单管理模式的尝试。这些都为中国在未来的FTA谈判中采用TPP服务贸易模式奠定了良好的国内法基础,即将商业存在模式纳入投资章节,让服务贸易回归跨境服务贸易的本质。此外,积极推动WTO电子商务规则谈判对中国比较有利。因此,中国应当在WTO的谈判中进一步发挥积极主动的作用,在国内层面加快落实国际一致性电子商务规则,并在国际层面提出安全可控原则下的跨境商业数据流动、有条件的数据本地化存储、保护源代码等方案,积极参与乃至引领相应的多边规则的制定。

综上所述,相较于GATS,TPP服务贸易规则在系统集成、框架结构、法律原则、承诺模式等方面进行了重大调整和规则重构。TPP对服务贸易规则的重构,一方面是对经济全球化深入发展的回应,另一方面也为推动服务贸易自由化奠定了规则基础。服务贸易的开放与发展是中国构建全面开放新格局的重要战略,而TPP服务贸易规则总体上符合中国的改革方向。随着负面清单管理模式的确立以及上海自贸试验区跨境服务贸易清单的制定,中国与TPP服务贸易规则相衔接的国内法基础基本具备。中国可以参照TPP服务贸易规则,在完善国内服务贸易法律体系、参与FTA和WTO相关规则的谈判中进一步推动服务贸易规则的开放与自由化。

本书是国家社科基金一般项目"TPP对服务贸易规则的重构及中国对策研究"的结项成果,是集体智慧的结晶。除贺小勇、黄琳琳外,陈瑶、庄雅婷、何嘉颐、李震、谢孝婕、胡可等在资料收集和整理、文稿撰写和校对等方面对本书亦有所贡献,在此表示感谢。

贺小勇

2020年9月28日